HEYNE

SCIENCE FICTION

Von **Joe Haldeman** erschien in der Reihe
HEYNE SCIENCE FICTION & FANTASY:

Der ewige Krieg · 06/3572
Unendliche Träume · 06/4177
Gekauftes Leben · 06/4875
Der ewige Friede · 06/6340
Am Ende des Krieges · 06/6391

Als Herausgeber:
Nie wieder Krieg · 06/3863

In der BIBLIOTHEK DER
SCIENCE FICTION LITERATUR:
Der ewige Krieg · 06/2

In der EDITION 40 JAHRE HEYNE SCIENCE FICTION:
Der ewige Krieg · 06/8206
(in ungekürzter Neuübersetzung)

JOE HALDEMAN

AM ENDE DES KRIEGES

Roman

Aus dem Amerikanischen von
BIRGIT RESS-BOHUSCH

Deutsche Erstausgabe

WILHELM HEYNE VERLAG
MÜNCHEN

HEYNE SCIENCE FICTION & FANTASY
Band 06/6391

Titel der amerikanischen Originalausgabe
FOREVER FREE
Deutsche Übersetzung von Birgit Reß-Bohusch
Das Umschlagbild ist von Jim Burns

Umwelthinweis:
Dieses Buch wurde auf chlor- und
säurefreiem Papier gedruckt.

Redaktion: Wolfgang Jeschke
Copyright © 1999 by Joe Haldeman
Erstausgabe als
An Ace Book
Published by The Berkley Publishing Group,
a division of Penguin Putnam Inc., New York
Mit freundlicher Genehmigung des Autors
und Paul & Peter Fritz, Literarische Agentur, Zürich
Copyright © 2002 der deutschen Ausgabe und der Übersetzung
by Wilhelm Heyne Verlag GmbH & Co. KG, München
http://www.heyne.de
Deutsche Erstausgabe 5/2002
Printed in Germany 3/2002
Umschlaggestaltung: Nele Schütz Design, München
Technische Betreuung: M. Spinola
Satz: Schaber Satz- und Datentechnik, Wels
Druck und Bindung: Ebner & Spiegel, Ulm

ISBN 3-453-19672-4

inhalt ■

buch eins
DAS BUCH DER SCHÖPFUNG
Seite 9

buch zwei
DAS BUCH DER WANDLUNG
Seite 85

buch drei
DAS BUCH DES EXODUS
Seite 149

buch vier
DAS BUCH DER TOTEN
Seite 183

buch fünf
DAS BUCH DER APOKRYPHEN
Seite 259

buch sechs
DAS BUCH DER OFFENBARUNG
Seite 295

Manchmal verzichtet die Menschheit auf Krieg, um Götter zu erschaffen. Friedensgötter für ein Paradies auf Erden. Einen Ort, an dem der Mensch denken, lieben, spielen kann. Ohne Krieg, der Verstand und Herz verfinstert und den Menschen irgendwie hindert, Mensch zu sein.

Götter ersinnen den Krieg, um die Menschheit daran zu hindern, gottgleich zu werden.
Ohne den Trommelschlag, der unsere Ohren betäubt – könnten wir die Erde zum Himmel machen?
Den Anker kappen, der Krieg heißt?
Irgendwie frei genug sein, dem Krieg

Einhalt zu gebieten? Götter erschaffen den Menschen irgendwie nach ihrem Ebenbild. Also führt der Mensch Krieg, um seine Göttlichkeit zum Ausdruck zu bringen.
Er nimmt Leben: Das ist es, was Götter tun.
Es fehlt der weibliche Drang, Leben zu erschaffen.
Und die schlichte Vernunft, die zum Aufhören mahnt.

Kriegs-Männer erschaffen Götter. Um jene Götter vom Wüten abzuhalten, müssen wir Herz und Verstand gebrauchen und neue Götter erschaffen, die keine Menschenopfer mehr annehmen wollen. Neue Götter, die den Krieg verabscheuen.

Götter halten inne und lassen die Menschheit Kriege führen, zu ihrem Vergnügen. Wir können ihnen den Spaß verderben. Können neue Götter in Menschengestalt erschaffen. Müssen nicht mehr den Himmel anrufen. Nehmen stattdessen schlichte Menschen und zeigen ihnen den Himmel, den sie erschaffen könnten.

Um Kriege zu verhindern, macht Menschen zu Göttern.

buch eins ■

DAS BUCH DER SCHÖPFUNG

eins ■

Die Ankunft der Winters auf diesem gottverlassenen Planeten zieht sich genauso endlos hin wie der Winter selbst. Ich beobachtete, wie ein plötzlicher Windstoß einen Streifen kalten Gekräusels über den grauen See trieb, und dachte an die Erde, nicht zum ersten Mal an diesem Tag. An die beiden warmen Winter, die ich als kleiner Junge in San Diego verbracht hatte. Sogar an die schlimmen Winter in Nebraska. Die waren zumindest kurz gewesen.

Vielleicht hatten wir zu schnell Nein gesagt, als die Zombies uns nach dem Krieg großmütig anboten, die Erde mit ihnen zu teilen. Es war uns nicht wirklich gelungen, sie abzuschütteln, indem wir an diesen Ort auswichen.

Die Fensterscheibe verbreitete einen Eishauch. Hinter mir räusperte sich Marygay. »Was ist denn?«, fragte sie.

»Da scheint sich ein Unwetter zusammenzubrauen. Jemand muss nach den Langleinen sehen.«

»In einer Stunde sind die Kinder daheim.«

»Besser ich gehe allein, so lange es noch trocken ist, als dass wir später alle im Regen draußen stehen«, meinte ich. »Oder im Schnee.«

»Wohl eher Schnee.« Sie zögerte und unterließ es dann, mir ihre Hilfe anzubieten. Nach zwanzig Jahren konnte sie genau abschätzen, wann mir nicht nach Gesellschaft zumute war. Ich griff nach Wollpullover und Wollmütze und ließ die Regenjacke am Haken.

Dann trat ich in den feuchten, böigen Wind hinaus.

Er roch nicht nach Schnee. Als ich meine Uhr befragte, verkündete sie neunzig Prozent Regen und eine Kaltfront, die gegen Abend überfrierende Nässe und Schnee bringen würde. Da kam Freude für die geplante Versammlung auf. Wir mussten die zwei Kilometer zum Treffpunkt und zurück zu Fuß bewältigen, damit die Zombies nicht anhand der Transportdaten herausfanden, dass wir Paranoiker uns allesamt zu einem bestimmten Haus begeben hatten.

Wir hatten acht Langleinen. Sie spannten sich vom Ende des Docks zu Pfosten, die ich zehn Meter weiter draußen im brusttiefen Wasser versenkt hatte. Zwei weitere Pfosten hatte ein Sturm umgerissen. Ich würde sie im kommenden Frühjahr ersetzen. In zwei Erdenjahren also.

Es war mehr ein Fischepflücken als ein Fischefangen. Schwarzflossen sind so dämlich, dass sie praktisch jeden Köder schlucken, und wenn sie dann am Haken hängen und um sich schlagen, weckt das die Neugier ihrer Artgenossen: »Mal sehen, was da los ist – he, guck doch mal, wie hübsch! Ein Kopf an einem blinkenden Haken!«

Als ich das Dock erreichte, konnte ich im Osten die ersten dunklen Wolkentürme erkennen, und machte mich deshalb sofort an die Arbeit. Die Langleinen bestehen aus einem Tau, das über eine Rolle läuft, und einem Dutzend Hilfsleinen mit köderbesetzten Haken, die von Plastikschwimmern in etwa einen Meter Tiefe abgesenkt werden. Die Hälfte der Haken zog nach unten. An die fünfzig Fische also. Über den Daumen gepeilt hieß das, dass ich in etwa dann fertig sein würde, wenn Bill von der Schule heimkam. Aber das Unwetter wartete garantiert nicht so lange.

Ich nahm Arbeitshandschuhe und eine Schürze vom Haken neben dem Waschbecken und setzte die Winde in Bewegung, um das erste Tau nach oben zu holen. Ich öffnete die eingebaute Gefriertruhe – das Stasisfeld im Innern reflektierte den aufgewühlten Himmel wie ein Quecksilberteich –, nahm den ersten Fisch vom Haken, schlug ihm Kopf und Schwanz mit einem Beil ab, warf ihn in die Kühltruhe und befestigte den Kopf als neuen Köder. Dann kurbelte ich den nächsten Burschen herauf.

Drei der Fische waren die nutzlosen Mutanten, die seit einem Jahr immer wieder auftauchten. Sie sind rosa gestreift und schmecken widerlich nach Schwefelwasserstoff. Die Schwarzflossen lehnen sie als Köder ab und selbst als Dünger sind sie nicht zu gebrauchen; ebenso gut könnte ich Salz auf dem Ackerboden verteilen.

Etwa eine Stunde pro Tag – oder entsprechend weniger, wenn die Kinder mithalfen – und wir versorgten etwa ein Drittel des Dorfes mit Fisch. Ich selbst aß nicht allzu viel davon. Wir trieben außerdem je nach Jahreszeit Tauschhandel mit Mais, Bohnen und Spargel.

Bill stieg aus dem Bus, als ich gerade die letzte Leine in Arbeit hatte. Ich scheuchte ihn mit einer Handbewegung ins Haus. Es brachte wenig, wenn er sich auch noch mit Fischdärmen und Blut verkleisterte. Dann war ich fertig und drüben am anderen Ufer schlug der erste Blitz ein. Ich hängte die Schürze und die steifen Handschuhe auf und schaltete kurz das Stasisfeld aus, um den Fang zu begutachten.

Der Regen verfolgte mich zum Haus. Ich stand eine Minute lang unter dem Veranda-Vordach und sah zu, wie das Gewitter über den See zog.

Drinnen empfing mich Wärme; Marygay hatte in der Küche ein kleines Feuer gemacht. Bill saß mit einem Glas Wein daneben. Daran musste ich mich erst gewöhnen. »Guter Fang?« Sein Akzent war am stärksten, wenn er gerade von der Schule heimkam. Ich vermutete stark, dass er weder im Unterricht noch mit seinen Freunden Englisch sprach.

»Über der Sechzig-Prozent-Marke«, sagte ich, während ich am Küchenbecken Gesicht und Hände schrubbte. »Noch mehr Anglerglück, und wir müssen das verdammte Zeug selber essen.«

»Ich denke, heute gibt es zur Abwechslung mal Schwarzflosse blau«, erklärte Marygay mit unbewegter Miene. In dieser Form hatten die Biester die Konsistenz und den Geschmack von Watte.

»Warum nicht gleich roh, Mom?« Bill mochte die Fische noch weniger als ich und genoss es sichtlich, ihnen die Köpfe abzuschlagen.

Ich trat an die drei Fässer am Ende des Raums und zapfte mir ein Glas Rotwein, ehe ich neben Bill auf der Ofenbank Platz nahm. Ich stocherte mit einem Stecken darin herum, eine Geste des Sozialverhaltens, die vermutlich älter war als dieser junge Planet.

»Du hattest heute diesen Kunst-Zombie?«

»Den Kunstgeschichte-*Menschen*«, sagte er. »Weiblich. Kommt aus Centrus. Hatte sie seit einem Jahr nicht mehr gesehen. Zeichnen oder so war aber nicht drin. Sie zeigte uns nur Bilder und Statuen.«

»Von der Erde?«

»Größtenteils.«

»Die Kunst der Taurier ist schon seltsam.« Das war ein barmherziges Urteil. Sie ist außerdem hässlich und unverständlich.

»Sie meinte, wir müssten uns nach und nach damit auseinander setzen. Wir sahen uns Beispiele ihrer Architektur an.«

Ihre Architektur. Davon verstand ich was. Ich hatte das Zeug vor Jahrhunderten hektarweise zerstört. Kam mir manchmal vor, als sei es gestern gewesen.

»Ich weiß noch, wie ich das erste Mal vor einer ihrer

Kasernen stand«, sagte ich. »All die winzigen Einzelzellen. Wie ein Bienenstock.«

Er reagierte zurückhaltend, was ich als Warnung verstand. »Wo bleibt eigentlich deine Schwester?« Sie war noch auf der High School, benutzte aber den gleichen Bus wie er. »Ich kann mir ihren Stundenplan einfach nicht merken.«

»In der Bibliothek«, sagte Marygay. »Sie will anrufen, wenn es später wird.«

Ich warf einen Blick auf meine Uhr. »Wir können mit dem Essen nicht zu lange warten.« Die Versammlung war für halb neun angesetzt.

»Ich weiß.« Sie schob sich zwischen uns auf die Bank und reichte mir einen Teller mit Knabberstangen. »Von Snell. Hat sie heute Vormittag vorbeigebracht.«

Sie waren hart, stark gesalzen und zerbröckelten mit einem lauten Krachen zwischen den Zähnen. »Ich werde mich nachher bei ihm bedanken.«

»Veteranen-Party?«, wollte Bill wissen.

»Sechstag«, entgegnete ich. »Wir gehen zu Fuß, falls du den Gleiter brauchst.«

»›Aber trink nicht zu viel Wein!‹«, sagte er, ehe ich es sagen konnte, und hob sein Glas hoch. »Das war's schon. Volleyball drunten in der Turnhalle.«

Wobei Volleyball nur noch den Namen mit den Matches gemeinsam hatte, die ich von früher kannte. Es gab gemischte Mannschaften, sie spielten nackt, und das Ganze war halb Sport, halb Paarungsritual.

Ein plötzlicher Graupelschauer prasselte gegen das Fenster. »Das mit dem Fußmarsch ist nicht euer Ernst«, sagte Bill. »Ihr könnt mich ja an der Turnhalle absetzen.«

»Hm, du könntest *uns* absetzen«, schlug Marygay vor. Die Route des Gleiters wurde nicht kontrolliert. Nur das Ziel, angeblich zum Nachsenden von Anrufen. »Bei Charlie und Diana. Sie haben sicher nichts dagegen, wenn wir etwas früher aufkreuzen.«

»Danke. Ist gebongt.« Wenn er unseren alten Slang benutzte, war ich nie sicher, ob er seine Zuneigung ausdrücken oder uns auf den Arm nehmen wollte. Wohl beides. Ich hatte meine Eltern mit einundzwanzig vermutlich nicht anders behandelt.

Ein Bus hielt draußen an. Ich hörte, wie Sara durch den Sturm über die Holzplanken lief. Gleich darauf knallte die Haustür ins Schloss. Dann rumpelte sie wortlos die Treppe nach oben, um trockene Sachen anzuziehen.

»In zehn Minuten gibt es Abendessen«, rief Marygay ihr nach und erhielt ein gereiztes Maulen zur Antwort.

»Sie kriegt morgen ihre Tage«, meinte Bill.

»Seit wann kümmern sich Brüder um den Regelkalender?«, fragte Marygay. »Oder Männer überhaupt?«

Er betrachtete seine Fußspitzen. »Sie hat heute früh sowas erwähnt.«

Ich unterbrach das Schweigen. »Wenn bei euch heute Abend Menschen aufkreuzen ...«

»Tun die nie. Aber ich verspreche, dass ich eure Verschwörung mit keinem Wort erwähnen werde.«

»Es ist keine *Verschwörung*«, erklärte Marygay mit Nachdruck. »Eher eine Art Plan. Irgendwann weihen wir sie ein. Obwohl es im Grunde nur uns frühe Menschen etwas angeht.« Wir hatten die Angelegenheit weder mit ihm noch mit Sara diskutiert, aber auch kein besonderes Geheimnis daraus gemacht.

»Vielleicht komme ich irgendwann mal mit.«

»Irgendwann«, sagte ich. Nicht sehr wahrscheinlich. Bis jetzt trafen sich nur Leute der ersten Generation; alles Veteranen plus Ehefrauen. Nur wenige von ihnen, vor allem Frauen, waren auf dieser Dreckswelt geboren, die der Mensch »Gartenplanet« genannt hatte, als er uns wählen ließ, wo wir uns nach dem Krieg niederlassen wollten.

*

Wir nannten »unseren« Planeten in der Regel MF. Die meisten Leute, die hier lebten, waren Dutzende von Generationen jünger als wir und hatten keine Ahnung, dass wir damit »Mittelfinger« meinten. Und selbst wenn sie es wussten, vermuteten sie dahinter wohl kaum eine Umschreibung für den Urakt zwischen den Geschlechtern.

Wenn sie hier einen ganzen Winter zugebracht hatten, belegten sie den Planeten wahrscheinlich ohnehin mit dem hässlichsten Schimpfwort, das es in ihrer jeweiligen Kultur gab.

MF war uns als paradiesische Zufluchtsstätte – und als Ort der Wiedervereinigung – gepriesen worden. Hier könnten wir uns eine schlichte Existenz aufbauen, ungestört vom neuen Menschen, hieß es. Und falls wir Freunde oder Partner im relativistischen Labyrinth des Ewigen Krieges aus den Augen verloren hätten, könnten wir an Bord der *Time Warp* auf sie warten, einem zu einer Art Zeitmaschine umgewandelten Schlachtkreuzer, der so schnell zwischen Mizar und Alcor hin und her flog, dass der Alterungsprozess fast aufgehoben war.*

Natürlich stellte sich heraus, dass der neue Mensch uns auch weiterhin im Auge behalten wollte, da wir für ihn eine genetische Rückversicherung darstellten, für den Fall, dass nach X Generationen mit ihrer Klon-Blaupause etwas aus dem Ruder lief. (Ich benutzte diesen Ausdruck einmal, um Bill das Schema zu er-

---

* *Der Ewige Krieg* von Joe Haldeman, Heyne-TB 06/8206 – *Anm. d. Übers.*

klären, gab aber schnell auf, weil ihm Blaupausen ungefähr ebenso viel sagten wie Höhlenmalerei.)

Aber der Mensch war kein passiver Beobachter. Eher ein Zoowärter. Und MF ähnelte in der Tat einem Zoo: einer künstlichen, stark vereinfachten Umgebung. Mit dem Unterschied, dass die Zoowärter diese Umgebung nicht selbst geschaffen hatten, sondern durch Zufall darüber gestolpert waren.

Mittelfinger war wie alle Planeten des Wega-Typs, die wir entdeckt hatten, eine Anomalie und ein Witz. Er widersprach allen Gesetzen der Planetenentstehung und Evolution.

Ein zu junger, bläulich weißer Stern mit einem einzigen Planeten von der Größe der Erde und einer Sauerstoff-Wasser-Chemie. Dieser Planet umkreist seine Sonne in einem Abstand, der Leben ermöglicht, allerdings knapp an der Grenze.

Planetenforscher wollen uns einreden, dass es Welten vom Typ Erde nur dann geben kann, wenn sich gleichzeitig ein Riese vom Typ Jupiter im System befindet. Aber dann dürften auch Sterne wie Wega und Mizar keine Erdplaneten haben.

Mittelfinger besitzt Jahreszeiten, die jedoch nicht durch seine Achsneigung zur Sonne entstehen, sondern durch seine langgestreckte Bahnellipse. Wir haben sechs Jahreszeiten, die sich über drei Erdenjahre verteilen: Frühling, Sommer, Herbst, Vorwinter, Mittwinter und Spätwinter. Natürlich bewegt sich der Planet umso langsamer, je weiter er von seiner Sonne entfernt ist. Deshalb sind die kalten Jahreszeiten lang und die warmen kurz.

Ein Großteil des Planeten besteht aus arktischer Wüste oder Trockentundra. Hier am Äquator bilden die Seen und Flüsse nur im Mittwinter eine Eisdecke. Zu den Polen hin bestehen die Seen bis zum Grund aus Perma-Eis, mit kleinen sterilen Pfützen an warmen

Sommertagen. Zwei Drittel der Planetenoberfläche sind tot, wenn man mal von Sporen und Mikroorganismen in der Luft absieht.

Die Ökologie ist ebenfalls verblüffend schlicht: weniger als hundert einheimische Pflanzenarten, etwa die gleiche Anzahl Insekten sowie Kleinzeug, das entfernte Ähnlichkeit mit Gliederfüßern besitzt. Keine Säugetiere, dafür ein paar Dutzend größere und kleinere Tiere, die man als Reptilien oder Amphibien bezeichnen könnte. Nur sieben Fischarten und vier Sorten von Wassermollusken.

Nichts deutet auf eine Evolution hin. Es gibt keine Fossilien, weil dafür die Zeit nicht reichte; die Radiokarbon-Messungen besagen, dass nichts auf oder nahe der Oberfläche älter als zehntausend Jahre ist. Andererseits lassen Kernproben aus weniger als fünfzig Metern Tiefe einen Planeten erkennen, der so alt wie die Erde ist.

Es scheint, als habe jemand eine Welt hierher geschleppt, in eine Parkbahn gebracht und mit einfachen Lebensformen ausgestattet.

Ihnen ist es auch ein Rätsel, den Tauriern, meine ich, was ich sehr beruhigend finde.

Es gibt noch mehr Rätsel, die weniger beruhigend sind, zuvorderst die Tatsache, dass diese Ecke des Universums schon mal besiedelt war, bis vor etwa fünftausend Jahren.

Tsogot, der nächstgelegene taurische Planet, war im Verlauf des Ewigen Krieges entdeckt und kolonisiert worden. Dabei tauchten die Ruinen einer riesigen Stadt auf, größer als New York oder London, von Wanderdünen begraben. Im Orbit trieben die leeren Hüllen von Dutzenden fremder Raumschiffe, eines davon für interstellare Distanzen.

Nicht der geringste Hinweis auf die Geschöpfe, die diese mächtige Zivilisation aufgebaut hatten. Sie hinterließen keine Statuen und keine Bilder. Das lässt sich vielleicht noch als besonderes Kulturmerkmal erklären. Aber sie hinterließen auch keine Skelette, nicht einen Knochen. Und das ist schwerer zu verstehen.

Die Taurier nennen sie Boloor, »die Verschwundenen«.

*

In der Regel kochte ich am Sechstag, weil ich da nicht unterrichtete, aber die Greytons hatten zwei Kaninchen vorbeigebracht, und das war Marygays Spezialität – Hasenpfeffer. Die Kinder mochten das Gericht lieber als die meisten anderen Rezepte von der Erde. Sonst standen sie mehr auf den faden einheimischen Pampf, den sie von der Schule her kannten. Marygay behauptet, das sei ein ganz natürlicher Selbsterhaltungstrieb; selbst auf der Erde hätte die Jugend eine besondere Vorliebe für faden Pampf entwickelt, weil den alle ihre Altersgenossen in sich hineinschaufelten. *Ich* nicht, aber das hatte wohl an meinen abartigen Hippie-Eltern gelegen. Bei uns kamen scharfe indische Sachen auf den Tisch. Fleisch lernte ich erst kennen, als ich zwölf war und aufgrund der kalifornische Gesetze eine Schule besuchen musste.

Das Abendessen verlief ganz amüsant, da Bill und Sara den neuesten Klatsch über das Liebesleben ihrer Freunde austauschten. Sara hat ihre Trennung von Taylor, mit dem sie ein Jahr lang gegangen war, endlich überwunden, und Bill erheiterte sie mit pikanten Einzelheiten über ein Beziehungsdrama, das der Junge angerichtet hatte. Sie war mehr als sauer gewesen, weil er auf die Homo-Seite wechselte. Als er dann nach ein paar Monaten am anderen Ufer reumütig zu den Heteros zurückkehrte und sie fragte, ob sie es noch einmal mit ihm versuchen würde, riet sie ihm, bei den Jungs zu bleiben. Nun stellte sich heraus, dass er *doch* noch einen Freund hatte, eine klammheimliche Geschichte drüben in Hardy, und dass dieser Freund nach einem Streit zum College rüber gekommen war, um ihm vor allen Leuten eine laute Szene zu machen. Es ging um Sex-Details, die wir früher nicht am Esstisch diskutiert hätten. Aber die Zeiten ändern sich, und Spaß ist Spaß.

■ zwei

Die Geschichte, die wir planten, war eigentlich aus einem harmlosen Streitgespräch entstanden, das ich einige Monate zuvor mit Charlie und Diana geführt hatte. Diana war unsere Stabsärztin auf dem Feldzug Sade 138 gewesen, unserem letzten Einsatz, draußen in der Großen Magellanschen Wolke, während Charlie den Ersten Offizier gegeben hatte. Diana hatte Bill und Sara auf die Welt gebracht.

Ein Großteil der Gemeinde hatte sich den Sechstag frei gehalten, um die neue Scheune bei den Larsons aufzustellen. Während Teresa mit zwei Feldzügen noch eine echte Veteranin war und sich, biologisch gesehen, in unserem Alter befand, kam ihre Frau Ami aus der dritten Paxton-Generation. Die beiden hatten zwei Töchter im Teenageralter, die durch Klonverschmelzung entstanden waren. Eine befand sich gerade auf der Universität, aber die andere, Sooz, begrüßte uns herzlich und verteilte Kaffee und Tee.

Wir nahmen die heißen Getränke dankbar entgegen; es war untypisch kalt für das späte Frühjahr. Und es war matschig. Mittelfinger besaß eine Wetterkontrolle, die bis vor kurzem meist zuverlässig gewesen war, aber in den letzten beiden Wochen hatte es einfach zu viel geregnet, und das Herumschieben von Wolken schien wenig zu helfen. Die Regengötter waren erzürnt. Vielleicht auch lässig oder nachlässig; das wusste man bei Göttern nie so genau.

Als Erste trafen wie gewöhnlich Cat und Aldo ein. Und wie gewöhnlich umarmten sich Cat und Marygay stürmisch, aber nur kurz, aus Rücksicht auf ihre Ehemänner.

Auf ihrer letzten Mission war Marygay genau wie ich ein Hetero-Fossil in einer Welt, die ansonsten zu hundert Prozent aus Homos bestand. Im Gegensatz zu mir überwand sie ihren Background und schaffte es, sich in eine Frau zu verlieben. Cat. Sie lebten ein paar Monate zusammen, aber dann wurde Cat in ihrem letzten Gefecht schwer verwundet und anschließend direkt auf die Reha-Welt Heaven geschickt.

Marygay nahm an, dass es damit aus war; die Physik der Relativität und des Kollapsar-Sprungs würden sie um Jahre oder Jahrhunderte trennen. Also kam sie hierher, um an Bord der *Time Warp* auf mich – nicht auf Cat – zu warten. Sie erzählte mir die Geschichte mit Cat bald nach unserer Wiedervereinigung, und ich fand nichts Besonderes dabei; angesichts der Umstände ein vernünftiges Arrangement. Allerdings hatte ich mit weiblicher Homosexualität schon immer weniger Probleme als mit der unter Männern.

Und dann tauchte Cat kurz nach Saras Geburt hier auf. Sie hatte Aldo auf Heaven kennen gelernt und von Mittelfinger gehört und die beiden wurden Heteros – eine Umwandlung, die dem neuen Menschen keinerlei Probleme bereitete und damals Voraussetzung war, wenn man sich auf Mittelfinger niederlassen wollte. Sie wusste aufgrund der Archiveinträge auf Sterntor, dass Marygay hier war, und die Raumzeit-Geometrie klappte. Als sie ankam, war sie etwa zehn Erdenjahre jünger als Marygay und ich. Und bildschön obendrein.

Wir kamen gut miteinander aus – Aldo und ich spielten häufig Schach und Go –, aber wir hätten blind sein müssen, um die sehnsüchtigen Blicke zu übersehen, die Cat und Marygay gelegentlich tauschten. Wir zogen uns hin und wieder gegenseitig auf, aber die

Witze bewegten sich immer auf der Kippe zum Ernst. Ich glaube, dass Aldo um einiges nervöser reagierte als ich.

Sara begleitete uns, während Bill mit Charlie und Diana nachkommen wollte, sobald die Kirche aus war. Wir Ungläubigen büßten für unsere intellektuelle Freiheit, indem wir Arbeitsstiefel anzogen und durch den Schlamm stapften, um die Richtpflöcke für den Pressorfeld-Generator einzuschlagen.

Wir liehen uns den Generator von der Stadtverwaltung aus und erhielten als Dreingabe den einzigen Menschen, weiblich, der sich entfernt im Errichten von Scheunen auskannte. Sie wäre nach der Fertigstellung ohnehin gekommen, um eine Bauinspektion durchzuführen.

Aber der Generator war sein Gewicht in Bürokraten wert. Er konnte die Metallträger zwar nicht aufrichten; das erforderte das Zusammenwirken jeder Menge menschlicher Muskelkraft. Aber sobald sie an Ort und Stelle waren, hielt er sie exakt ausgerichtet in Position. Wie ein pedantischer kleiner Gott, dem alles verhasst war, was sich nicht im rechten Winkel anordnen ließ.

Zur Zeit spukten mir ständig Götter durch den Kopf. Charlie und Diana waren dieser neuen Kirche beigetreten, die sie ›Spirituellen Rationalismus‹ nannten, und sie hatten Bill angesteckt. Eigentlich verehrten sie keine Götter im ursprünglichen Sinn, und das Ganze schien einigermaßen vernünftig, ein wenig Poesie und Numinoses zur Verbrämung des Alltags. Ich schätze, Marygay hätte auch mitgemacht, wenn da nicht mein automatischer Widerstand gegen jede Art von Religion gewesen wäre.

Lar Po besaß Vermessungsgeräte, darunter einen alten Laser-Kollimator, der sich nicht wesentlich von dem Ding unterschied, mit dem ich einst im Physikunterricht hantiert hatte. Wir mussten immer noch durch den Schlamm waten und Pfosten einschlagen, aber wir wussten immerhin, dass wir sie da einschlugen, wo sie später hin gehörten.

Die Stadtverwaltung stellte außerdem einen Riesenlaster mit Fibermastix zur Verfügung, der in diesem Klima zuverlässiger war als Zement und sich zudem wesentlich leichter verarbeiten ließ. Die Masse blieb flüssig, bis sie einer Vibration ausgesetzt wurde, die aus zwei bestimmten, sich harmonisch überlagernden Frequenzen im Ultraschallbereich bestand. Dann aber verfestigte sie sich so rasch und gründlich, dass es sich empfahl, vor dem Einschalten des Tons Hände und Kleidung sorgfältig von allen Spritzern zu reinigen.

Der Stapel mit den Stützen und Befestigungen war ein Fertigbausatz, den ein großer Gleiter von Centrus herüber gebracht hatte. Paxton erhielt solche Zuweisungen aufgrund geheimnisvoller Formeln, in denen die Bevölkerungsdichte, die Produktivität und die Mondphasen eine Rolle spielten. Wir hätten in diesem Frühjahr sogar Anspruch auf zwei Scheunen gehabt, aber nur die Larsons wollten eine.

Zu dem Zeitpunkt, da wir die Fläche abgesteckt hatten, waren an die dreißig Leute eingetrudelt. Teresa lief mit einem Klemmbrett herum, auf dem sie Arbeitsablauf und -verteilung skizziert hatte. Die Helfer ließen sich gutmütig von ›Feldwebel‹ Larson herumkommandieren. Eigentlich war sie Major gewesen, genau wie ich.

Charlie und ich arbeiteten gemeinsam an der Kühlanlage. Wir hatten während der ersten Jahre auf diesem Planeten die unangenehme Erfahrung gemacht, dass jedes Gebäude, das größer als ein Schuppen war, das ganze Jahr über auf Eis stehen musste. Wenn man in die Permafrostschicht ein normales Fundament legte, bekam es durch die langen, harten Winter Sprünge und Risse. Also beugte man sich am besten gleich dem Klima und baute auf Eis oder gefrorenem Schlamm.

Die Arbeit war nicht schwer, aber schmutzig. Ein anderes Team nagelte einen rechteckigen Rahmen zusammen, der die Grundfläche der Scheune plus ein paar Zentimeter in jeder Richtung vorgab. Max Weston, ein bulliger Typ, der genug Kraft hatte, um mit einem Presslufthammer umzugehen, rammte entlang der Grenzlinien Stäbe aus einer Metallegierung im Abstand von etwa einem Meter bis unter die Frostschicht; sie sollten die Scheune gegen die heftigen Stürme verankern, die auf diesem Planeten die Landwirtschaft zu einem Glücksspiel machten. (Die Wetterkontrollsatelliten brachten nicht genug Energie auf, um sie abzulenken.)

Charlie und ich wateten durch den Schlamm und verbanden lange Plastikschläuche, die wir in Schlangenlinien durch das künftige Subfundament der Scheune zogen. Es war nicht mehr als ein Ausrichten-Kleben-Absenken, Ausrichten-Kleben-Absenken, bis wir beide von den Kleberdämpfen halb benebelt waren. Inzwischen spritzte das Team, das den Rahmen zusammengesetzt hatte, Wasser in den Schlamm. Auf diese Weise entstand ein tiefer, schön gleichmäßiger Brei, der sich leichter herunterkühlen ließ.

Sobald wir mit unserem Job fertig waren, verbanden wir die losen Enden mit einem Kompressor und schalteten ein. Alle gönnten sich eine kleine Pause und sahen zu, wie der Schlamm zu grauem Schneematsch und dann zu Eis erstarrte.

Drinnen war es wärmer, aber Charlie und ich fühlten uns zu verdreckt, um in anderer Leute Wohnzimmer herumzulungern; wir setzten uns auf einen Stapel Schaumstahl-Stützen und ließen uns von Sooz Tee bringen.

Ich deutete auf das Schlammrechteck. »Ziemlich komplexes Verhalten für eine Horde von Laborratten.«

Charlie war von dem Kleber immer noch ein wenig benommen. »Wir haben Ratten?«

»Wir sind Ratten. Ein Zuchtexperiment.«

Er nickte und nahm einen Schluck Tee. »Du siehst das zu negativ. Wir werden sie alle überdauern. Daran glaube ich ganz fest.«

»Ja, ja. Der Glaube versetzt Berge. Planeten.« Charlie leugnete nicht, was ohnehin alle wussten: dass wir Versuchstiere in einer Art Labor oder Zoo waren. Wir durften uns auf Mittelfinger ganz nach Lust und Laune vermehren – für den Fall, dass etwas mit dem großartigen Experiment schief ging, das sich Mensch oder neuer Mensch nannte: Milliarden genetisch identischer Nicht-Individuen, die ein einziges Bewusstsein besaßen. Oder, um es noch genauer auszudrücken, Milliarden von Retortengeschöpfen mit einer gemeinsamen Datenbank.

Wir konnten klonen wie sie, wenn wir einen Sohn oder eine Tochter genau nach unserem Ebenbild wünschten, oder eine Klonverschmelzung wählen wie Teresa und Ami, wenn es biologische Hindernisse für eine normale Geburt gab.

Aber eigentlich steckte hinter unserem »Zuchtplaneten« der Gedanke, durch Zufallsvermehrung einen möglichst großen genetischen Pool anzulegen, falls es mit dem perfekten neuen Menschenmodell nicht so ganz klappte. Wir waren sozusagen ihre Rückversicherung.

Die ersten Einwanderer waren mit Beendigung des Ewigen Krieges nach Mittelfinger gekommen. Der Anteil an Veteranen, deren Ankunft sich wegen der Relativität über Jahrhunderte verteilte, betrug schließlich ein paar tausend Leute, etwa zehn Prozent der gegenwärtigen Bevölkerung. Wir blieben meist zusammen, in kleineren Städten wie Paxton. Wir wussten, wie wir miteinander umzugehen hatten.

Charlie kramte einen Stengel hervor und bot mir auch einen an, aber ich lehnte ab. »Ich glaube auch, dass wir sie überdauern könnten«, sagte ich, »wenn sie uns am Leben lassen.«

»Sie brauchen uns. Als Laborratten.«

»Falsch. Sie brauchen nur unsere Gameten. Die sie unbegrenzt in Flüssighelium einfrieren können.«

»Klar, sie holen sich unser Sperma und unsere Eizellen und schlachten uns dann ab! Sie sind weder grausam noch blöd, William, ganz egal, was du von ihnen hältst.«

Der weibliche Mensch kam heraus, um die Gebrauchsanweisung für ihre Maschine zu holen, und verschwand gleich darauf wieder in der Küche. Natürlich sahen sie im Prinzip alle gleich aus, aber man konnte doch beträchtliche Abweichungen feststellen, wenn sie älter wurden. Attraktiv, hoch gewachsen, dunkelhaarig, kräftiges Kinn und breite Stirn. Unser Mensch hatte den kleinen Finger der linken Hand verloren und aus irgendeinem Grund nicht ersetzen lassen. War vermutlich weder die Zeit noch die Mühe wert. Eine ganze Reihe von uns Veteranen erinnerte sich noch gut, welche Tortur das Nachwachsen diverser Gliedmaßen und Organe gewesen war.

Als sie außer Hörweite war, nahm ich unsere Diskussion wieder auf. »Sie würden uns nicht umbringen, aber das wäre auch gar nicht nötig. Sobald sie genügend genetisches Material besäßen, könnten sie uns zusammentreiben und sterilisieren. Uns auf natürliche Weise nach und nach sterben und das Experiment auf diese Weise auslaufen lassen.«

»Du strotzt heute geradezu vor Optimismus.«

»Ich lasse nur ein wenig Dampf ab.« Charlie nickte mit Verspätung. Da zwischen seiner und meiner Geburt sechshundert Jahre lagen, hatten wir nicht immer die gleichen Metaphern. »Aber es könnte passieren, wenn sie in uns eine politische Gefahr sähen. Mit den Tauriern kommen sie mittlerweile klar, aber *wir* stellen ein Risiko dar. Kein Gruppen-Bewusstsein, in das sie sich einklinken können.«

»Und was schlägst du vor? Dass wir gegen sie kämpfen? Wir sind keine Jüngster mehr.«

»›Jünglinge‹ heißt das.«

»Jüngster oder Jünglinge – vergiss es, William. Genau genommen sind wir *Fossilien*.«

Wir stießen mit den Teetassen an. »Ein Punkt für dich. Aber kämpfen können wir immer noch.«

»Womit? Du mit deinen Angelruten und ich mit meinen Tomatenstützen?«

»Sie sind auch nicht bis an die Zähne bewaffnet.« Im gleichen Moment, als ich das sagte, lief es mir kalt über den Rücken. Und während Charlie die Waffen aufzählte, die der neue Mensch unseres Wissens nach besaß, kam mir der Gedanke, dass wir uns in einer kritischen Phase der Menschheitsgeschichte befanden – dem letzten Zeitabschnitt, in dem es noch eine größere Anzahl von Veteranen des Ewigen Krieges gab, die jung genug zum Kämpfen waren.

Das Gruppen-Bewusstsein des Menschen war sicher längst zu dem gleichen Schluss gelangt.

Sooz brachte uns noch einmal Tee und ging dann nach drinnen, um den anderen zu berichten, dass unser kleiner Schlammsee fest gefroren war. Wir hatten keine Zeit mehr für paranoide Gedanken. Aber der Samen war auf fruchtbaren Boden gefallen.

Wir legten zwei Schichten Isoliermaterial aus, eine längs und eine quer, und begannen dann mit dem eigentlichen Bau der Scheune.

Der Boden war das Einfachste an der Sache: große rechteckige Schaumstahl-Platten, die pro Stück an die achtzig Kilogramm wogen. Zwei kräftige oder vier weniger kräftige Leute konnten die Dinger bequem tragen. Da sie von 1 bis 40 durchnummeriert waren, musste man sie lediglich aneinander fügen und entlang der Pfosten ausrichten, die wir in weiser Voraussicht eingeschlagen hatten.

Chaotisch wurde die Angelegenheit nur dadurch, dass alle dreißig Helfer gleichzeitig zupacken wollten. Aber wir kriegten schließlich alles auf die Reihe.

Dann saßen wir herum und sahen zu, wie der Mastix eingegossen wurde. Die Bretter, die den Schlamm in Form gehalten hatten, erfüllten nun den gleichen Zweck für den Mastix. Sobald die graue Masse aus dem Laster quoll, verteilten Po und Eloi Casi sie mit langen besenähnlichen Dingern. Sie hätte sich letzten Endes auch von selbst gleichmäßig verteilt, aber wir wussten aus Erfahrung, dass man sich etwa eine Stunde Wartezeit ersparen konnte, wenn man den Vorgang beschleunigte. Als die Schicht eine Handbreit hoch und völlig eben war, legte der Mensch einen Hebel um, und das Zeug verwandelte sich in etwas, das die Härte und Glätte von Marmor besaß.

Von da an gestaltete sich das Ganze mühsam. Mit einem Kran und einem Frontlader wäre die Arbeit ein Kinderspiel gewesen, doch der Mensch war so stolz auf seine Erfindung der Fertigbausätze, die als Gemeinschaftsprojekte von Hand aufgestellt werden konnten, dass er nur im äußersten Notfall große Maschinen einsetzte.

(Tatsächlich war es das *Gegenteil* eines Notfalls: Die Larsons würden heuer nicht sehr viel in ihrer Scheune lagern, da der starke Regen ihre Traubenernte mehr oder weniger ruiniert hatte.)

Jede vierte Platte hatte an den beiden Enden einen kastenförmigen Schuh zur Aufnahme der senkrechten Stützen. Also baute man dort jeweils zwei Längsstützen und einen Querträger zusammen, goss eine Menge Kleber in die Aufnahmekästen und richtete die Stützen langsam auf. Wenn sie sich fast in der Vertikalen befanden und das Pressorfeld eingeschaltet war, rasteten sie von selbst ein.

Nachdem der erste Rahmen stand, ging der Rest etwas leichter, da man drei oder vier Seile an der Konstruktion befestigen und mit ihrer Hilfe die nächsten vormontierten Stützen hochziehen konnte.

Als Nächstes waren geschickte junge Leute ohne Höhenangst gefragt. Bill und Sara erklommen zusammen mit Matt Anderson und Carey Talos die seitlichen Stützen – keine allzu große Kunst, da es Kletterhilfen gab –, stellten sich auf Brettergerüste und zogen die dreieckigen Dachsparren hoch. Sie bestrichen die Kontaktflächen mit Kleber und schoben die Dreiecke hin und her, bis das Pressorfeld sie einrasten ließ. Nachdem das erledigt war, gingen sie an die leichtere Aufgabe, die Dachplatten mit Heftmaschinen und Kleber zu befestigen. Wir anderen errichteten und verklebten inzwischen die Außenwände, rollten ein dickes Dämm-Material zwischen den Seitenstützen aus und passten die Innenwände so exakt ein, dass sie die Isolierung festhielten. Die Fenstermodule bereiteten anfangs Schwierigkeiten, aber Marygay und Cat lösten das Problem, indem sie die Rahmen gleichzeitig von innen und außen einsetzten.

Das Innere schafften wir ruckzuck, da Wände, Boden und Dachbalken bereits mit Aussparungen für die vorgefertigten Module versehen waren. Tische, Vorratskästen, Gestelle und Regale – mich packte fast der Neid. *Unser* Geräte- und Arbeitsraum war dagegen ein windschiefer Schuppen Marke Eigenbau.

Eloi Casi, der gern schreinerte, brachte ein Weingestell mit, das Platz für hundert Flaschen bot, damit die

Larsons von den besseren Jahrgängen jeweils ein paar Kostproben aufheben konnten. Die meisten anderen leisteten einen Beitrag zur Party. Ich hatte für den Anlass dreißig Fische aufgetaut und ausgenommen. Gegrillt und mit einer scharfen Sauce serviert schmeckten sie gar nicht übel. Die Bertrams hatten ihren großen Grill angeschleppt, zusammen mit einer Ladung Holzscheite. Sie setzten ihn in Gang, als wir mit der Inneneinrichtung begannen, und bis wir fertig waren, hatte er genau die richtige Hitze. Außer unseren Fischen gab es Hähnchen, Kaninchen und die großen einheimischen Pilze.

Ich fühlte mich zu müde und verdreckt zum Feiern, aber es gab warmes Wasser zum Waschen, und Ami holte ein paar Liter selbst destillierten Skag hervor, den sie mit Beeren angesetzt hatte, um ihm etwas von seiner Schärfe zu nehmen. Er brannte immer noch wie Feuer und machte mich wieder munter.

Einige Leute hatten ihre Instrumente mitgebracht, und die Musik, die sie machten, klang in der großen leeren Scheune nicht schlecht. Wer noch einen Rest von Energie hatte, tanzte auf dem neuen Marmorboden. Ich kümmerte mich um den Fisch, briet Pilze und Zwiebeln und trank so viel Skag, dass ich um ein Haar ebenfalls getanzt hätte.

Der Mensch, weiblich, lehnte unser Essen höflich ab, nahm noch ein paar Messungen vor und erklärte, dass die Scheune den Sicherheitsbestimmungen genüge. Dann zog sie sich zurück, um den Abend nach ihrem eigenen Geschmack zu verbringen, wie immer der aussehen mochte.

Charlie und Diana kamen zu mir an den Grill und legten die Hähnchenteile auf, während ich die Fische vom Rost nahm.

»Du möchtest also kämpfen?«, fragte sie leise. Charlie hatte ihr wohl von unserem Gespräch berichtet.

»Und was brächte das? Was hättest du erreicht, wenn du sie alle töten würdest?«

»Oh, ich will keinen Einzigen von ihnen töten. Sie sind Wesen wie du und ich, auch wenn sie etwas anderes behaupten. Aber mir spukt da eine Idee im Kopf herum. Ich werde sie bei einem unserer nächsten Treffen diskutieren, wenn wir die Schwachstellen ausgemerzt haben.«

»Wir? Du und Marygay?«

»Wer sonst?« Genau genommen hatte ich noch nicht mit ihr gesprochen, da mir der Gedanke irgendwann zwischen Mastix und Schaumstahl-Stützen gekommen war. »Einer für alle und alle für einen!«

»Ihr hattet damals vielleicht komische Sprüche!«

»Wir waren komische Leute.« Ich löste vorsichtig den gegrillten Fisch und legte ihn auf eine vorgewärmte Platte. »Aber wir stellten einiges auf die Beine.«

*

Marygay und ich unterhielten uns bis spät in die Nacht. Sie hatte die Sache ebenso satt wie ich. Den neuen Menschen und seine einseitige Absprache mit uns, die uns zu Zuchtmaterial auf diesem arktischen Planeten am Arsch des Universums degradierte. Es war eine Art Überleben, aber auch nur das. Wir wollten mehr aus unserem Dasein machen, solange wir noch jung genug waren.

Sie zeigte sich von meinem Plan zunächst hellauf begeistert, äußerte dann jedoch Bedenken wegen der Kinder. Ich war ziemlich sicher, dass ich sie zum Mitmachen überreden konnte. *Zumindest Sara*, dachte ich insgeheim.

Sie fand wie ich, dass wir noch einige Details klären mussten, ehe wir unser Projekt auf einem Treffen zur Diskussion stellten. Die Kinder sollten erst davon erfahren, wenn wir mit den anderen Veteranen darüber gesprochen hatten.

Ich schlief erst im Morgengrauen ein, den Gesang der Rebellion im Blut. Ein paar Wochen lang gaben wir uns so normal wie möglich. Nur ab und zu stahlen wir uns eine Stunde und holten ein Notizbuch aus dem Versteck, um unsere Gedanken festzuhalten und an den Berechnungen zu feilen.

Im Nachhinein glaube ich, dass es besser gewesen wäre, Bill und Sara von Anfang ins Vertrauen zu ziehen. Unser Urteilsvermögen war vielleicht getrübt durch den besonderen Reiz der Heimlichkeit und die Vorfreude, eine Bombe platzen zu lassen.

drei

Bei Sonnenuntergang war der Regen allmählich in leichten Schneefall übergegangen. Deshalb ließen wir Bill auf direktem Weg zu seinem Volleyball-Spiel fahren und gingen zu Fuß zu Charlie. Selena, der größere Mond, stand voll am Himmel und verlieh den Wolken einen romantischen und zugleich praktischen Schimmer. Wir fanden uns auch ohne Taschenlampen zurecht.

Die beiden lebten etwa einen Kilometer vom See entfernt, in einem Wäldchen mit immergrünen Gewächsen, die eine verwirrende Ähnlichkeit mit den Palmen der guten alten Erde hatten. Von der Schneelast gebeugte Palmen – ein kurzes und treffendes Resümee für Mittelfinger.

Wir hatten angerufen, dass wir früher kommen würden. Ich half Diana beim Herrichten der Samowars und Teesachen, während Marygay und Charlie sich in der Küche betätigten.

(Diana und mich verband eine heimliche Affäre, von der nicht einmal sie selbst etwas wusste. Früher lesbisch wie alle ihre Zeitgenossinnen, hatte sie sich während des Feldzugs Sade 138 einmal richtig volllaufen lassen und mir dann ein eindeutiges Angebot gemacht, um es mal auf die altmodische Art zu probieren. Leider war sie eingeschlafen, bevor wir ernsthaft zur Sache kamen, und erinnerte sich am nächsten Morgen an nichts mehr.)

Ich hob den Eisenkessel und überbrühte die Blätter in zwei großen Kannen mit kochendem Wasser. Teesträucher gehörten zu den Pflanzen, die sich gut an das hiesige Klima angepasst hatten. Der Kaffee schmeckte nicht besser als das Armee-Sojazeug. Es gab keinen Fleck auf dem Planeten, der warm genug zum natürlichen Anbau von Kaffee war.

Ich stellte den schweren Kessel wieder auf den Herd. »Wie ich sehe, geht es deinem Arm wieder besser«, stellte Diana fest. Sie hatte mir Tabletten und eine elastische Bandage verpasst, nachdem ich mir bei der Arbeit am Dach einen Muskel gezerrt hatte.

»Ich habe bisher auch nichts Schwereres als ein Stück Kreide in die Hand genommen.«

Sie stellte die Tee-Uhr ein. »Du benutzt tatsächlich *Kreide?*«

»Wenn ich keine Holos anwerfe. Die Schüler sind geradezu fasziniert davon.«

»Dieses Semester ein paar Genies dabei?« Ich unterrichtete an der High-School Oberstufen-Physik und gab am College eine Einführung in Theoretischer Physik.

»Ein Lichtblick im College. Mathew Anderson, Leonas Sohn. Natürlich hatte ich ihn nicht an der High School.« Schüler, die in Naturwissenschaften eine besondere Begabung zeigten, erhielten Sonderunterricht vom Menschen. Wie mein Sohn. »Die meisten anderen versuche ich mehr oder weniger wach zu halten.«

Charlie und Marygay brachten Tablette mit Käse und Obst herein und dann ging Charlie noch einmal nach draußen, um einen Armvoll Holzscheite für den Kamin zu holen.

Bei Diana und Charlie konnte man solche Zusammenkünfte besser abhalten als bei uns oder den meisten anderen Leuten. Unten befand sich ein großer runder Raum mit einer abgetrennten Nische für die Küche. Das Gebäude war eine Kuppel aus Metall, entstanden aus dem halbierten Treibstofftank eines taurischen Kriegsschiffes, in den sie Türen und Fenster gefräst hatten. Holzpaneele und Vorhänge kaschierten das mehr als nüchterne Äußere. Eine Wendeltreppe führte in die Schlafzimmer und die Bibliothek. Außerdem hatte sich Diana im Obergeschoss ein kleines Büro und einen Untersuchungsraum eingerichtet, aber sie arbeitete meist in der Stadt, im Krankenhaus und an der Universitätsklinik.

Der Kamin war ein erhöhter Backstein-Ring mit einem konischen Rauchabzug, der sich auf halbem Wege zwischen Zentrum und Wand befand und eine angenehme Lagerfeuer-Atmosphäre verbreitete – der ideale Platz für eine Versammlung des Ältestenrates.

Und genau das war es, auch wenn das Alter der Teilnehmer zwischen gut tausend und knapp hundert Jahren schwankte, je nachdem, wann man sie als Soldaten des Ewigen Krieges eingezogen hatte. Ihr physisches Alter reichte von Ende dreißig bis Anfang fünfzig, in Erdenjahren gemessen. Die Jahre hier waren dreimal so lang. Ich schätze, irgendwann müssen sich die Leute wohl an den Gedanken gewöhnen, dass ihre Kinder mit zwei eingeschult werden, mit knapp vier in die Pubertät kommen und mit sechs volljährig sind. Aber nicht meine Generation.

Ich war, subjektiv betrachtet, mit 32 hierher gekommen; wenn ich allerdings von meinem Geburtsdatum ausging, ohne die Zeitdehnung und die Kollapsar-Sprünge zu berücksichtigen, entsprach das objektiven 1168 Erdenjahre. Also zählte ich mittlerweile 54 – oder »32 plus 6«, wie manche Alten sagten, um die beiden Systeme in Einklang zu bringen.

Nach und nach trudelten die Veteranen ein, einzeln, zu zweit und zu viert. In der Regel kamen an die fünfzig, etwa ein Drittel derer, die den Versammlungsort zu Fuß erreichen konnten. Dazu eine Beobachterin mit einem Holo-Aufzeichnungsgerät aus der Hauptstadt

Centrus. Unsere Veteranengruppe hatte keinen Namen und keine richtige Zentralorganisation, aber sie hielt diese informellen Treffen in einem Archiv von der Größe einer Murmel fest.

Eine Kopie befand sich an einem sicheren Ort, die andere in der Tasche der Frau mit dem Aufzeichnungsgerät. Beide zerstörten sich selbst, sobald sie von einem Menschen oder Taurier berührt wurden; eine Filmschicht an der Außenseite der Murmel besaß DNS-Sensoren.

Es war nicht so, dass wir diese Treffen in erster Linie zu geheimen oder gar subversiven Diskussionen nutzten. Der Mensch wusste, was in den Köpfen der meisten Veteranen vorging, und es war ihm egal. Was konnten wir schon tun?

Aus dem gleichen Grund erschien nur eine Minderheit der Veteranen auf diesen Versammlungen, und viele kamen einzig und allein, um Freunde zu treffen. Das Nörgeln hatte wenig Sinn, weil sich doch nichts ändern ließ. Und nicht alle waren der Meinung, dass man überhaupt etwas ändern musste.

Es störte sie nicht, Teil eines »eugenischen Grundstocks« zu sein. Eines Humanoiden-Zoos, um es anders auszudrücken. Starb ein Mensch, dann wurde ein anderer ins Leben gerufen. Durch Klonen. Die genetische Zusammensetzung änderte sich nie. Warum an einem perfekten Modell herumpfuschen? Unsere Aufgabe bestand darin, uns auf die altmodische Art zu vermehren, mit Zufallsmutationen, Evolution und all dem Kram. Ich nehme an, falls bei dieser Methode irgendwann etwas Besseres entsteht als der gegenwärtige Mensch, werden sie unser genetisches Material benutzen. Oder uns als gefährliche Rivalen betrachten und vernichten.

Unterdessen aber waren wir »frei«. Der Mensch hatte uns geholfen, auf diesem Planeten eine Zivilisation auf den Weg zu bringen, und ermöglichte uns den Kontakt zu anderen bewohnten Welten, einschließlich der Erde. Wir hätten nach der Entlassung aus der Armee sogar auf die Erde zurückkehren können, wenn wir bereit gewesen wären, den Preis dafür zu bezahlen – uns sterilisieren zu lassen und einer oder eine von ihnen zu werden.

Viele Veteranen hatten das getan, aber mir war die Erde alles andere als verlockend erschienen. Eine einzige Riesenstadt, überall neue Menschen oder Taurier. Ich konnte mit diesen langen Wintern leben, weil ich sie in Gesellschaft von Gleichgesinnten verbrachte.

Die meisten Leute hier waren einigermaßen zufrieden. Ich hoffte, dass es damit heute Abend ein Ende haben würde. Marygay und ich hatten einen Plan ausgeheckt, den wir zur Diskussion stellen wollten.

Nach etwa einer halben Stunde hatten sich vierzig Leute um das Feuer versammelt. Der Rest war vermutlich wegen des schlechten Wetters daheim geblieben. Diana klopfte an ihr Glas, um die Aufmerksamkeit auf sich zu lenken, und stellte die Frau von Centrus vor.

Sie hieß Lori und in ihrem Englisch klang wie bei den meisten Centrus-Bewohnern der etwas dumpfe Mensch-Akzent durch. (Alle Veteranen unterhielten sich in Englisch, der Standardsprache während des Ewigen Krieges, mit der die Soldaten Jahrhunderte und Kontinente, ja sogar Planeten überbrückten. Manche von uns benutzten es allerdings nur noch bei Treffen wie diesem, und man merkte, dass es ihnen Mühe bereitete.)

Sie war klein und zierlich und besaß ein interessantes Tattoo, das unter ihrem Hemd vorspitzte: eine Schlange mit einem Apfel zwischen den Fängen. »Es gibt nicht viel zu berichten«, sagte sie. »Das meiste wisst ihr bereits aus den Nachrichten. Eine Gruppe von Tauriern landete zu eintägigen Besprechungen, allem Anschein nach eine Art Delegation, die sich jedoch nie in der Öffentlichkeit zeigte.«

»Wie rücksichtsvoll«, meinte Max Weston. »Ich muss diesen Bastarden nicht unbedingt persönlich begegnen.«

»Dann hältst du dich am besten von Centrus fern. Ich sehe täglich einen oder zwei in ihren komischen Blasen.«

»Die trauen sich was. Früher oder später wird jemand auf sie schießen.«

»Das ist vielleicht der Sinn der Sache«, warf ich ein. »Lockvögel. Opferlämmer. Sollen herausfinden, wo die Aggressionen und die Waffen sind.«

»Könnte gut sein«, pflichtete mir Lori bei. »Sie scheinen einfach so durch die Gegend zu schlendern.«

»Touristen«, sagte Mohammed Morabitu. »Selbst Taurier könnten Touristen sein.«

»Drei von ihnen haben sich auf Dauer eingerichtet«, meinte Cat. »Ein Freund von mir musste eine Wärmepumpe in ihren Räumen im Amt für Interplanetarische Kommunikation installieren.«

»Jedenfalls«, fuhr Lori fort, »kamen diese Taurier für einen Tag in die Hauptstadt. Sie wurden mit einem getarnten Gleiter des Polizei-Hauptquartiers gebracht und blieben vier Stunden, ehe sie auf ihre Fähre zurückkehrten und verschwanden. Das Ganze hätte völlig unbemerkt stattgefunden, wenn sie nicht zufällig zwei Transportern begegnet wären.«

»Ich frage mich, was die Geheimniskrämerei soll«, sagte ich. »Es waren doch schon öfter Delegationen da.«

»Keine Ahnung. Die Kürze des Besuchs war ebenso seltsam wie die Tatsache, dass sie gleich zu viert kamen. Warum sollte ein Gruppen-Bewusstsein gleich mehrere Vertreter schicken?«

»Redundanz«, meinte Charlie. »Schließlich hätte ihnen Max begegnen und drei mit bloßen Händen erwürgen können.«

So weit wir das beurteilen konnten, war das »Gruppen-Bewusstsein« der Taurier keine Spur mysteriöser als das des neuen Menschen. Keine Telepathie oder Ähnliches. Nichts anderes als Individuen, die regelmäßig Erfahrungen in einem gemeinsamen Gedächtnis speicherten oder von dort entnahmen. Wenn ein Individuum starb, ehe es eine Verbindung zu dem weit verzweigten Gedächtnisnetz herstellen konnte, gingen seine Informationen unwiderruflich verloren.

Ein wenig unheimlich erschien das Ganze, da sie praktisch alle gleich waren. Aber wir konnten das auch, wenn wir uns Löcher in den Schädel bohren und Anschlüsse einsetzen ließen. Nein danke. Es gibt Dinge, die ich nicht unbedingt haben muss.

»Ansonsten tut sich in Centrus wenig«, fuhr Lori fort. »Die Schutzfeld-Partei wurde erneut überstimmt. Das heißt, dass wir ein weiteres Jahr Schnee schaufeln müssen.«

Einige von uns lachten. Mit nur zehntausend Einwohnern war Centrus nicht groß genug, um die Energieverschwendung eines Kraftfelds zu rechtfertigen, das den ganzen Winter lang das schlechte Wetter abhielt. Aber immerhin *war* es die Planeten-Hauptstadt, und manche Bürger befürworteten dieses Feld nicht nur aus praktischen Gründen, sondern auch als eine Art Statussymbol. Es reichte ihnen nicht, dass sie den einzigen Raumhafen hatten und Fremdweltler durch ihre Straßen spazierten.

Meines Wissens nach hatte sich in Paxton noch nie ein Taurier blicken lassen. Das konnte auch gefährlich werden. Unter unseren zahlreichen Veteranen gab es eine Menge Leute wie Max, die unversöhnlich blieben. Ich selbst trug den Tauriern nichts nach. Der Ewige

Krieg war ein kolossales Missverständnis gewesen, an dem wir vermutlich mehr Schuld hatten als sie.

Es blieb die Tatsache, dass sie hässlich waren, ein wenig abartig rochen und viele meiner Freunde ins Jenseits befördert hatten. Aber es waren keine *Taurier*, die uns zu lebenslänglichem Exil auf diesem Eisberg verdammt hatten! Diese Idee stammte vom Menschen. Und obwohl der Mensch aus ein paar Milliarden identischer Klone bestand, waren seine Gene biologisch gesehen doch die unseren.

Vieles von dem, was in den Versammlungen besprochen wurde, war eine etwas galligere Version der Beschwerden, die wir längst auf offiziellem Wege eingereicht hatten. Unser Energienetz war unzuverlässig und *musste* repariert werden, ehe der Winter richtig losging; andernfalls würde es zu Todesfällen kommen. Die einzige Reaktion von Centrus war eine Prioritätenliste der öffentlichen Versorgungsbetriebe, auf der wir ziemlich weit hinten standen, weil andere Städte näher an der Hauptstadt lagen als wir. (Wir befanden uns sozusagen am Rande der Zivilisation – eine Art Alaska oder Sibirien, um Vergleiche zu verwenden, die den meisten hier überhaupt nichts mehr sagten.)

Natürlich war der Hauptgrund für diese geheimen Treffen die Tatsache, dass Centrus unsere Sorgen nicht sonderlich ernst nahm und selten daran dachte, Abhilfe zu schaffen. Die Regierung setzte sich aus unseren Leuten zusammen, gewählten Abgeordneten, deren Anzahl auf Bevölkerungsdichte und Beruf basierte. Allerdings besaß der Mensch bei der tatsächlichen Administration eine Aufsichtsfunktion, die in etwa einem Vetorecht entsprach.

Und die Prioritäten des Menschen waren nicht die gleichen wie die unseren. Es ging um mehr als den normalen Großstadt-Hinterland-Konflikt, auch wenn der gern vorgeschoben wurde. Ich nannte es »bewusste Abstufung«. Etwa die Hälfte der neuen Menschen auf diesem Planeten lebte in Centrus, und die wenigen von ihnen, die in Orte wie Paxton geschickt wurden, blieben nur ein Langjahr, ehe sie in die Hauptstadt zurückkehrten. Also galt, dass alles, was Centrus nützte, auch dem Menschen nützte. Und uns draußen in den Provinzen schwächte, zumindest indirekt.

Ich hatte natürlich mit Lehrern zusammengearbeitet und gelegentlich mit Verwaltungsbeamten zu tun gehabt, die zur neuen Rasse gehörten. Es störte mich längst nicht mehr, dass sie alle gleich aussahen und sich, oberflächlich betrachtet, alle gleich verhielten. Immer ruhig und vernünftig, ernsthaft und freundlich. Mit einem kleinen Hauch von Mitgefühl für uns.

Wir sprachen über das Problem mit dem Energienetz, die Probleme mit der Schule, den Phosphatabbau, den sie zu nahe an Paxton betreiben wollten (und der uns andererseits die seit langem benötigte Güter-Einschienenbahn bringen würde), und diverse kleinere Anliegen. Erst dann ließ ich meine Bombe platzen.

»Ich habe einen bescheidenen Vorschlag.« Marygay sah mich an und lächelte. »Marygay und ich finden, dass wir alle den neuen Menschen und unsere Taurier-Brüder bei ihrem großartigen Experiment unterstützen sollten.«

Einen Moment lang herrschte absolute Stille, nur unterbrochen vom Knistern des Feuers. Mir kam zu Bewusstsein, dass die meisten ein Jahrtausend nach Swift geboren waren und mit der Redewendung »bescheidener Vorschlag« nichts anzufangen wussten.

»Okay«, sagte Charlie, »drück dich mal weniger geschwollen aus und komm zur Sache!«

»Ihnen liegt daran, die alten Menschen als genetischen Grundstock zu isolieren. Sie sollen ihre Isolation kriegen – aber anders, als sie denken!

Ich schlage vor, dass wir ihnen die *Time Warp* abnehmen, aber nicht, um zwischen Mizar und Alkor hin und her zu pendeln, sondern um ihre Reichweite voll zu nutzen und dann sicher hierher zurückzukehren.«

»Zwanzigtausend Lichtjahre«, warf Marygay ein. »Vierzigtausend, hin und zurück. Verschaffen wir ihnen zweitausend Generationen für ihr Experiment!«

»Und uns zweitausend Generationen Ruhe vor ihren Einmischungen«, sagte ich.

»Wie viele von uns könntet ihr mitnehmen?«, fragte Cat.

»Die *Time Warp* ist für zweihundert Leute ausgelegt, wenn sie eng zusammenrücken«, erklärte Marygay. »Ich verbrachte ein paar Jahre an Bord, während ich auf William wartete, und es war auszuhalten. Einhundertfünfzig wären für ein längeres Zusammenleben wahrscheinlich besser.«

»Wie lange?«, wollte Charlie wissen.

»Wir würden um zehn Jahre altern«, sagte ich. »Erdenjahre.«

»Eine interessante Idee«, meinte Diana. »Aber ich glaube kaum, dass ihr die Kiste entführen müsstet. Sie ist ein Museumsstück, das seit einer Generation leer steht. Wenn ihr darum bittet, kriegt ihr sie vermutlich nachgeworfen.«

»Von Rechts wegen müssten wir nicht einmal darum bitten. Das Schiff gehört uns und nicht dem Menschen! Ich habe höchstpersönlich mit einem Anteil dafür bezahlt«, sagte Marygay. Wir Veteranen hatten den Kreuzer gekauft und als eine Art Zeitmaschine ausgerüstet.

»Deinen Wohlstand hattest du der Relativität zu verdanken«, meinte Lori. »Du bekamst während der diversen Feldzüge üppige Zinsen auf deinen Sold.«

»Mag sein, aber es war mein Geld.« Marygay wandte sich an die anderen. »Hat sonst noch jemand hier Ansprüche auf einen Teil der Fähre?«

Ein allgemeines Kopfschütteln setzte ein. Dann meldete sich Teresa Larson zu Wort. »Sie haben uns schlicht und einfach um unseren Lohn betrogen«, sagte sie. »Auf mein Konto wurden Milliarden Erdendollars überwiesen, genug, um mir eine Villa am Nil zu kaufen. Aber hier auf Mittelfinger bekomme ich nicht mal einen Laib Brot dafür.«

»Ich will mal den *Advocatus Diaboli* spielen«, sagte ich. »Der Mensch bot an, den aufgegebenen Besitz ›zu verwalten‹. Und die meisten der Schiffseigner hatten kein Interesse mehr an dem Kahn, nachdem er seinen Zweck erfüllt hatte.«

»Das stimmt«, bestätigte Marygay. »Und ich leugne nicht, dass ich leichten Herzens in den Schwindel eingewilligt habe. Sie kauften unsere Anteile mit Geld zurück, das wir nur auf der Erde ausgeben konnten. Wir fanden das damals amüsant – wertloses Geld im Tausch für eine wertlose Antiquität.«

»Es *ist* eine Antiquität«, erklärte ich. »Marygay nahm mich einmal mit nach oben, um mir das Schiff zu zeigen. Aber habt ihr euch jemals überlegt, weshalb sie das Ding weiterhin warten und instand halten?«

»Du wirst es uns sicher gleich sagen«, meinte Diana.

»Nicht aus Sentimentalität, so viel steht fest. Ich vermute eher, dass sie es als eine Art Rettungsboot betrachten, mit dem sie sich absetzen können, wenn die Lage hier mal brenzlig wird.«

»Dann heizen wir ihnen eben tüchtig ein,« sagte Max, »stapeln sie in den Frachtraum und schießen sie zurück auf die Erde. Oder zu ihren Taurier-Kumpeln.«

Ich überhörte diese Zwischenbemerkung. »Egal, wie ihre Pläne aussehen, sie werden uns den Kreuzer nicht freiwillig überlassen. Auch wenn er dreihundert Erdenjahre auf dem Buckel hat, ist er bei weitem das größte und stärkste Schiff in dieser Ecke des Universums – auch ohne Bewaffnung. So etwas wird heute nicht mehr hergestellt. Es dürfte etwa ein Zehntel des gesamten materiellen Wohlstands in diesem System ausmachen.«

»Dein Vorschlag hat einiges für sich«, sagte Lori. »Aber wir gedenkst du auf das Schiff zu kommen? Es gibt nur zwei Orbital-Shuttles auf dem Planeten, und die befinden sich in Centrus. Du wirst mindestens eines davon kapern müssen, ehe du diese relativistische Raumfähre entführen kannst.«

»Das wird einiges an Planung erfordern«, gab ich zu. »Wir müssen eine Situation konstruieren, die es ihnen unmöglich macht, uns die *Time Warp* zu verweigern. Angenommen, wir würden diese vier Taurier entführen und damit drohen, sie umzubringen?«

Sie lachte. »Wahrscheinlich würden sie sagen: ›Bitte sehr!‹ – und vier neue schicken.«

»Das bezweifle ich. Ich denke, sie sind in Wahrheit ebenso wenig austauschbar wie der Mensch, auch wenn sie das immer behaupten. Wie du selbst vorhin sagtest: Warum sollten sie sich die Mühe machen, vier und nicht nur einen Vertreter zu schicken, wenn sie alle gleich wären?«

»Man könnte sie zuerst einmal fragen, ob sie das Schiff hergeben«, sagte Ami Larson. »Ich meine, sie sind doch ganz vernünftig. Wenn sie ablehnen, ist immer noch Zeit ...«

Gemurmel setzte ein und einige Zuhörer lachten laut. Ami gehörte nicht zu den Veteranen, sondern zur dritten Paxton-Generation. Sie kam nur zu den Treffen, weil sie mit Teresa verheiratet war.

»Du bist mit ihnen aufgewachsen, Ami.« Diana bemühte sich um einen neutralen Tonfall. »Einige von uns Alten können dein Vertrauen in sie nicht teilen.«

»Wir fliegen also zehn Jahre – oder vierzigtausend – in die Zukunft und kommen dann hierher zurück«, sagte Lar Po. »Angenommen, das Experiment des neuen Menschen war erfolgreich. Dann werden wir nutzlose Cro-Magnons sein.«

»Schlimmer als das«, erklärte ich gut gelaunt. »Die Evolution kann eine völlig neue Richtung eingeschlagen haben. Dann befinden wir uns womöglich auf der Stufe von Haustieren. Oder Quallen.

Aber ein wichtiger Bestandteil meines Arguments ist, dass du und ich und die meisten hier im Raum diese Erfahrung nicht zum ersten Mal machen. Wann immer wir von einem Feldzug heimkehrten, mussten wir ganz von vorne anfangen. Selbst wenn auf der Erde nur ein paar Dutzend Jahre vergangen waren, hatten sich die meisten unserer Freunde und Verwandten in fremde alte Leute verwandelt – wenn sie überhaupt noch lebten. Sitten, Gewohnheiten und Gesetze hatten sich geändert. Wir waren nicht mehr als Arbeitskräfte zu vermitteln, es sei denn als Soldaten.«

»Und das willst du freiwillig wieder auf dich nehmen?«, fragte Charlie. »Die Existenz aufgeben, die du hier aufgebaut hast?«

»Als Fischer und Lehrer? Ich denke, ich kann mich davon losreißen.«

»William und ich sind in einer besseren Lage als die meisten von euch«, warf Marygay ein. »Unsere Kinder sind erwachsen, aber wir fühlen uns noch jung genug, in eine neue Richtung aufzubrechen.«

Ami schüttelte den Kopf. Sie war, biologisch gesehen, in unserem Alter, und hatte mit Teresa zwei Teenager-Töchter. »Wollt ihr nicht wissen, wie es mit euren Kindern weitergeht? Seid ihr nicht neugierig auf eure Enkel?«

»Ich hoffe, sie begleiten uns«, sagte Marygay.

»Und wenn sie es nicht tun?«

»Dann tun sie es eben nicht«, sagte ich. »Viele Kinder verlassen ihr Zuhause und richten sich ihr eigenes Leben ein.«

Ami ließ nicht locker. »Aber es gibt nicht viele Eltern, die das tun. Du stellst sie vor die Wahl, ihre Heimatwelt aufzugeben, um bei euch zu bleiben.«

»Als Zeitreisende. Als Pioniere.«

Charlie mischte sich ein. »Lasst diesen Aspekt jetzt mal außer Acht! Glaubst du im Ernst, dass du hundert bis hundertfünfzig Leute für deinen Plan gewinnen kannst, ohne dass der eine oder andere zum neuen Menschen rennt und euch verpetzt?«

»Deshalb wenden wir uns auch nur an die Veteranen.«

»Ich möchte meinen ältesten Freund nur ungern im Gefängnis besuchen.«

»Wir *sind* im Gefängnis, Charlie.« Ich machte eine weit ausholende Geste. »Wir können nur die Gitter nicht erkennen, weil sie jenseits des Horizonts aufragen.«

vier ■

Das Treffen endete gegen Mitternacht, nachdem ich um eine Abstimmung gebeten hatte. Sechzehn waren für den Vorschlag, achtzehn dagegen, sechs unschlüssig. Mehr Unterstützung, als ich gedacht hatte.

Der frische Schnee knirschte angenehm unter den Sohlen, als wir uns auf den Heimweg machten. Wir redeten nicht viel, sondern genossen die klare Nachtluft.

Wir betraten das Haus durch die Hintertür. Am Esszimmertisch saß ein Mensch vor einer Tasse Tee, während sich am Kamin ein Taurier den Rücken wärmte. Mein Arm zuckte hoch. Der alte Zielreflex.

»Ein später Besuch«, sagte ich zum Menschen, hielt den Blick aber auf die Fischaugen-Gruppen des Tauriers gerichtet. Eine Hand flatterte nervös; sieben Finger, vierzehn Gelenke.

»Die Angelegenheit ist dringend.«

»Wo sind die Kinder?«

»Ich bat sie, nach oben zu gehen.«

»Bill! Sara!«, rief ich. »Was immer es zu besprechen gibt, die beiden können es hören.« Ich verneigte mich vor dem Taurier. »Ein glücklicher Abend.« Ich bemühte mich, seine Sprache nachzuahmen. Marygay wiederholte die Grußformel, besser als ich.

»Danke«, sagte er in Englisch, »leider nicht für Sie.« Er trug einen schwarzen Umhang, der im Kontrast zu seiner orangeroten Runzelhaut einen hübschen Halloween-Effekt hatte. Der Umhang milderte sein fremdartiges Aussehen, da er die Wespentaille und das extrem breite Becken verhüllte.

»Ich glaube, ich werde alt«, sagte ich, an den Menschen gewandt. »Lori schien mir absolut loyal zu sein.«

»Das ist sie auch. Sie hatte keine Ahnung, dass wir lauschten.«

Bill und Sara erschienen in Morgenmänteln am oberen Ende der Treppe. »Kommt herunter! Wir sagen nichts, das ihr nicht hören könnt!«

»Aber ich«, erklärte der Mensch. »Geht wieder zu Bett!« Sie gehorchten.

Enttäuschend, aber keine Überraschung. Sie würden dennoch horchen.

»Das hier ist Antres 906«, sagte der Mensch, »der Kulturattaché auf Mittelfinger.«

Ich nickte dem Taurier zu. »Geht in Ordnung.«

»Wollen Sie denn gar nicht wissen, warum er hier ist?«

»Eigentlich nicht. Ich warte auf Ihre dringende Angelegenheit.«

»Er ist hier, weil ein taurischer Vertreter bei jeder Verhandlung zugegen sein muss, in der es um potentielle Reisen zu den Planeten der Taurier geht.«

»Was hat das mit Kultur zu tun?«, erkundigte sich Marygay.

»Wie bitte?«

»Er ist der Kulturattaché«, sagte sie. »Was hat das mit unserem Plan zu tun, die Zeitfähre auszuleihen?«

»›Kultur‹ umfasst auch Tourismus. Und Stehlen ist nicht das Gleiche wie Ausleihen.«

»Auf unserer Route liegen keine Taurier-Planeten«, erklärte ich. »Wir haben die Absicht, die galaktische Ebene auf direktem Weg zu verlassen und ohne Schnörkel wieder zurückzukehren. Das Schiff wird, genau genommen, ein gleichschenkeliges Dreieck beschreiben.«

»Sie hätten für dieses Vorhaben den Amtsweg einhalten sollen.«

»Klar. Angefangen bei Ihnen – dem Sheriff!« Er bedeckte den Handrücken mit der verräterischen Narbe.

»Sie könnten bei irgendeinem von uns anfangen. Wir *haben* ein Gruppen-Bewusstsein.«

»Aber die Gruppe hat nicht irgendeinen geschickt. Sondern den einzigen Menschen in der Stadt, der Waffen besitzt und regelmäßig mit Hanteln trainiert.«

»Ihr seid beide Soldaten.« Er öffnete die Weste und deutete auf eine große Pistole. »Ihr könntet Widerstand leisten?«

»Wogegen denn?«, fragte Marygay.

»Dass ich euch mitnehme. Ihr seid verhaftet.«

*

Das kriminelle Element in Paxton ist zu schwach ausgeprägt, um den Bau eines richtigen Gefängnisses zu rechtfertigen, aber im Notfall tut es jedes Gebäude, das man von außen zusperren kann. Ich befand mich in einem weißen, fensterlosen Raum, ausgestattet mit einer Matratze auf dem Fußboden und einer Toilette. Neben der Toilette befand sich ein Klapp-Waschbecken und an der Wand gegenüber ein Klapp-Schreibtisch. Allerdings kein Stuhl. Der Klapp-Schreibtisch hatte eine Tastatur, die nicht funktionierte.

Das Ganze roch wie eine Kneipe – nach verschüttetem Alkohol. Wahrscheinlich das Desinfektionsmittel, das sie aus irgendeinem Grund verwendeten.

Ich wusste von einem Besuch im Vorjahr, dass der Bau nur zwei Zellen besaß; das bedeutete, dass Marygay und ich eine Verhaftungswelle darstellten. (Schwerverbrecher verbrachten allerdings nicht eine Nacht hier, sondern wurden unverzüglich nach Wimberly in ein echtes Gefängnis überführt.)

Ich verbrachte eine Weile damit, über meine Schwächen und Fehler nachzudenken, und schaffte es dann trotz der taghellen Beleuchtung, ein paar Stunden zu schlafen.

Als der Sheriff die Tür öffnete, konnte ich hinter ihm Sonnenschein erkennen; es war also zehn oder elf. Er reichte mir einen weißen Karton, der Seife, eine Zahnbürste und sonstige Toilettenartikel enthielt. »Die Dusche befindet sich gleich gegenüber. Wenn Sie fertig sind, können wir gemeinsam Tee trinken.« Dann drehte er sich um und ging.

Es gab zwei Duschkabinen. Eine davon war bereits durch Marygay besetzt. Ich hob meine Stimme. »Hat er dir irgendwelche Erklärungen gegeben?«

»Nein. Er sperrte nur die Tür auf und lud mich zum Tee ein. Warum dachten wir eigentlich nie daran, die Kinder einzuweihen?«

»Jetzt ist es zu spät.« Ich duschte und rasierte mich und dann gingen wir gemeinsam in das Amtszimmer des Sheriffs.

Seine Pistole hing an einem Haken hinter ihm. Er hatte den Papierkram auf seinem Schreibtisch hastig in eine Ecke geschoben und eine Teekanne mit Tassen, Keksen, Marmelade und Honig auf die frei geräumte Fläche gestellt.

Wir nahmen Platz und er schenkte uns Tee ein. Er wirkte müde. »Ich war die ganze Nacht mit dem Baum zusammen.« Da es in Centrus mittlerweile hell war, hatte er sich allem Anschein nach mit hunderten oder tausenden Mitgliedern des Menschen beraten. »Ich konnte einen vorläufigen Konsens erzielen.«

»Das hat die ganze Nacht gedauert?«, fragte ich. »Euer Gruppen-Bewusstsein braucht reichlich lange zum Verknüpfen der Synapsen.« Damit zog ich auch meine Mensch-Kollegen an der Universität auf. (Tatsächlich ließen sich anhand der Physik die Grenzen des neuen Menschen gut demonstrieren: Ein Einzelner konnte sich zwar in die Gehirne meiner Kollegen einklinken, aber wenn er oder sie sich vorher nie mit Physik befasst hatte, verstand er bestenfalls die Grundgedanken.)

»Genau genommen verstrich ein Großteil der Zeit damit, die Berater zu erreichen. Außer Ihrer ... Angelegenheit gab es eine weitere wichtige Entscheidung zu treffen, die in einem gewissen Zusammenhang mit Ihrem Problem steht. ›Je mehr Blätter, desto mehr Baum.‹«

Die Grünbeeren-Marmelade hatte einen angenehm säuerlichen Geschmack – einer der wenigen Lichtblicke bei meiner Ankunft auf Mittelfinger. (Ich war im tiefsten Winter auf dem Planeten eingetroffen.)

»Und? Habt ihr beschlossen, uns auf dem Marktplatz zu hängen?«, wollte ich wissen. »Oder begnügt ihr euch mit einer schlichten, nichtöffentlichen Enthauptung?«

»Wenn es notwendig wäre, euch zu töten, hätten wir das bereits getan.« Umwerfender Sinn für Humor. »Was nützte es in einem solchen Fall noch, Dinge zu erklären?«

Er schenkte sich noch eine Tasse Tee ein. »Eine Wartezeit ist unausweichlich. Ich brauche die Bestätigung des gesamten Baumes.« Das hieß, dass eine Botschaft zur Erde und wieder zurück gesendet werden musste. Mindestens zehn Monate. »Aber der vorläufige Konsens lautet, dass ihr mit meinem Segen aufbrechen könnt. Ihr bekommt die Zeitfähre.«

»Und ihr werdet mit einem Schlag einhundertfünfzig einflussreiche Unzufriedene los«, sagte Marygay.

»Nicht nur das. Ihr seid bereits jetzt faszinierende Anachronismen. Stellt euch vor, wie wertvoll ihr erst in vierzigtausend Jahren sein werdet!«

»Lebende Fossilien«, sagte ich. »Was für ein Gedanke!«

Er zögerte einen Moment; der Begriff war ihm nicht vertraut. Dann nickte er. »Sowohl von der Physis wie auch von der Denkweise her. In gewisser Weise bin ich es meinem eigenen Erbe schuldig. Ich hätte von selbst darauf kommen sollen.« In ihrer eigenen Sprache hatten sie ein kollektives ›Ich‹, das er in diesem Fall vermutlich meinte.

»Sie sagten, es sei eine zweite Entscheidung zu treffen gewesen«, sagte Marygay. »Im Zusammenhang mit der ersten ...«

»Gewissermaßen ein Spiegel eurer Aktion.« Er lächelte. »Ihr wisst, dass ich die Menschen von früher sehr schätze. Deshalb hat es mich stets traurig gestimmt, euch so behindert durchs Leben gehen zu sehen.«

»Behindert ... durch unsere Individualität?«, fragte ich.

»Genau! Unfähig, den Baum anzuzapfen und das Dasein mit Milliarden von Artgenossen zu teilen.«

»Nun, wir erhielten das Angebot, als wir aus dem Militärdienst ausschieden. Inzwischen sind mehr als zwanzig Jahre vergangen, und ich habe meine Wahl noch keine Sekunde lang bereut.«

»Sie erhielten das Angebot, ja, und einige Veteranen entschieden sich dafür.«

»Wie viele?«, erkundigte sich Marygay.

»Offen gestanden, weniger als ein Prozent. Aber ich war damals neu und fremd für euch.

Tatsache ist, dass seit der Zeit, da diese Möglichkeit erstmals zur Wahl stand, fast hundert Jahre – dreihundert Erdenjahre – vergangen sind. Die Bevölkerung von Mittelfinger hat sich in dieser Spanne auf über zwanzigtausend vermehrt. Das ist mehr als ausreichend für einen gesunden genetischen Pool. Deshalb möchte ich mein Angebot wiederholen und euch eine zweite Chance geben.«

»Heißt das, dass jeder, der diesen Wunsch verspürt, sich eurem Gruppen-Bewusstsein anschließen kann?« Mich überkam eine düstere Vorahnung und der mächtige Drang, meine Kinder zu beschützen.

»Nein, nicht mehr als ein Familienmitglied aus der Generation der Nachgeborenen. Die Auserwählten müssten Eignungstests ablegen. Und da ihre genetische Zusammensetzung nicht perfekt ist, wären sie natürlich *nicht ganz* ich – aber immerhin Blätter an unserem Baum.« Ich möchte wetten, dass er sein Lächeln nicht als herablassend empfand. »Ich weiß, das muss schrecklich für Sie klingen. Immerhin bezeichnen Sie uns als ›Zombies‹.«

»Ich habe, ehrlich gesagt, den Eindruck, dass es schon genug von euch auf diesem Planeten gibt. Ganz zu schweigen von den zehn Milliarden oder mehr, die sich auf der Erde tummeln. Warum lasst ihr uns nicht in Ruhe? Das war die ursprüngliche Abmachung.«

»Mein Vorschlag verstößt nicht gegen die ursprüngliche Abmachung. Er stellt lediglich eine freundliche Geste dar. Sie können und wollen das nicht so verstehen, weil Sie zu altmodisch sind.«

»Nun, zumindest haben wir zehn Monate Zeit, uns an den Gedanken zu gewöhnen.« Und notfalls Bill und Sara zur Vernunft zu bringen.

»Oh, diese Sache muss nicht so lange warten wie die Anfrage wegen des Sternenschiffs. Ich kann schon mal alles in die Wege leiten. Falls der Große Baum meinen Vorschlag ablehnen sollte, wären nur wenige von euch betroffen. Aber ich kenne mich; ich kenne den Baum. Es wird keine Probleme geben.«

»Aber wie soll das funktionieren?«, fragte Marygay. »Die alten Menschen, die sich euch anschließen, werden weiterhin heiraten und eigene Familien gründen.«

Der neue Mensch sah sie verwirrt an. »Auf gar keinen Fall!«

»Zumindest wären sie dazu in der Lage«, sagte ich.

»O nein. Sie werden in eine Sterilisierung einwilligen müssen.« Er schüttelte den Kopf. »Ihr versteht mich nicht. Ihr sagt, es gäbe schon genug von mir. In Wahrheit gibt es mehr als genug von *euch*.«

fünf ■

Ich begab mich direkt vom Gefängnis an die Universität, weil ich um 14 Uhr eine Vorlesung hatte und gern etwas früher in meinem Büro war, wo ich noch einmal meine Aufzeichnungen durchsehen konnte und für Fragen der Studenten zur Verfügung stand. Außerdem gab es im Lehrerzimmer ein warmes Mittagessen.

Es war ein wenig großspurig, von einer »Universität« zu sprechen, obwohl die Institution tatsächlich an die zwei Dutzend verschiedene Diplome vergab. Genau genommen handelte es sich um zehn kreisförmig angeordnete Holzhäuser, die durch überdachte Gänge miteinander verbunden waren. Mein Physikbau bestand aus zwei Labors, zwei kleinen Klassenzimmern und einem größeren Vorlesungssaal, den außer uns noch die Chemiker und Astronomen benutzten. Das Obergeschoss, das im Grunde nichts weiter als ein hoher Speicher war, diente als Lagerraum, von dem man an einem Ende zwei Büros abgezwackt hatte.

Ich teilte mir das Büro mit dem Menschen und Jynn Silver. Jynn hatte an dem Treffen nicht teilgenommen, weil sie zur Hochzeit ihres Sohnes nach Centrus gefahren war, aber ich nahm fest an, dass sie auf unserer Seite stand. Ihr war der Mensch im Allgemeinen und unser Bürokollege im Besonderen zuwider.

Er saß an seinem Platz, als ich nach einem heißen Teller Suppe im Lehrerzimmer heraufkam. Das war komisch; er unterrichtete am Vormittag und hing selten länger herum, als unbedingt nötig.

Er starrte aus dem Fenster. »Sie sind einer der Ersten«, begann er ohne Einleitung, »die von der Möglichkeit erfuhren, sich uns anzuschließen. Anstatt uns zu verlassen.«

»Das stimmt.« Ich setzte mich und aktivierte meinen Bildschirm. »Ich war etwa eine Mikrosekunde lang in Gefahr, der Versuchung nachzugeben. Dann kehrte die Vernunft zurück.«

»Spaß beiseite – Sie sollten in aller Ruhe über die Vorteile nachdenken.«

»Das war kein Spaß.« Ich hob den Kopf und sah ihn an. »Für mich wäre es eine Art Tod.«

»Der Tod Ihrer Individualität.« Er sprach das letzte Wort ganz langsam aus, mit einem kaum merklichen Hauch von Verachtung.

»Davon verstehen Sie nichts. Eine Besonderheit unserer Rasse.«

»Ich gehöre Ihrer Rasse an.« Sachlich richtig. »Wenn Sie noch mehr Kinder wollten, könnten Sie welche adoptieren.«

Also *das* war ein zwingendes Argument. »Zwei sind mehr als genug. Vielen Dank.« Ich überflog das Quellenverzeichnis.

»Sie könnten eine Menge Zeit für die Forschung sparen ...«

»Ich betreibe hier keine *Forschung!* Ich bin ein einfacher Fischer, der sich abmüht, die jungen Leuten mit den Grundlagen der Rotationskinematik vertraut zu machen. Wenn Sie mich nicht bei der Vorbereitung stören.«

»Entschuldigung.«

Jemand klopfte schüchtern an. »Professor Mandella?« Baril Dain, den ich letztes Semester unterrichtet hatte. »Was gibt es, Baril?«

Er warf einen Blick auf den Menschen. »Tut mir Leid, wenn ich störe, nur – ich habe von dieser geplanten Zeitreise gehört und wollte fragen, ob da jeder mitmachen kann?«

»Wir werden uns ein Auswahlverfahren überlegen müssen, an dem dann alle Freiwilligen teilnehmen.« Er war als Student weit unter dem Durchschnitt gewesen, aber ich hatte seine häusliche Situation berücksichtigt – die Mutter Alkoholikerin und der Vater nach Filbin gezogen. »Bist du schon sechs?«

»Bald. Im Archimedes. Am 13. Archimedes.«

»Das reicht locker.« In sechs Monaten. »Wir werden junge Leute gebrauchen können. Auf welchem Gebiet bist du besonders gut?«

»In Musik. Ich spiele Choséd-reng ... leider kenne ich das englische Wort dafür nicht.«

»Harfe«, warf der Mensch ein, ohne uns anzuschauen. »Die vierundvierzigsaitige magnetoharmonische Neoharfe.«

Gott, wie ich das durchdringende Gejaule dieser Dinger hasste! »Wir werden sehen. Fest steht, dass wir die unterschiedlichsten Talente brauchen.« Aber ich vermutete stark, dass unsere Musik den Vorzug erhalten würde.

»Danke, Sir.« Er nickte und zog sich ehrfürchtig zurück, als sei ich noch sein Lehrer.

»Die Kinder wissen bereits Bescheid«, sagte der Mensch. »Das überrascht mich.«

»Gute Nachrichten verbreiten sich schnell.« Ich zog eine laut quietschende Schublade auf, entnahm ihr Block und Stift und tat so, als kopierte ich etwas vom Bildschirm.

*

Im Unterrichtsraum roch man die Ausdünstungen von drei Vormittagsklassen. Ich machte einen Fensterflügel auf und nahm vorne am Pult Platz. Alle zwölf Studenten waren anwesend.

Ein hübsches Mädchen in der ersten Reihe hob die Hand. »Wie sieht ein Gefängnis von innen aus, Herr Professor?«

»Nach so vielen Schuljahren müsstest du das eigentlich wissen, Pratha.« Die anderen kicherten. »Es ist ganz einfach ein Raum ohne Fenster.« Ich nahm meine Unterlagen und wischte mir mit dem Ärmel über die Stirn.

»Hatten Sie Angst, Herr Professor?« Modea, meine beste Studentin.

»Natürlich. Der Mensch ist für uns schwer zu durchschauen. Er hätte mich lebenslänglich einsperren und mir den Fraß aufzwingen können, den er und ihr als Nahrung bezeichnet.« Sie grinsten nachsichtig über meine altmodischen Ansichten. »Oder er hätte mich zum Tod verurteilen können.«

»Sowas tut der Mensch nicht, Sir.«

»Ich schätze, ihr kennt ihn besser als ich. Aber der Sheriff wies mich ausdrücklich darauf hin, dass eine solche Maßnahme durchaus in seiner Macht stünde.« Ich wedelte mit den Blättern meines Skriptums. »Aber kehren wir jetzt zu unserem Stoff zurück. Mal sehen, was ihr euch über das Trägheitsmoment J_A gemerkt habt.«

Es war ein schwieriger Abschnitt. Rotationskinematik lässt sich kaum mit Intuition erfassen. Ich erinnerte mich, wie sehr ich damals mit dieser Materie gekämpft hatte, so auf halber Strecke zwischen Newton und der Gegenwart. Die jungen Leute passten auf und schrieben mit, aber die meisten hatten diesen leeren Blick, als sei ihr Gehirn auf »Autopilot« geschaltet. Sie nahmen den Stoff mechanisch auf, in der Hoffnung, ihn später irgendwann zu kapieren. Einige würden damit ihre Probleme haben. (Drei der Kursteilnehmer tappten derart im Dunkel, dass ich wohl bald ein ernstes Wort mit ihnen reden musste.)

Wir kämpften uns durch die Vorlesung. Als sie dann ihre Jacken und Mäntel anzogen, stellte Gol Pri die Frage, die offenbar alle beschäftigte: »Professor Mandella, wenn Ihnen der Mensch erlaubt, das Sternenschiff zu nehmen – wer unterrichtet uns dann in Theoretischer Physik?«

Ich überlegte einen Moment lang und verwarf mehrere Namen. »Der Mensch wahrscheinlich, wenn es jemand aus Paxton sein soll.« Gols Miene verdüsterte sich. Er hatte bereits Unterricht bei meinem Bürokollegen genossen. »Ich würde allerdings vorher nach einem Ersatz suchen. In Centrus gäbe es sicher eine Menge Leute, die dazu in der Lage wären. Man müsste ihnen das Leben am Rande der Zivilisation allerdings in leuchtenden Farben schildern.«

»Würden Sie uns auf dem Schiff unterrichten?«, fragte Pratha. »Wenn wir mitkämen?«

Sie sagte das voller Eifer, aber ohne jeden Hintersinn. Langsam, alter Knabe! Sie ist kaum älter als deine Tochter. »Klar. Das ist so ziemlich alles, wozu ich tauge.«

*

Wenn ich Pech hatte, musste ich an Bord der *Time Warp* Fische züchten. Fisch würde ein wichtiger Bestandteil unserer Kost sein und mit einem Hackbeil konnte ich hervorragend umgehen.

Als ich nach dem Unterricht heimkam, ging ich nicht sofort zum Dock hinaus. Das hatte keine Eile. Der Tag war klar und kalt. Mizar verlieh dem Himmel ein hartes, energiegeladenes Blau, das an einen elektrischen Lichtbogen erinnerte. Ich beschloss, auf Bill zu warten.

Inzwischen brühte ich Tee auf und überflog die Neuigkeiten. Da sich der Nachrichten-Service in Centrus befand, gab es einen Bericht über unsere Story, aber halb versteckt im Regionalteil, in einem Querverweis auf Veteranen und die Erde. Umso besser. Das ersparte uns eine Menge Fragen, auf die wir noch keine Antworten hatten.

Ich forderte eine Beethoven-Auswahl an und lauschte der Musik, während ich auf den See und den Wald hinausstarrte. Es gab eine Zeit, da hätte ich jeden für verrückt erklärt, der den Wunsch äußerte, das hier gegen die Nüchternheit und Monotonie eines Sternenschiffs einzutauschen.

Es gab auch eine Zeit, da fand ich – fanden wir – das Leben im Grenzland romantisch. Wir kamen hierher, als Marygay Bill erwartete. Aber inzwischen ist Paxton wie Centrus, nur ohne dessen Annehmlichkeiten. Und es lohnt sich nicht, noch tiefer in die Wildnis zu ziehen. Es gibt keinen nennenswerten Bevölkerungsdruck. Keinen kulturellen Auftrag, der uns zwingt, immer weiter vorzustoßen.

Zu dem nutzlosen Wissen, das ich aus meiner Schulzeit behalten habe, gehört die Turner-These. Sie besagt, dass der amerikanische Charakter durch die Erschließung des Westens geprägt wurde, durch die Verlockung, die Grenzen immer weiter hinauszuschieben.

Bei diesem Gedanken überkam mich ein leises Frösteln. War es das, was uns vorschwebte? Die moderne Version eines Traums, der eigentlich bereits gestorben war, bevor ich geboren wurde. Obwohl er meinen Vater und den Rest der Familie in einem VW-Bus – einer über und über mit Blumen bepinselten Rostlaube – quer durch die USA bis zum Pazifik und dann nach Norden bis Alaska getrieben hatte. Wo wir raue Grenzkneipen vorfanden, die Latte und Cappuccino im Angebot hatten.

Es war durchaus möglich, dass von den zehn Milliarden Seelen, die es in diese Ecke der Galaxis verschlagen hatte, lediglich Marygay und ich eine – wenngleich flüchtige – Beziehung zum Pioniertum des amerikanischen Westens hatten. Charlie, Diana und Max waren zwar in einem Land geboren, das sich immer noch Amerika nannte, aber Frederick Jackson Turner hätte es nicht wiedererkannt, mit seinen Lichtjahre entfernten »Grenzkonflikten«, in denen Männer und Frauen ohne jeden Grund gegen einen unbegreiflichen Feind kämpften.

Bill kam heim, und wir nahmen unsere Schürzen und Handschuhe und gingen zum Dock hinaus. Wir arbeiteten uns nach ein paar einsilbigen Bemerkungen relativ schweigsam durch die ersten beiden Langleinen. Bill enthauptete die Fische mit solcher Wut, dass sein Hackbeil zweimal im Holz stecken blieb.

»Wirst du blöd angemacht, weil deine Eltern ins Kittchen wanderten?«

»Kittchen? Ach so, du meinst das Gefängnis. Na ja. Die meisten finden den Einfall, ein Sternenschiff zu stehlen, eher witzig. Fast wie Kino.«

»Sieht so aus, als würden sie uns den Kreuzer überlassen.«

»Das glaubt unsere Geschichte-Dozentin auch. Sie meint, das Sternenschiff ließe sich per Kollapsar durch ein neueres Modell von der Erde ersetzen. Kein echter Verlust.« Er hieb auf den nächsten Fisch ein. »Für den Menschen.«

Das war deutlich genug. »Aber für dich wäre es einer. Wenn du nicht mitkämst.«

Er hielt den zuckenden Fisch einen Moment lang fest, ehe er ihm den Schwanz abhackte und ihn in die Kühltruhe warf. »Es gibt Dinge, die ich nicht in Englisch sagen kann. Vielleicht gibt es keine Worte dafür.«

»Wie meinst du das?«

»Du sagst: ›Für dich wäre es einer‹. Ein Verlust. Oder du könntest sagen: ›Für dich wird es einer sein.‹ Aber nichts dazwischen.«

Ich hielt die Langleine fest und versuchte, meine Grammatik auf die Reihe zu kriegen. »Was ist daran so schwierig? ›Wäre‹ verwendet man bei einem Ereignis, das möglicherweise in der Zukunft stattfindet. Das noch ungewiss ist.«

Er stieß einen Satz in Standard hervor: »›*Ta meeya a cha!*‹ Man sagt *meeya*, wenn der Ausgang ungewiss ist, der Entschluss jedoch bereits feststeht. Nicht *ta loo* oder *ta lee a cha*, was deinem ›wäre‹ oder ›wird‹ entspricht.«

»Ich war nie besonders gut in Sprachen.«

»Mag sein. Aber darum geht es nicht. Was ich meine, ist ... ist ...« Sein Gesicht war zornrot, und er schob wütend das Kinn vor. Er nahm sich den nächsten Fisch vor und spießte seinen Kopf mit einem heftigen Ruck auf den Haken. »Egal, was dabei herauskommt, du hast den Schritt getan. Du hast der Welt erklärt: ›Zum Henker mit Bill und Sara!‹ Du gehst deinen eigenen Weg. Ob der Mensch zustimmt oder nicht, die Absicht ist da.«

»Das ist ein harter Vorwurf.« Ich machte den Fisch fertig, den ich in Arbeit hatte. »Du kannst mitkommen. Ich *wünsche mir*, dass du mitkommst.«

»Ein Superangebot! Und alles hier hinschmeißen? Nein, vielen Dank!«

Ich bemühte mich, ruhig zu bleiben. »Du könntest es auch als Chance sehen.«

»Das mag es für dich sein. Ich wäre bei unserer Rückkehr über zehn – dreißig plus kleine Jahre – und alle meine Freunde und Bekannten lägen seit vierzigtausend Jahren im Grab! Das ist keine Chance. Das ist ein *Urteil!* Fast ein Todesurteil!«

»Für mich ist es ein Aufbruch über die Grenze. Die Einzige, die es noch gibt.«

»Cowboys und Hindus«, murmelte er und wandte sich wieder den Fischen zu. Ich hütete mich, ihn mit »Pakistanis« zu verbessern.

Ich sah ein, dass er normal war und ich nicht, selbst nach den Maßstäben meiner eigenen, längst untergegangenen Zivilisation. Marygay und ich und die übrigen Veteranen des Ewigen Krieges waren wiederholt in die Zukunft gestoßen worden, häufig in dem Wissen, dass bei unserer Rückkehr nur noch die Menschen aus der Vergangenheit am Leben sein würden, die mit uns durch die Zeit gereist waren.

Zwanzig Jahre danach spielte das immer noch eine zentrale Rolle in meinem Denken: Die Gegenwart ist eine tröstliche Illusion, und obwohl das Leben fortdauert, ist jegliche Existenz nicht mehr als ein Hauch im Sturmwind. Diese Überzeugung sollte am darauf folgenden Nachmittag infrage gestellt werden, von einer unerwarteten Seite.

■ sechs

Dreimal pro Langjahr musste ich mich bei Diana zu einer primitiven Vorsorgeuntersuchung melden. Keiner der alten oder neuen Menschen, die in den letzten Jahrhunderten geboren wurden, hatte je Krebs entwickelt, aber einigen von uns Fossilien fehlten die Gene zur Unterdrückung dieser Krankheit. Deshalb musste sich Diana in regelmäßigen Abständen mit jenen Regionen befassen, die, höflich umschrieben, nicht der Sonne ausgesetzt waren.

Die Außenwand ihres Büros droben in der Kuppel hatte anfangs aus glänzendem Metall bestanden und aufgrund der Rundung die seltsamsten akustischen Effekte hervorgerufen: Wenn Diana auf der anderen Seite des Raumes stand und flüsterte, klang das, als raunte sie einem direkt ins Ohr. Charlie, Max und ich eigneten uns ein paar Paneele und Befestigungselemente von einem Stapel hinter dem Feuerwehrhaus an und zimmerten daraus einen mehr oder weniger quadratischen Raum. Die Wände boten mittlerweile ein liebenswertes Durcheinander von Bildern und Holos, das ich angestrengt betrachtete, während sie mir eine sensorenbestückte Sonde in den Dickdarm fädelte.

»Dein netter Begleiter meldet sich mal wieder«, sagte sie. »Gewebeveränderungen im Vorstadium. Ich habe einen Abstrich gemacht, den ich einschicken muss.« Es war wie immer ein komisches Gefühl, als sie die Sonde entfernte, so schnell, dass ich unwillkürlich keuchte. Erleichterung und ein Anflug von Schmerz, ein kurzer erotischer Schauer.

»Du weißt inzwischen, wie die Sache abläuft. Wenn sie dir die Kapsel schicken, musst du zwölf Stunden nüchtern bleiben, ehe du sie schluckst. Danach wartest du zwei weitere Stunden und stopfst dich anschließend richtig voll. Mit Brot, Kartoffelbrei und solchem Zeug.« Sie trat mit der dünnen Sonde an eines der Stahlbecken im Labormodul. »Du kannst dich säubern und anziehen, während ich die Gewebeprobe herrichte.«

Sie schickte den Zellabstrich in ein Labor nach Centrus, wo Spezialisten eine Kapsel mit mechanischen Mikrophagen füllten, die darauf programmiert waren, meinen Krebs zu fressen und sich dann von selbst abzuschalten. Die Behandlung war ein zwar wenig lästig, aber ein Klacks im Vergleich zu der Hautkrebstinktur, die nur aufgepinselt wurde, aber noch lange danach elend brannte und juckte.

Marygay und ich waren ständig auf der Jagd nach Krebs, wie alle unsere Bekannten, die irgendwann in den alten Tagen auf dem Reha-Planeten Heaven neue Gliedmaßen oder Organe erhalten hatten. Inzwischen haben sie das Nachzüchten von Körperteilen im Griff.

Ich nahm an ihrem Schreibtisch Platz, während sie die Probe verpackte und für den Versand beschriftete. Sie kannte die Adresse auswendig. »Ich habe gleich fünf Kapseln bestellt. Das müsste für die nächsten zehn Jahre locker reichen. Die Untersuchung ist nicht mehr als eine Formalität. Es würde mich überraschen, wenn sich deine Krebszellen irgendwie verändert hätten.«

»Du kommst doch mit, um weiterhin über unser Wohl zu wachen?«

»Ja. Ich fürchte, ich bin genauso verrückt wie ihr.«

Ich lachte, aber Diana blieb ernst. Sie stützte beide Ellbogen auf den Schreibtisch und sah mich durchdringend an. »Ich werde in Zukunft nie mehr ein Wort darüber verlieren, William, aber als deine Ärztin muss ich das Thema anschneiden.«

»Ich kann mir schon denken, was jetzt kommt.«

»Vermutlich. Dieses ganze ehrgeizige Vorhaben ist nichts anderes als eine komplexe Reaktion auf das Posttrauma der Stressbewältigung. Ich könnte dir Pillen dagegen verschreiben.«

»Ein Angebot, das du mir nicht zum ersten Mal machst. Vielen Dank, aber davon halte ich wenig. Ich glaube nicht an chemischen Exorzismus.«

»Charlie und ich stürzen uns aus dem gleichen Grund in diese Flucht. Die alte Hoffnung, dass unsere Geister endlich zur Ruhe kommen. Aber wir lassen wenigstens keine Kinder zurück.«

»Wir auch nicht. Es sei denn, sie bleiben freiwillig hier.«

»Davon gehe ich aus. Ihr werdet sie verlieren.«

»Wir haben zehn Monate Zeit, um sie auf unsere Seite zu bringen.«

Sie nickte. »Ja. Wenn du Bill zum Mitkommen überredest, darfst du *mir* irgendwas in den Hintern schieben.«

»Das beste Angebot seit langem.«

Sie legte mir lächelnd die Hand auf den Arm. »Komm mit nach unten! Was hältst du von einem schönen Glas Wein?«

sieben

Marygay und ich gehörten neben einem Menschen, weiblich, und einem Taurier zu der Zwölfergruppe, die das Sternenschiff inspizierten, um festzustellen, welche Vorbereitungen für die Reise getroffen werden mussten. Wir konnten nicht einfach unsere Häuser zusperren und gehen, wenn die zehn Monate um waren. Wir nahmen an, dass der Große Baum letztlich nichts dagegen haben würde, die widerspenstigen Alten auf so bequeme Art loszuwerden, und wollten einen Großteil der zehnmonatigen Wartezeit dazu nutzen, das Schiff in Ordnung zu bringen.

Ich freute mich auf den Flug, da ich seit der Geburt der Kinder nicht mehr im Weltraum gewesen war. Wir begaben uns auf direktem Weg in den Parkorbit, mit einer gleichmäßigen, sanften Beschleunigung – eine haarsträubende Verschwendung von Antimaterie, wie ich wusste. Die Mensch-Pilotin zuckte nur die Achseln und meinte, es sei genug davon da, auch wenn sie nicht genau sagen konnte, woher das Zeug kam; vielleicht von dem Riesenvorrat an Bord der *Time Warp*.

Für ein Raumschiff war die Fähre winzig, kaum größer als ein Schulbus. Sie war rundum mit Fenstern ausgestattet, einschließlich des Heckbereichs, sodass wir zusehen konnten, wie Centrus schrumpfte, bis es schließlich mit der Landschaft verschmolz. Das interstellare Schiff vor uns wurde zum hellsten Stern am tiefblauen Himmel. Erst als wir in die Schwärze des Weltraums eintauchten, konnte man an der länglichen Form erkennen, dass es kein Stern war.

Die Fähre vollführte eine Drehung und begann mit dem Bremsmanöver, als wir noch etwa tausend Kilometer von dem Schiff entfernt waren. Bei zwei Ge fiel es schwer, den Kopf nach hinten zu drehen und zu beobachten, wie das Sternenschiff immer größer wurde. Aber der Anblick war einen steifen Nacken wert.

Die *Time Warp* mochte ein Museumsstück sein, aber nicht in meinen Augen! Das Modell war gut ein Jahrtausend nach meiner Schulzeit entwickelt und gebaut worden. Der letzte Kreuzer, in dem ich gekämpft hatte, hatte aus einer plumpen Ansammlung von Modulen inmitten eines Gewirrs von Trägern und Kabeln bestanden. Die *Time Warp* dagegen besaß eine schlichte, elegante Form: zwei abgerundete Zylinder an Bug und Heck, dazwischen entlang der hinteren Hälfte eine Plattenverkleidung zum Schutz gegen die Gammastrahlung. Der obere Zylinder, in dem sich der Antimaterie-Antrieb befand, war von einem Gitterwerk aus Metall umschlossen, das an zarte Spitze erinnerte.

Wir dockten mit einem kaum merklichen Ruck an. Als sich die Lamellen der Luftschleuse öffneten, knackte es in meinen Ohren, und ich war plötzlich froh, dass wir den Tipp bekommen hatten, warme Pullover anzuziehen.

Man hatte die Lebenserhaltungssysteme des Schiffs auf ein Mininum heruntergefahren. Die Luft war schal und kalt, gerade so viel über Null, dass kein Wasser einfrieren und die Leitungen zum Platzen bringen konnte.

Der Partialdruck entsprach der dünnen Atmosphäre in drei Kilometern Höhe. Wir würden uns daran gewöhnen, aber zunächst einmal spürten wir einen leisen Schwindel.

Ungeschickt hangelten wir uns von Griffleiste zu Griffleiste durch die Schwerelosigkeit, bis wir einen

Lift erreichten, der mit heiteren Szenen von der Erde und von Heaven ausgeschmückt war.

Der Kontrollraum hatte schon mehr Ähnlichkeit mit einem Raumschiff. Wir sahen eine lange Konsole mit vier Drehstühlen. Als wir eintraten, erwachten die Armaturen zu blinkendem Leben und eine Art automatischer Warm-up begann. Das Schiff begrüßte uns in einem warmen Bariton.

»Ich habe euch erwartet. Willkommen an Bord!«

»Unsere Agrarexpertin möchte, dass die Anbauzone so rasch wie möglich erwärmt wird«, erklärte der Mensch. »Wie lange wird das dauern?«

»Etwa zwei Tage für die Hydroponikanlage, fünf für Humusbeete, für Aquakulturen je nach Spezies. Das Wasser wird in acht Tagen überall mindestens zehn Grad erreicht haben.«

»Gibt es an Bord ein Treibhaus, das du vorwärmen kannst?«

»Für Sämlinge, ja. Es ist fast einsatzbereit.«

Teresa wandte sich an den Menschen: »Warum bleiben nicht zwei oder drei von uns hier oben und legen ein paar Beete an? Es wäre schön, so bald wie möglich ein wenig Grünzeug zu haben.«

»Ich mache gern mit«, bot Rubi an. »Allerdings muss ich bis zum einundzwanzigsten wieder zurück sein.«

»Ich auch«, sagte Justin. »Wann findet der nächste Flug statt?«

»In einer Woche oder zehn Tagen«, erklärte der Mensch. »Das können wir flexibel handhaben.« Sie gab den Schnalzlaut von sich, der jeder Diskussion mit dem Schiff vorausging. »Hast du genug Nahrung für drei Leute an Bord?«

»Allein die Notrationen reichen mehrere Jahre. Wenn ich die Kombüse aktiviere, können Sie auch Tiefkühlkost verwenden. Sie ist allerdings sehr alt.«

Teresa schnalzte. »Tu das! Sparen wir die Notrationen lieber für Notfälle auf!«

Ich hatte gute Lust, mich ebenfalls zu melden, obwohl ich von Landwirtschaft nicht sehr viel verstehe. Es war ein aufregendes Gefühl. Als würde man Zweige auf ein fast erloschenes Feuer legen und vorsichtig in die schwache Glut blasen, um eine neue Flamme zu entfachen.

Aber ich musste mich um meine Studenten und meine Fische kümmern. Vielleicht konnte ich nächsten Monat, wenn die Vorlesungen zu Ende waren, noch einmal heraufkommen und beim Aufbau der Aquakulturen helfen.

Marygay zwickte mich ins Hinterteil. »Kommt nicht infrage! Du hast Unterricht.«

»Ich weiß, ich weiß.« Wann hatte es angefangen, dass jeder von uns die Gedanken des anderen lesen konnte?

Wir sahen Holo-Aufnahmen des »Maschinenraums«, der genau genommen überhaupt kein Raum war. Er hatte zwar einen zylindrische Mantel aus Alugittern, um die Wartung zu erleichtern. Aber natürlich wagte sich niemand nach da draußen, solange der Antrieb aktiviert war. Die austretende Gammastrahlung würde nur Sekunden benötigen, um jegliches Leben zu verbrutzeln. Die Schiffscrew würde den Umgang mit ferngesteuerten Robotern üben müssen, falls Reparaturen anfielen und der Antrieb nicht abgeschaltet werden konnte.

Es gab einen riesigen Wassertank mit dem Fassungsvermögen eines mittleren Sees und eine sehr viel kleinere Kugel mit Antimaterie, eine perfekte Sphäre aus grellen blauen Pünktchen.

Ich starrte die Holos eine Zeit lang an, während das Schiff technische Daten herunterleierte, die ich später nachlesen konnte. Diese glitzernde Kugel war unser

Flugticket in ein neues Leben, das plötzlich realisierbar schien. Freiheit, in diesem kleinen Gefängnis.

Ich erkannte durchaus, dass ich nicht nur der sanften Tyrannei der Taurier und des neuen Menschen entrinnen wollte. Da war auch der Alltag – die Familie und die Gemeinschaft, die mir im Lauf der Zeit immer mehr Pflichten aufgebürdet hatte. Ich befand mich gefährlich nahe an der Position eines Stammesältesten – und obwohl ich streng genommen der älteste Bewohner des Planeten war, verspürte ich nicht die geringste Lust, diese Rolle zu spielen. Ich hatte noch reichlich Zeit und Unternehmungsgeist für das eine oder andere Abenteuer. Erst recht für ein eher passives Abenteuer wie dieses hier.

Nennen wir es ruhig die Angst vor dem Großvater-Dasein. Vor dem Part des Beobachters und Beraters. Ich hatte meinen Bart vor Jahren abrasiert, als ich die ersten weißen Strähnen entdeckte. Jetzt konnte ich ihn richtig wachsen und über meine Brust wallen sehen, während ich im Schaukelstuhl auf der Veranda saß …

Marygay zupfte mich am Ellbogen. »Hallo – jemand daheim?« Sie lachte. »Das Schiff möchte, dass wir uns nach unten begeben.«

Wir schlängelten uns zurück zum Lift, und vor meinem geistigen Auge erstanden Weizenfelder, Obst- und Gemüsegärten, während es in den Tanks von Fischen und Krustentieren wimmelte.

Als wir den Mittelteil des Schiffes erreicht hatten, folgten wir dem Menschen aus dem Aufzug und schwebten durch den Korridorschacht in die Tiefe, vorbei an Kunstwerken, die deutliche Altersspuren zeigten. Wir waren diese Art der Fortbewegung nicht mehr gewohnt und stießen immer wieder zusammen, bis wir endlich mittels der Griffleisten eine mehr oder weniger ordentliche Reihe bildeten.

Der »untere« Zylinder hatte die gleichen Ausmaße

wie der, den wir eben verlassen hatten, wirkte aber größer, da er keine Gegenstände im vertrauten menschlichen Maßstab enthielt. Den größten Teil des Laderaums nahmen fünf umgebaute Kampfschiffe ein, die in einem Notfall jeweils dreißig Passagieren die Flucht ermöglichen sollten. Sie konnten nur bis zu einem Zehntel Lichtgeschwindigkeit beschleunigen (und am anderen Ende abbremsen, versteht sich), aber zur Ausrüstung gehörten Tiefschlaf-Tanks, in denen man in einer Art Koma Jahrhunderte lang überleben konnte. Da Mizar und Alkor drei Lichtjahre voneinander entfernt sind und das Schiff von Anfang an auf eine Pendelmission ausgelegt war, würden die Insassen höchstens dreißig Jahre im Innern der Tanks verbringen. Und die vergingen vermutlich wie nichts.

Ich lenkte mit einem Schnalzen die Aufmerksamkeit des Schiffes auf mich. »Wo liegt die obere Grenze, wenn man den von mir eingereichten Flugplan zu Grunde legt? Ab wann ist, mit anderen Worten, eine Rückkehr nicht mehr möglich?«

»Das lässt sich nicht genau bestimmen«, erklärte das Schiff. »Jeder Überlebenstank funktioniert so lange, bis eine wesentliche Komponente ihren Dienst versagt. Die Behälter sind supraleitend und benötigen in Zehntausenden von Jahren keinerlei Energiezufuhr. Allerdings bezweifle ich, dass die Systeme mehr als tausend Jahre oder eine Spanne von hundert Lichtjahren halten. Das würde für Ihre Reise etwas mehr als drei Jahre bedeuten.«

Ich fand es amüsant, dass eine Maschine so altmodische Begriffe wie »Reise« verwendete. Sie war gut darauf programmiert, einem Häuflein in die Jahre gekommenen Abenteurern mit romantischen Fluchtgefühlen Gesellschaft zu leisten.

Am Bug des Zylinders befand sich ein Stapel von Modulen, der noch aus dem Krieg stammte. Eine Art

Planeten-Bausatz – das ultimative Rettungsboot. Wir wussten, dass erdähnliche Welten häufig waren. Wenn es einem Schiff nicht gelang, in ein Kollapsarfeld einzutauchen und umzukehren, gaben diese Module den Leuten an Bord die Chance, sich eine neue Heimat zu basteln. Wir konnten nicht mit Bestimmtheit sagen, ob das je geschehen war. Insgesamt dreiundvierzig Kreuzer waren nach dem Krieg nicht mehr aufgetaucht, manche so weit entfernt im Einsatz, dass ihr Verbleib wohl für immer ungeklärt bleiben würde. Meine letzte Mission hatte sich beispielsweise einhundertfünfzigtausend Lichtjahre entfernt in der Großen Magellanschen Wolke abgespielt.

Der Rest des Laderaums gehörte Ersatzteilen und Material, mit denen man fast alles im Passagier-Zylinder austauschen und erneuern konnte; der Bereich in der Nähe des Mittelschachtes, durch den wir schwebten, enthielt alle nur erdenklichen Werkzeuge und Hilfsgeräte, manche so elementar wie Spitzhacken, Schaufeln und Gabelstapler, andere dagegen unkenntlich bis esoterisch. Wenn es Probleme mit dem Antrieb oder dem Lebenserhaltungssystem geben sollte, würden alle anderen Arbeiten ruhen, bis der Defekt behoben war – oder wir alle verschmort beziehungsweise erfroren waren.

(Diejenigen unter uns, die eine technische oder naturwissenschaftliche Ausbildung hatten, würden ein Schnelltraining mit dem COBAL – Computer zur beschleunigten Auswertung von Lebenssituationen – erhalten, das zwar nicht so gut wie das Lernen und Üben in Echtzeit war, aber in kürzester Zeit eine Unmenge von Daten übermittelte. Es war eine ernüchternde Erkenntnis, dass bei einer Panne mit dem Antrieb – der mehr Energie zurückhielt als in jedem früheren Krieg auf der Erde freigesetzt worden war – die Reparaturen von einer Person geleitet wurden, die eigentlich nichts weiter als ein wandelndes, sprechendes Handbuch darstellte und sich an Arbeitsvorgänge erinnerte, die in Wahrheit ein längst toter Schauspieler durchgeführt hatte.)

Auf dem Rückweg durch den Mittelschacht demonstrierte unsere Begleiterin vom Großen Baum ihr Können in Nullgravitation, indem sie übermütige Purzelbäume und Räder schlug. Es erfüllte mich mit Erleichterung, dass auch die neue Rasse gelegentlich menschliche Schwächen zeigte.

Wir hatten die Erlaubnis, uns ein paar Stunden frei durch das Schiff zu bewegen, ehe wir nach Centrus zurückkehrten. Marygay versuchte die Spuren ihres Lebens an Bord zurückzuverfolgen; für mich war es weniger das Auffrischen alter Erinnerungen als der Besuch einer Geisterstadt.

Wir warfen einen Blick in die Kabine, in der sie gelebt hatte, während sie auf mich wartete, und sie gestand, dass sie den Raum nicht wiedererkannt hätte. Der letzte Bewohner hatte die Wände mit schrillen, gezackten Mustern bemalt. Zu Marygays Zeit waren die Wände von einem hellen Kobaltblau und mit ihren Bildern und Zeichnungen geschmückt gewesen. Sie kam jetzt nicht mehr oft dazu, aber in den Jahren des Wartens hatte sie sich zu einer vollendeten Künstlerin entwickelt.

Sie hatte sich darauf gefreut, die Malerei wieder aufzunehmen, sobald die Kinder aus dem Haus waren. Nun sah es so aus, als würden sie bald *Lichtjahre* aus dem Haus sein.

»Das hier ist sicher traurig für dich«, sagte ich.

»Ja und nein. Ich kann nicht sagen, dass es unglückliche Jahre waren. Das Leben an Bord stellte damals den beständigen Teil meines Lebens dar. Man wuchs eng zusammen, und dann verließen die Freunde das Schiff, und wann immer man einen Zwischenstopp auf

Mittelfinger einlegte, waren sie um sechs oder zwölf oder achtzehn Jahre gealtert und schließlich tot.« Sie deutete auf die ausgedörrten Felder und trüben Wasserflächen. »Das hier war von Dauer. Dass nun alles brach liegt, bekümmert mich ein wenig.«

»Wir werden die Anlagen bald zu neuem Leben erwecken.«

»Du hast Recht.« Sie stemmte die Hände in die Hüften und ließ die Blicke durch das Schiffsinnere schweifen. »Es soll alles besser als zuvor werden.«

acht

Natürlich konnte es nicht damit getan sein, dass wir die Ärmel aufkrempelten und uns in die Renovierungsarbeiten stürzten. Der Mensch gestand uns alle fünf Tage eine Fähre zu, und so mussten wir sorgfältig planen, wann wir was und wen nach oben schafften.

Zuerst galt es zu entscheiden, wen wir mitnahmen. Es gab einhundertfünfzig Plätze an Bord, und es war nicht völlig gleichgültig, wer sie einnehmen würde. Marygay, Charlie, Diana und ich listeten unabhängig voneinander die Fertigkeiten und Talente auf, ohne die wir auf keinen Fall auskamen. Dann setzten wir uns zusammen, verglichen unsere Aufstellungen und fügten noch ein paar Möglichkeiten hinzu.

Wir hatten neunzehn Freiwillige aus Paxton – einer war nach der Versammlung wieder abgesprungen – und nachdem wir jedem dieser Leute eine Aufgabe zugewiesen hatten, veröffentlichten wir unseren Plan und boten die restlichen einhunderteinunddreißig Plätze planetenweit an.

Binnen einer Woche hatten sich sechzehnhundert Freiwillige gemeldet, die meisten davon aus Centrus. Da wir vier unmöglich alle Bewerber persönlich befragen konnten, mussten wir erst mal eine Vorauswahl treffen. Anschließend übernahm ich zweihundertachtunddreißig Leute, die aus technischen Berufen kamen, und Diana einhunderteins Leute mit medizinischen Vorkenntnissen. Den Rest teilten wir gerecht unter uns auf.

Ich wollte zunächst Veteranen den Vorzug geben,

aber Marygay redete mir das aus. Sie machten mehr als die Hälfte der Freiwilligen aus, doch es war nicht unbedingt die besser geeignete Hälfte. Der Anteil der chronisch Unzufriedenen und der Unruhestifter lag vermutlich hoch. Wollten wir wirklich zehn Jahre lang auf engstem Raum mit solchen Leuten leben?

Aber wie konnten wir anhand weniger Zeilen erkennen, welche der Bewerber möglicherweise labil waren? Sätze wie: »Ich muss unbedingt weg von hier – der Mensch treibt mich in den Wahnsinn!«, gaben zwar meine eigenen Gefühle wieder, konnten aber ebenso gut Ausdruck eines unverträglichen Charakters sein. Und das wiederum würde in unserem fliegenden Gefängnis bald zu zwischenmenschlichen Problemen führen.

Sowohl Diana wie Marygay hatten während ihres Studiums Psychologie belegt, aber keine von beiden behauptete, ein sicheres Gespür für Spinner zu besitzen.

Wir reduzierten die Bewerbungen auf vierhundert und entwarfen einen Formbrief, in dem wir die negativen Aspekte der zehnjährigen Spritztour unterstrichen. Isolation, Gefahren, Entbehrungen. Die absolute Sicherheit, in eine völlig fremde Welt zurückzukehren.

Etwa neunzig Prozent der Angeschriebenen antworteten, okay, diese Dinge hätten sie bereits in Erwägung gezogen. Wir siebten diejenigen aus, die sich bis zum Ablauf der gesetzten Frist nicht rührten, und vereinbarten mit den Übrigen Termine für eine Holo-Befragung.

Uns schwebte eine Liste mit zweihundert Freiwilligen vor, fünfzig davon als Ersatzleute, falls einige der Bewerber vor dem Aufbruch sterben oder kalte Füße bekommen sollten. Marygay und ich interviewten die eine, Charlie und Diana die andere Hälfte. Wir räumten Ehepaaren oder Leuten, die in einer langjährigen Beziehung lebten, einen gewissen Vorrang ein, achteten aber darauf, dass sich Heteros und Homos in etwa die Waage hielten. Natürlich hätte man auch argumentieren können, je mehr Homos, desto besser, da sie uns vermutlich kaum mit Nachwuchs zur Last fallen würden. Wir konnten nämlich nicht mehr als ein Dutzend oder bestenfalls zwanzig Kinder versorgen.

Charlie und Diana brauchten für ihre Befragungen länger als Marygay und ich, da Diana zwischendurch in der Klinik arbeitete, während Marygay und ich gerade zwanzig Tage Semesterferien hatten.

Das hieß aber auch, dass Bill und Sara daheim und gelegentlich auch im Weg waren. Sara verbrachte viel Zeit an ihrem Webstuhl, weil sie noch einen großen Teppich fertig machen wollte, bevor die Schule wieder begann. Bill hatte sich für die zwanzig Tage vor allem vorgenommen, Marygay und mir unser verrücktes Vorhaben auszureden.

»Wovor rennt ihr davon?«, lautete seine Standardfrage. »Ihr kriegt diesen verdammten Krieg einfach nicht aus den Köpfen, du und Mom, und wir werden euch an ihn verlieren, obwohl er seit Jahrhunderten vorbei ist.«

Marygay und ich erklärten ihm, dass wir vor nichts *davon*rannten, sondern einen Schritt in die Zukunft wagten. Und dass viele unserer Freiwilligen in seinem Alter oder nur wenig älter seien, den neuen Menschen aber etwas nüchterner sähen als er.

Etwa zwei Wochen nach Beginn der Semesterferien ließen Bill und Sara unabhängig voneinander ihre Bomben platzen. Ich hatte eine Stunde lang friedlich in der Küche gewerkelt und zu Beethoven-Musik Polenta und Eier mit dem letzten Gemüse der Saison hergerichtet, hoch erfreut darüber, einmal nicht mit Fremden per Holo diskutieren zu müssen. Bill hatte unaufgefordert den Tisch gedeckt; schon darin hätte ich eigentlich ein Sturmzeichen erkennen müssen.

Sie aßen relativ schweigsam, während Marygay und ich noch einmal die Interviews des Tages durchgingen – vor allem die Ablehnungen, die mehr Diskussionsstoff boten als die Gespräche mit den vernünftigen, realistischen Bewerbern, die unsere Tests bestanden.

Bill schob seinen leeren Teller mit einem Ruck von sich. »Ich habe heute auch einen Test bestanden.«

Ich wusste, was jetzt kam, und spürte, wie jegliche Wärme aus meinem Körper wich. Auch im Raum schien plötzlich Eiseskälte zu herrschen. »Den Sheriff-Test?«

»Genau. Ich will einer von ihnen werden. Ein Mensch.«

»Du hast mit keinem Wort …«

»Nun sag bloß nicht, dass dich mein Entschluss überrascht!« Er starrte mich an wie einen Fremden, der ihm im Bus gegenübersaß.

»Nein«, sagte ich schließlich. »Aber ich dachte, du würdest warten, bis wir fort wären …« Und uns nicht so offen verraten, dachte ich, ohne es auszusprechen.

»Du hast immer noch Zeit, es dir anders zu überlegen«, warf Marygay ein. »Das Programm soll erst im Mittwinter beginnen.«

»Richtig.« Das war Bills einziger Kommentar. Es klang, als sei er bereits weit von uns entfernt.

Sara hatte Messer und Gabel abgelegt. »Ich habe mich ebenfalls entschieden«, sagte sie, ohne Bill anzusehen.

»Dir fehlen noch ein paar Jahre, um den Test zu machen«, sagte ich, vielleicht eine Spur zu streng.

»Das meine ich nicht. Ich habe mich entschieden, mit euch zu kommen. Wenn ihr Platz für mich habt.«

»Natürlich!« Egal, wen wir dafür zurücklassen mussten!

Bill starrte sie entgeistert an. »Ich dachte, du wolltest ...«

»Dafür bleibt noch eine Menge Zeit.« Sie warf ihrer Mutter einen ernsten Blick zu. »Ihr glaubt, dass der Mensch längst verschwunden sein wird, wenn ihr zurückkehrt. Ich dagegen glaube, dass er sich weiterentwickeln und in verbesserter Form überleben wird. Erst *dann* will ich mich dem Großen Baum anschließen und alles in die Gemeinschaft einbringen, was ich auf der Reise gesehen und gelernt habe.« Sie sah mich mit ihrem offenen Grübchen-Lächeln an. »Nimmst du mich auch als Spionin für die andere Seite mit?«

»Natürlich.« Ich wandte mich an Bill: »Wir müssen auch einige Exemplare des neuen Menschen mitnehmen. Die Familie könnte zusammenbleiben.«

»Du hast nichts begriffen. Überhaupt nichts.« Er stand vom Tisch auf. »Ich breche ebenfalls in eine neue Welt auf. Und zwar schon morgen.«

»Du verlässt uns?«, fragte Marygay.

»Für immer«, sagte er. »Ich kann das hier nicht mehr ertragen. Ich gehe nach Centrus.«

Es folgte ein langes Schweigen. »Und das Haus?«, fragte ich. »Die Fische?« Wir hatten fest damit gerechnet, dass er alles übernehmen würde, wenn wir unsere Reise antraten.

»Dafür wirst du dir einen anderen suchen müssen.« Er schrie mich fast an. »*Ich kann hier nicht leben!* Ich muss weg und ganz von vorn anfangen.«

»Du könntest nicht warten, bis ...?«, begann ich.

»*Nein!*« Er suchte nach Worten und wandte sich dann mit einem stummen Kopfschütteln ab. Wir beobachteten schweigend, wie er seine warmen Sachen überstreifte und das Haus verließ.

»Das war zu erwarten, oder?«, meinte Sara.

»Aber wir hatten alles besprochen«, sagte ich. »Er

sollte das Haus hüten und sich um die Fische kümmern.«

»Zum Teufel mit den Fischen!«, murmelte Marygay. »Begreifst du nicht, dass wir ihn eben verloren haben? Für immer!« Sie begann erst zu weinen, als wir oben waren.

Ich fühlte mich nur wie betäubt. Mir dämmerte, dass ich ihn schon vor langem aufgegeben hatte. Für einen Vater ist es leichter, sich von seinen Kindern zu lösen als für eine Mutter.

buch zwei ■

DAS BUCH DER WANDLUNG

neun ■

Bill blieb zwei Tage in Centrus. Dann kam er zurück, beschämt wegen seines Ausbruchs. Wir sahen immer noch keinen Weg, ihn zu einer Teilnahme an dem Sternenschiff-Abenteuer zu überreden, aber er wollte zumindest zu seinem Wort stehen und sich so lange wie nötig um die Fische kümmern.

Ich konnte ihm nicht verübeln, dass er seinen eigenen Weg gehen wollte. Der Apfel fällt nicht weit vom Stamm. Marygay war glücklich über seine Rückkehr, aber auch wehmütig und ein wenig aufgewühlt. Wie oft würde sie die Trennung von ihrem Sohn noch erleben müssen?

Wir waren selbst in die Hauptstadt unterwegs, eine Fahrt, die merkwürdige Assoziationen an meine Kindheit weckte.

Vor ewigen Zeiten, als ich sieben oder acht war, verbrachten meine Hippie-Eltern den Sommer in einer Kommune in Alaska. (Dort wurde übrigens mein Bruder gezeugt, von wem auch immer; mein Vater behauptete steif und fest, er sehe ihm ähnlich!)

Es war ein Sommer, der mir Spaß machte, ein Lichtblick meiner Kindheit. Wir schnauften mit unserem klapprigen alten VW-Bus den Alcan Highway* hoch und hielten oder kampierten in kleinen kanadischen Kaffs entlang der Straße.

Als wir nach Anchorage kamen, erschien uns die

---
* Teil des Alaska Highway. – *Anm. d. Übers.*

Stadt riesig, und noch Jahre danach zitierte mein Vater den Reiseführer, wenn er von diesem Abenteuer erzählte: Wenn Sie von einer größeren amerikanischen Stadt aus nach Anchorage fliegen, erscheint es klein und malerisch. Wenn Sie dagegen mit dem Auto all die kleinen Dörfer entlang gefahren sind, macht es den Eindruck einer wuselnden Metropole.

Daran musste ich immer denken, wenn ich nach Centrus kam, das kleiner ist, als es Anchorage vor fünfzehnhundert Jahren gewesen war. Da sich mein eigenes Leben dem Maßstab und der Gangart eines Dorfes angepasst hat, ist mein erster Eindruck von Centrus stets der von atemberaubendem Tempo und schwindelerregender Höhe. Aber dann hole ich mental tief Luft und erinnere mich an New York und London, Paris und Genf – ganz zu schweigen von Skye und Atlantis, den sagenhaften Vergnügungsmolochen, die auf Heaven unseren Sold aufsogen. Centrus ist ein Hinterwäldler-Kaff, aber zufällig eben das größte Hinterwäldler-Kaff im Umkreis von zwanzig Lichtjahren.

Ich klammerte mich an diesen Gedanken, als wir in der Hauptstadt eintrafen, um uns mit den Administratoren von Centrus – also den höchsten Stellen dieser Welt – über unseren Zeitplan für die Instandsetzung der *Time Warp* und die Flüge der Hilfsmannschaften zu beraten.

Wir hatten gehofft, sie würden ihn einfach genehmigen. Vierzehn von uns hatten sich eine Woche lang die Köpfe heiß geredet, wer was wann in Angriff nehmen sollte. Aber ich hegte den Verdacht, dass das Ganze nun von vorne anfangen würde, mit zusätzlichen Forderungen und Einwänden des Menschen.

Wir erklommen die zehn Stockwerke bis zum Penthouse-Büro der Hauptverwaltung und legten unseren Plan einem Gremium vor, das aus vier Menschen, zwei männlich und zwei weiblich, sowie einem Taurier, männlich, weiblich oder Zwitter, bestand. Wie sich herausstellte, war es kein Geringerer als Kulturattaché Antres 906, der uns in jener Nacht mit seinem Besuch beehrt hatte, als ich meinen ersten Eintrag ins Polizeiregister erhielt.

Die fünf Administratoren lasen die drei Seiten lange Aufstellung schweigend durch, während Marygay und ich unsere Blicke über Centrus schweifen ließen. Eigentlich gab es nicht viel zu sehen. Jenseits der Innenstadt, in der vielleicht ein Dutzend Hochhaus-Würfel aufragten, waren die Bäume höher als die Bauwerke. Ich wusste, dass die Stadt eine ansehnliche Ausdehnung besaß, aber die Häuser und Geschäfte verschwanden unter immergrünem Laub, bis hin zur Startrampe der Raumfähre am Horizont. Die Fähren selbst waren nicht zu erkennen; beide steckten in den Abschussschächten, die sich wie altmodische Fabrikschlote aus dem fernen Dunst erhoben.

An der einzigen Wand im Raum, die keine Fensterfront war, hingen zehn Bilder, je fünf von Menschen und von Tauriern gemalt. Während die Menschengemälde langweilige Stadtansichten in den verschiedenen Jahreszeiten zeigten, bestanden die Kunstwerke der Taurier aus einem Gewirr von Strichen und Klecksen in so lauten Farben, dass sie zu vibrieren schienen. Ich hatte gehört, dass sie zum Teil mit Körperflüssigkeiten angerührt wurden und sehr viel harmonischer wirkten, wenn man sie bei ultraviolettem Licht betrachtete.

Wie auf ein Signal hin legten alle gleichzeitig ihre Kopien des Zeitplans auf den Tisch.

»Wir haben so weit keine Einwände«, sagte der Mensch, weiblich, der ganz links saß. Ihre Blicke wanderten die Reihe entlang – ein Zeichen dafür, dass sie keine telepathischen Kräfte besaß. Die anderen Menschen und der Taurier nickten. »Die Tage, an denen ihr beide Fähren braucht, werden einige Ungelegenheiten bereiten, aber das bekommen wir in den Griff.«

»Was heißt ›so weit‹?«, erkundigte sich Marygay.

»Wir hätten vielleicht früher über diesen Punkt sprechen sollen«, sagte sie, »aber wir dachten, das verstünde sich von selbst. Ihr werdet zwei weitere Passagiere mitnehmen müssen. Einen neuen Menschen und einen Taurier.«

Natürlich. Dass ein Mensch mitkommen würde, hatten wir gewusst, die Sache mit dem Taurier hätten wir uns denken können. »Der Mensch stellt kein großes Problem dar«, sagte ich. »Er oder sie wird unsere Kost vertragen. Aber Taurier-Rationen für zehn Jahre?« Ich überschlug die Mengen im Kopf. »Das wären zusätzlich sechs bis acht Tonnen Fracht.«

»Nein, das ist ebenfalls kein Problem«, erklärte Antres 906 mit seiner kratzigen Stimme. »Mein Stoffwechsel lässt sich so verändern, dass er eure Nahrung verträgt – bei ein paar Gramm Ergänzungssubstanzen täglich.«

»Ihr versteht sicher, wie wichtig die Teilnahme für uns ist«, sagte der Mensch.

»Jetzt, da ich darüber nachdenke, natürlich schon«, erwiderte ich. »Jede der beiden Rassen könnte sich in vierzigtausend Jahren verändern. Zwei Zeitreisende als Referenz wären in diesem Fall eine große Hilfe.«

Marygay biss sich auf die Unterlippe und schüttelte langsam den Kopf. »Dann werden wir die Zusammensetzung der Crew verändern müssen. Ich will Ihnen nicht zu nahe treten, Antres, aber es gibt viele Veteranen, die Ihre Gegenwart keine zehn Stunden, geschweige denn zehn Jahre tolerieren würden.«

»Für Ihre Sicherheit können wir ohnehin nicht garantieren«, fügte ich hinzu. »Viele von uns waren darauf konditioniert, sofort anzugreifen, wenn sie ein Exemplar Ihrer Rasse zu Gesicht bekamen.«

»Aber diese Konditionierung wurde doch gelöscht«, warf der Mensch ein.

Ich dachte an Max, der als Zweiter Bauingenieur vorgesehen war. »Nicht immer mit Erfolg, fürchte ich.«

»Das verstehe und verzeihe ich«, sagte Antres. »Wenn dieser Teil des Experiments scheitert, dann scheitert er eben.« Er blätterte bis zur letzten Seite des Berichts und tippte auf die Schnittzeichnung des Frachtzylinders. »Ich kann mich dort unten einquartieren, ohne allzu viel Platz zu beanspruchen. Auf diese Weise wird es selten zu unfreiwilligen Begegnungen mit Ihren Leuten kommen.«

»Das ist machbar«, meinte ich. »Schicken Sie uns eine Liste der Dinge, die Sie benötigen, und wir werden sie in unseren Beladungsplan aufnehmen.«

Danach kamen nur noch einige Formalitäten, die wir bei einer Tasse starkem Kaffee und einem Gläschen Schnaps mit den Vertretern des Menschen klärten. Der Taurier verschwand und kam nach wenigen Minuten mit seiner Liste wieder. Sie hatten sich offensichtlich gut auf unseren Besuch vorbereitet.

Wir verloren kein Wort darüber, bis wir das Regierungsgebäude verlassen hatten. »Verdammt, wir hätten das voraussehen und ihnen zuvorkommen müssen.«

»Allerdings«, meinte Marygay. »Jetzt können wir noch einmal von vorn anfangen und uns mit Max und seinen Gesinnungsgenossen herumschlagen.«

»Ja, obwohl einer wie Max den Taurier bestimmt nicht umbringt. Schon eher jemand, der fest davon überzeugt ist, dass er mit diesem Krieg endgültig abgeschlossen hat. Bis er eines Tages durchdreht und ihn doch noch verliert.«

»Jemand wie du?«

»Das glaube ich nicht. Herrgott, ich habe mit dem Krieg noch lange nicht abgeschlossen. Bill sieht darin sogar den Grund für meine Flucht.«

»Ich will jetzt nicht an die Kinder denken.« Sie legte mir einen Arm um die Hüfte und drückte sich enger an mich. »Gehen wir ins Hotel zurück und denken wir mal nur an *uns!*«

*

Nach einem angenehmen Zwischenspiel bummelten wir den Rest des Tages durch die Geschäfte, um für Freunde, Nachbarn und uns selbst einzukaufen. Niemand in Paxton verfügte über viel Geld. Wir hatten im Grunde eine Tauschwirtschaft, obwohl jeder Erwachsene einmal pro Monat einen kleinen MoScheck aus Centrus erhielt. So etwas wie die Universal-Stütze, die wir bei unserem letzten Besuch auf der Erde kennen gelernt hatten.

Auf Mittelfinger funktionierte das System sogar, weil niemand besonderen Luxus erwartete. Auf der Erde waren die Menschen fast ausnahmslos arm, aber auf Schritt und Tritt von Hinweisen auf unerreichbaren Wohlstand umgeben gewesen. Hier draußen dagegen führte jeder in etwa das gleiche einfache Leben.

Wir schoben einen Einkaufswagen den mit Ziegeln gepflasterten Gehweg entlang, konsultierten unsere Liste und suchten ein halbes Dutzend Läden auf. Kräuter, Gitarrensaiten und Klarinettenzungen, Schmirgelpapier und Firnis, Memory-Kristalle, einen Malkasten, ein Kilo Marihuana (Dorian hatte eine Schwäche dafür, war aber allergisch gegen die Hanfpflanzen, die Sage in Töpfen zog.) Dann tranken wir Tee in einem Straßencafé und beobachteten die Passanten. Es war angenehm, mal unbekannte Gesichter zu sehen.

»Ich frage mich, wie das alles bei unserer Rückkehr sein wird.«

»Unvorstellbar«, sagte ich. »Es sei denn, wir stoßen auf ganz normale Ruinen. Antikes Zeug. Was bleibt, wenn du vierzigtausend Jahre in die Vergangenheit der Menschheit zurückgehst? Vermutlich nicht einmal die Fundamente ihrer Städte.«

»Keine Ahnung. Erinnere mich, dass ich nachschaue, wenn wir daheim sind.« Auf der Straße vor uns stieß ein Auto gegen das Heck des Vordermanns. Die Fahrer, beides Mitglieder des neuen Menschen, stiegen aus und inspizierten schweigend den Schaden. Es war nicht viel passiert – ein kleiner Kratzer an der Stoßstange, mehr nicht. Sie nickten einander zu, stiegen wieder ein und fuhren weiter.

»Ich glaube nicht, dass das ein echter Unfall war«, sagte Marygay.

»Was? Hm … möglich. Sogar wahrscheinlich.« Eine arrangierte Szene als Lektion, wie gut sie miteinander zurechtkamen. Wie gut der Mensch mit sich selbst zurechtkam. Dass sich das Ganze direkt vor unseren Augen abspielte, war vermutlich kein Zufall; immerhin herrschte kaum Verkehr.

In der Stunde, die uns bis zur Busabfahrt nach Paxton noch blieb, gönnten wir uns den Besuch in einem Massage-Studio.

Daheim angekommen, setzte ich mich ans Bibliotheks-Terminal und versuchte herauszufinden, was wir vierzigtausend Jahre in der Vergangenheit so getrieben hatten. Ich stellte fest, dass es »uns« noch gar nicht gegeben hatte. Nur den späten Neandertaler. Der kannte zwar bereits das Feuer und diverse Steinwerkzeuge, besaß aber weder eine erkennbare Sprache noch eine ausgeprägte Kunst, wenn man von ein paar primitiven Felszeichnungen in Australien absah.

Was würde geschehen, wenn unsere und die Nachfahren des neuen Menschen so grundsätzliche und profunde Merkmale wie Sprache und Kunst weiterentwickelten und diese womöglich nur begrenzt mit uns teilen konnten – etwa in der Art, wie wir mit Hunden

»redeten« oder uns über das Fingerfarben-Geschmier von Schimpansen amüsierten?

Ich war mir sicher, dass es nur zwei Möglichkeiten gab: Untergang oder die Evolution einer neuen Spezies. So oder so, würden wir einhundertfünfzig Männer und Frauen völlig allein sein. Um die Rasse zu erneuern oder auszusterben, ein nutzloses, anachronistisches Relikt.

Ich nahm mir vor, diese Erkenntnis für mich zu behalten. Bildete ich mir wirklich ein, dass niemand außer mir zu dem gleichen Schluss kommen würde? Aldo Verdeur-Sims sollte der Erste sein, der das Thema öffentlich oder zumindest halb öffentlich zur Sprache brachte.

zehn ■

»Wenn sie tatsächlich vierzigtausend Jahre überdauern sollten, werden wir ihnen genauso fremd erscheinen, wie uns damals die Taurier fremd erschienen«, sagte Aldo. »Aber ich bezweifle, dass ihnen das gelingt.«

Wir bezeichneten das Ganze in unserem ersten Rundschreiben als »Diskussionsgruppe«, hatten uns aber in Wahrheit vor allem an die Leute gewandt, denen Marygay und ich am ehesten zutrauten, dass sie unser Projekt tatkräftig vorantrieben oder gar das Schiffskommando übernahmen. Ein Demokratisierungsprozess würde früher oder später von selbst einsetzen.

Außer uns waren das Cat und Aldo, Charlie und Diana, Ami und Teresa sowie eine wechselnde Besetzung, zu der Max Weston (trotz seiner Xenophobie), unsere Sara, Lar Po und die Tens – Mohammed und eine oder zwei seiner Frauen – zählten.

Po war auf seine liebenswürdige Weise ein Querdenker. Kaum äußerte jemand eine Meinung, begannen seine Gehirnzellen sichtlich zu arbeiten. »Du gehst von einem steten Wandel aus«, sagte er zu Aldo, »aber genau genommen nimmt der Mensch für sich in Anspruch, er sei perfekt und müsse sich nicht ändern. Darauf könnte er beharren, selbst über vierzigtausend Jahre hinweg.«

»Und unsere Nachkommen?«, hakte Aldo nach.

Po tat den Einwand mit einer kurzen Handbewegung ab. »Ich glaube nicht, dass wir zweitausend Generationen lang überleben werden. Wahrscheinlich wenden wir uns gegen den neuen Menschen und gegen die Taurier und werden am Ende zwischen den beiden Rassen zermalmt.«

Wir saßen wie üblich in unserer Wohnküche zusammen. Ami und Teresa hatten zwei große Krüge Brombeerwein mitgebracht, süß und mit Brandy angereichert, und die Diskussion verlief lebhafter als sonst.

»Ihr unterschätzt die Alten«, erklärte Cat. »Wenn du mich fragst, dann werden Mensch und Taurier stagnieren, während sich unsere Nachfahren weiterentwickeln und sie höchstwahrscheinlich sogar *überflügeln*.«

»Ganz schön optimistisch«, meinte Marygay. »Können wir jetzt zu unserer Aufstellung zurückkehren?«

Sara hatte nach meinen und Marygays Notizen einen Aktionsplan entworfen und jeden Schritt von jetzt bis zum Start übersichtlich auf einem großen Blatt Papier festgehalten. Zumindest war er anfangs übersichtlich gewesen. Bis ihn die Besucher in die Finger bekamen und mit Bleistift ihre Vorschläge dazu kritzelten. Erst als die Larsons eine Stunde später mit ihrem Wein kamen, hatte sich die Diskussion entspannt und allgemeineren Dingen zugewandt. Doch der Plan musste tatsächlich noch korrigiert werden, damit wir bis zum Start alles unter Dach und Fach brachten.

Eigentlich handelte es sich um zwei Pläne – einen vor und einen nach der Genehmigung –, die durch einen dicken Linealstrich voneinander getrennt waren. In den nächsten neun Monaten mussten wir uns auf zwei Fährflüge pro Woche beschränken, und einer davon war für den Treibstoff reserviert: eine Tonne Wasser und zwei Kilogramm Antimaterie (die mitsamt ihrem Schutzmantel die Hälfte der Nutzlast beanspruchte).

Sobald die Zustimmung von der Erde erfolgte, konnten wir die Fähren größtenteils im täglichen

Wechsel benutzen: Während wir eine im Orbit entluden, wurde die zweite am Boden für den nächsten Flug beladen. Es gab gute Gründe dafür, die Systeme und die Ökologie des Schiffes in Gang zu bringen, ehe die Genehmigung eintraf, aber wir konnten es nicht rechtfertigen, bereits jetzt Menschen und ihre Habe nach oben zu schicken, abgesehen von einer Rumpfmannschaft, die sich um die Felder und Fischteiche kümmerte, sowie drei Ingenieure, die das Schiffsinnere von vorne bis hinten unter die Lupe nahmen, um die »Systeme« (wie Toiletten und Türgriffe) zu reparieren, solange man noch relativ einfach Ersatzteile finden oder herstellen konnte.

Als Grund für die Treibstoffversorgung des Schiffes vor Erteilung der Genehmigung gaben wir an, dass man selbst in dem Fall, da der Große Baum unsere Pläne ablehnen sollte, ein paar Reisen zur Erde machen konnte, um Luxusartikel oder sonstige Dinge zu beschaffen, die auf Mittelfinger nicht erhältlich waren. (Oder auch zum Mars, der seit Jahrhunderten von alten und neuen Menschen besiedelt war; wenn man sich warm anzog und eine kleine Sauerstoff-Reserve mitnahm, konnte man sich durchaus im Freien aufhalten. Die Leute dort hatten neben ihren eigenen künstlerischen Traditionen sogar Antiquitäten zu bieten.) Es gab nicht wenige von *unseren* Artgenossen, geschweige denn von Angehörigen des neuen Menschen, denen es lieber gewesen wäre, wenn man die *Time Warp* nur für diesen Zweck verwendet hätte: Kunstwerke, Klaviere, Kokosnüsse.

Vielleicht hätte man uns sogar mitfliegen lassen, als eine Art Trostpreis.

Da wir jedoch annahmen, dass es keine Probleme mit der Genehmigung geben würde, planten wir bereits den zweiten Schritt voraus. Es würde nur fünfzehn Tage dauern, alle Teilnehmer und ihre persönliche Habe – hundert Kilogramm pro Mann oder Frau – an Bord zu schaffen. Jeder konnte außerdem eine Eingabe für weitere hundert Kilogramm machen. Die Masse war dabei weniger kritisch als der Platz; wir wollten verhindern, dass wir durch unnützen Kram eingeengt wurden.

Man braucht zwar einiges, um 150 Leute ein Jahrzehnt lang bei guter Laune zu halten, aber das meiste davon – wie der Fitnessraum und der Kinosaal – waren bereits in das Schiff eingebaut. Es gab sogar zwei Musikzimmer, beide schalldicht verkleidet, damit jeder ungestört seinem Geschmack frönen konnte. (Apropos Antiquitäten: Wir versuchten ein echtes Klavier zu bekommen, aber da es auf dem ganzen Planeten nur drei Exemplare gab, mussten wir uns mit zwei Keyboards begnügen. Ich persönlich konnte den Unterschied nicht hören.)

Einige Bitten mussten abgelehnt werden, weil sie das Zusammenleben auf so engem Raum gestört hätten. So wollte Eloi Casi unbedingt einen zwei Tonnen schweren Marmorblock an Bord schaffen, um die Ereignisse in Stein zu meißeln. Ich hätte das Ergebnis gern *gesehen*, aber die Vorstellung, zehn Jahre lang mit einem »klink ... klink ... klink« zu leben, schreckte mich ab. Er begnügte sich schließlich mit einem Holzklotz, einen halben mal zwei Meter groß, und versprach, keine elektrisch betriebenen Schnitzwerkzeuge zu benutzen.

Marygay und ich waren die erste Anlaufstelle für diese Anfragen, immer unter der Vorgabe, dass alles – von Elois Riesenskulptur bis hin zu einer Brass Band – per Referendum entschieden wurde, sobald der Große Baum seinen Segen zu dem Unternehmen erteilt hatte.

Ich erklärte den neuen Menschen, dass wir vielleicht ein paar Extraflüge benötigen würden, um nachträglich genehmigte Luxusgüter an Bord zu schaffen, und sie zeigten sich kooperativ. Überhaupt spürten wir, dass sie auf ihre eigene zurückhaltende Art allmählich Feuer fingen: Es war aufregend, von Anfang an bei einem Experiment mitzuwirken, das sich über vierzig Jahrtausende erstrecken sollte.

(Sie gingen sogar so weit, einen Bericht über die Reise und ihren Zweck in einem Medium zu speichern, das vom Material und der Linguistik her geeignet schien, die lange Zeit zu überdauern: acht Seiten Text und Skizzen auf Platinplatten, dazu weitere zwölf Seiten, die einen raffiniert ausgeklügelten Rosette-Stein darstellten, beginnend mit den Grundlagen der Physik und Chemie, von denen sie die Logik ableiteten, dann die Grammatik und schließlich, mit einigen Anleihen bei der Biologie, ein Wortschatz, der ausreiche, um das Projekt in einfachen Begriffen zu schildern. Sie hatten die Absicht, die Platten in einer künstlichen Höhle auf dem höchsten Berg von Mittelfinger zu hinterlegen und Duplikate davon auf den Gipfeln des Mount Everest und des Olympus Mons zu deponieren.)

Es erschien logisch und seltsam zugleich, dass Marygay und ich plötzlich als Sprecher der Gruppe dastanden. Gewiss, die Idee stammte von uns, doch wir hatten in unserer Militärzeit beide die Erfahrung gemacht, dass wir nicht unbedingt Führernaturen waren. Aber zwanzig Jahre Verantwortung für die Kinder und das Aufblühen unseres kleinen Gemeinwesens hatten uns verändert. Dazu kam, dass wir die »ältesten« Menschen auf der Welt waren. Zwar gab es eine Menge Leute, die im direkten Vergleich älter als wir waren, aber niemanden, der sich an die Zeit vor dem Ewigen Krieg erinnern konnte. Das verlieh uns – eine überwiegend symbolische – Autorität, die wiederum zur Folge hatte, dass wir häufig um Rat gefragt wurden.

Die meisten Leute sahen es als selbstverständlich an, dass ich den Kapitänsposten übernahm, sobald wir endgültig an Bord gingen. Sicher würde es einige verblüffte Mienen geben, wenn sich herausstellte, dass ich dieses Amt an Marygay abtrat, aber sie hatte sich im Kommandostab schon immer wohler gefühlt als ich.

Und immerhin hatte sie bei ihrem letzten Einsatz als Führungsoffizier Cat für sich gewonnen. Ich dagegen war mit Charlie geschlagen gewesen.

*

Die Runde löste sich noch vor Einbruch der Dunkelheit auf. Draußen fielen die ersten schweren Flocken eines ausgedehnten Wintertiefs. Am Morgen würden die Wege mit einer Schneeschicht von mehr als einem halben Meter bedeckt sein; die Leute mussten das Vieh versorgen, Feuerholz ins Haus schaffen, sich um die Kinder kümmern – und hoffen, dass große Kinder wie Bill, die bei diesem Wetter noch unterwegs waren, das Richtige taten.

Marygay war in die Küche gegangen, um Suppe zu kochen, Scones zu backen und etwas Musik zu hören, während Sara und ich am Esstisch saßen und uns bemühten, das Geschmier, das einmal eine Übersicht gewesen war, zu einem neuen Aktionsplan zu ordnen. Bill rief aus der Kneipe an, in der er an einem Billardturnier teilgenommen hatte, und meinte, er würde lieber zu Fuß heimgehen, wenn keiner von uns den Gleiter dringend brauchte. Der Schnee falle inzwischen so dicht, dass die Scheinwerfer völlig nutzlos seien. Ich entgegnete, das sei ein guter Gedanke, ohne auf seine schwere Zunge einzugehen, die den Gedanken doppelt gut erscheinen ließ.

Er wirkte nüchtern, als er gut eine Stunde später daheim eintrudelte und sich im Vorraum lachend den Schnee von der Jacke klopfte. Ich wusste, wie er sich fühlte – dieses Wetter war teuflisch, wenn man am Steuer saß, aber herrlich zum Spazierengehen. Das Wispern der Flocken, die leichte Berührung auf der Haut – ganz anders als die Killer-Eisnadeln, die einem ein Mittwinter-Blizzard ins Gesicht peitschte. An Bord des Sternenschiffs würde es weder leichten noch schweren Schneefall geben, aber der Verzicht auf den einen schien mir das Ausbleiben des anderen mehr als wettzumachen.

Bill nahm sich einen frischen Scone und eine Tasse warmen Apfelwein und setzte sich zu uns. »Gleich in der Vorrunde ausgeschieden«, berichtete er. »Wegen eines technischen Regelverstoßes.« Ich nickte mitfühlend, obwohl ich keine Ahnung hatte, wovon er sprach. Die Regeln, nach denen sie spielten, hatten wenig mit Pool-Billard zu tun.

Er betrachtete stirnrunzelnd unsere Tabellen und versuchte sie verkehrt herum zu lesen. »Die haben deinen tollen Plan ganz schön versaut, Schwesterherz.«

»Das war der Zweck des tollen Plans«, sagte sie. »Wir machen gerade einen neuen.«

»Die übrigen Teilnehmer sollen ihn so rasch wie möglich erhalten«, erklärte ich. »Damit sie noch etwas anderes als Schneeschippen zu tun kriegen.«

Bill wandte sich an Sara. »Und du bist immer noch fest entschlossen, den großen Sprung zu wagen? Wenn du zurückkommst, bin ich nicht mal mehr Staub.«

»Deine Entscheidung«, sagte sie, »ebenso wie meine.«

Er nickte friedlich. »Ich meine, ich kann verstehen, dass Mom und Dad ...«

»Fang nicht schon wieder damit an!«

Ich hörte, wie das Haus unter dem Gewicht des Schnees ächzte. Marygay saß schweigend in der Küche und horchte.

»Warum nicht?«, sagte ich. »Die Vorgaben haben sich seit unserem letzten Streitgespräch geändert.«

»Inwiefern? Dass ihr jetzt einen Menschen mitnehmt? Und einen Taurier?«

»Du wirst bis dahin auch zu ihnen gehören.«

Er sah mich lange an. »Nein.«

»Bei einem Gruppen-Bewusstsein dürfte es wenig Unterschied machen, welches Exemplar geht.«

»Bill hat nicht die richtigen Gene«, erklärte Sara. »Sie werden einen echten Menschen mitschicken wollen.« Damit zog sie ihn ständig auf.

»Mich kriegt ihr da nicht rauf. Das ganze Unternehmen stinkt nach Selbstmord.«

»Die Gefahr ist gering«, sagte ich. »Genau genommen geringer als hierzubleiben.«

»Stimmt. Dass du in den nächsten zehn Jahren stirbst, ist weniger wahrscheinlich, als dass ich in den nächsten vierzigtausend Jahren sterbe.«

Ich lächelte. »Zehn gegen zehn.«

»Es ist und bleibt eine Flucht. Euch langweilt das Leben hier, und ihr habt eine Höllenangst davor, alt zu werden. Für mich trifft weder das eine noch das andere zu.«

»Ja, ich weiß. Du bist einundzwanzig und allwissend!«

»Komm, lass den Scheiß!«

»Du hast eben keine Ahnung davon, wie das Leben früher war, bevor neue Menschen oder Taurier alles komplizierter machten – oder durch Gehirnwäsche vereinfachten.«

»Gehirnwäsche! Dieses Argument hast du seit Wochen nicht mehr gebracht.«

»Weil es so offensichtlich wie eine Warze auf deiner Nase ist. Aber genau wie eine Warze nimmst du es nicht mehr wahr, weil du daran gewöhnt bist.«

Bill explodierte. »An dein ständiges Gemecker bin

ich gewöhnt, wenn du es genau wissen willst!« Er stand auf. »Sara, antworte du für mich, wenn Dad weiter dozieren will! Ich gehe jetzt schlafen.«

»Und wer hat mir eben noch Flucht vorgeworfen?«

»Ich bin nur müde. Echt müde.«

Marygay erschien in der Küchentür. »Isst du keine Suppe?«

»Keinen Hunger, Mom. Ich zieh mir später noch was rein.« Er nahm zwei Stufen auf einmal, als er die Treppe hoch lief.

»Ich kenne seine Antworten tatsächlich auswendig«, meinte Sara mit einem Lächeln. »Nur für den Fall, dass du die Argumente noch einmal aufrollen willst.«

»Dich verliere ich ja nicht«, sagte ich. »Obwohl du auch beabsichtigst, eines Tages zum Feind überzulaufen.« Sie senkte den Blick auf ihre Tabelle und murmelte etwas in der Sprache der Taurier. »Was heißt das?«

»Es ist ein Teil ihres Glaubensbekenntnisses und bedeutet in etwa: ›Besitze nichts, dann verlierst du nichts.‹« Sie hob den Kopf, und ich sah, dass ihre Augen glänzten. »Es bedeutet aber auch: ›Liebe nichts, dann verlierst du nichts.‹ Für sie sind die beiden Begriffe austauschbar.«

Sie stand langsam auf. »Ich rede mal mit ihm.« Als ich anderthalb Stunden später zu Bett ging, diskutierten die beiden immer noch im Flüsterton.

*

Am nächsten Morgen war Bill mit dem Frühstück an der Reihe. Er hantierte wortlos mit Maisfladen und Eiern. Ich wollte ihm ein Kompliment machen, als er das Essen auftrug, aber er unterbrach mich schroff. »Gut. Ich komme mit.«

»*Was?*«

»Ich habe meinen Entschluss geändert.« Er sah seine Schwester an. »Oder mein Entschluss wurde geändert. Sara meint, ihr braucht noch jemanden für die Aquakulturen.«

»Und dafür hast du eine besondere Neigung«, sagte ich.

»Zumindest für das Abhacken der Fischköpfe.« Er setzte sich. »Es ist *die* Chance des Lebens – die Chance mehrerer Leben. Und ich werde noch nicht zu alt sein, wenn wir zurückkommen.«

»Danke«, sagte Marygay mit zitternder Stimme. Bill nickte. Und Sara lächelte.

elf ■

Die nächsten Monate waren anstrengend, aber auch interessant. Wir verbrachten zehn bis zwölf Stunden wöchentlich im COBAL – Computer zur beschleunigten Auswertung von Lebenssituationen – der Bibliothek, um in die Geheimnisse des Raumflugs einzudringen oder das vor langer Zeit Erlernte zu wiederholen. Marygay hatte das schon einmal hinter sich gebracht; jeder, der an Bord einer Zeitfähre ging, musste mit den Grundlagen der Schiffstechnik vertraut sein.

Erwartungsgemäß war in den Jahrhunderten seit meinem letzten praktischen Training einiges einfacher geworden. Eigentlich genügte unter Normalbedingungen mittlerweile eine einzige Person, um das gesamte Schiff unter Kontrolle zu halten.

Wir trainierten aber auch Spezialgebiete. Ich sollte im Notfall als Shuttle-Pilot einspringen und mich außerdem um die Tiefschlaf-Tanks kümmern. Kein Wunder, dass ich mich noch mehr als sonst nach dem Sommer sehnte.

Der Vorwinter war vorbei und der Mittwinter näherte sich seinem Tiefpunkt, ehe die Antwort von der Erde eintraf.

Manche Leute lieben den Mittwinter wegen seiner kargen Schlichtheit. Es schneit selten. Die ferne Sonne zieht ihre ewig gleiche Bahn über den Himmel. Nachts sinkt die Temperatur auf dreißig bis vierzig Grad unter Null, gegen Ende der Frostperiode sogar auf fünfundsechzig.

Die Leute, die den Mittwinter lieben, sind keine Fischer. Wenn der See fest zugefroren ist, gehe ich hinaus und schmelze mithilfe von erhitzten Hohlzylindern sechsundneunzig Löcher in die Eisdecke.

Jeder Zylinder ist einen Meter lang, aus dickem Aluminium und innen mit einer Heizwendel versehen. Eine Verbreiterung am oberen, mit einer Isolationsschicht versehenen Rand verhindert ein Absinken. Ich verteile ein Dutzend der Dinger gleichmäßig für die Angeln, schalte die Heizung ein und warte. Nach zwei Stunden haben sie das Eis durchgeschmolzen, und ich nehme den Saft weg. Eine weitere Stunde Warten und dann beginnt der Spaß.

Natürlich ist mittlerweile das Wasser im Innern wieder gefroren und das Äußere des Zylinders fest mit der Eisdecke verbunden. Ich bearbeite den oberen Rand mit Vorschlaghammer und Brecheisen, bis ich ein Knirschen und Schmatzen höre, packe dann den Flansch und hieve den dreißig Kilogramm schweren Eisklotz nach oben. Dann schalte ich die Heizung voll ein, gehe ein paar Meter weiter und wiederhole die ganze Prozedur mit dem nächsten Zylinder.

Wenn ich das Dutzend geschafft habe, ist der erste Zylinder so weit erwärmt, dass ich ihn von dem Eisblock abstreifen kann, den er umhüllt. Dann hacke ich mit dem Brecheisen das inzwischen wieder zugefrorene Eisloch auf, senke den Aluzylinder erneut ab, schalte die Energie auf Minimum, verschließe ihn und gehe zum nächsten weiter.

Der Grund für dieses komplizierte Ritual ist eine Kombination aus Thermodynamik und Fischpsychologie. Ich muss das Wasser in dem Loch auf exakt null Grad halten, da die Fische andernfalls nicht anbeißen. Aber wenn man nicht mit flüssigem – also ganz geschmolzenem – Wasser beginnt, bildet sich rasch ein Eiskern, der im Zylinder herumschwappt. Dann gehen die Fische zwar an die Angel, bleiben aber im See, wenn ich sie nach oben holen will.

Bill und Sara übernahmen an einem Tag die Hälfte der Löcher, Marygay und ich am Tag darauf die zweite Hälfte. Als wir am Spätnachmittag vom See heimkamen, empfing uns ein herrlicher Duft. Sara briet ein Hähnchen auf den Drehspieß über dem Feuer und hatte aus Apfelwein, Gewürzen und süßem Rotwein einen heißen Punsch gebraut.

Sie war nicht in der Küche. Marygay und ich schenkten uns jeder einen Becher aus dem Kessel ein und gingen hinüber ins Wohnzimmer.

Unsere Kinder saßen stumm einem Menschen gegenüber. Ich erkannte ihn an seiner hünenhaften Gestalt und der Narbe. »Hallo, Sheriff!«

»Der Große Baum hat abgelehnt«, erklärte er ohne jede Vorrede.

Ich ließ mich auf die Couch fallen und verschwappte dabei etwas Punsch. Marygay nahm auf der Armlehne Platz. »Einfach so?«, fragte sie. »Nur abgelehnt und nichts weiter?«

Meine Gedanken drehten sich im Kreis und aus dem Strudel tauchte ein Satz auf: »Sprach der Rabe: ›Nimmermehr!‹«*

»Hier sind die Einzelheiten.« Er holte ein vier bis fünf Seiten starkes Dokument hervor und entfaltete es auf den Kaffeetisch.

»Im Wesentlichen dankt man euch für eure Arbeit und überweist an jeden der einhundertfünfzig Freiwilligen einen Betrag, der dem hundertfünfzigsten Teil des Schiffswertes entspricht.«

»Natürlich in terranischer Währung«, warf ich ein.

---

* Zitat aus dem berühmten Gedicht »The Raven« von Edgar A. Poe, das unter dem Titel »Der Rabe« in einer Reihe von deutschen Übersetzungen vorliegt. – *Anm. d. Übers.*

»Ja ... plus einer Reise auf die Erde, damit ihr das Geld auch ausgeben könnt. Es *ist* ein beträchtliches Vermögen, mit dem ihr euer Leben angenehmer und interessanter gestalten könntet.«

»Ihr lasst alle hundertfünfzig Teilnehmer an Bord gehen?«

»Nein.« Der Sheriff lächelte. »Ihr könntet ein anderes Ziel als die Erde ansteuern.«

»Wie viele und wer von uns?«

»Siebzehn. Die Auswahl bleibt euch überlassen. Zur Sicherheit werdet ihr den Flug im Tiefschlaf verbringen.«

»Während der Mensch sich um die Navigation und Lebenserhaltungssysteme kümmert. Wie viele von euch?«

»Das wurde mir nicht mitgeteilt. Wie viele wären denn vonnöten?«

»Mindestens zwanzig, wenn zehn davon etwas von Landwirtschaft verstehen.« Wir hatten bei unseren Vorbereitungen nicht an eine Minimal-Mannschaft gedacht. »Habt ihr Agrarexperten?«

»Nicht dass ich wüsste. Allerdings lernen wir schnell.«

»Das bezweifle ich nicht.« Kaum die Reaktion eines Farmers.

»Habt ihr dem Sheriff ein Glas Punsch angeboten?«, fragte Marygay.

»Ich kann nicht bleiben«, wehrte er ab. »Ich wollte euch nur Bescheid geben, bevor die Neuigkeit veröffentlicht wird.«

»Das war nett«, sagte ich. »Vielen Dank.«

Er erhob sich und begann sich in warme Sachen zu wickeln. »Immerhin seid ihr die Hauptbetroffenen.« Er schüttelte den Kopf. »Ich war überrascht. Ich dachte wie alle anderen hier, das Projekt brächte nur Gewinn und hätte so gut wie keine Nachteile.« Er deutete auf das Dokument. »Die Entscheidung lag allerdings nicht nur beim Großen Baum. Sehr merkwürdig, das Ganze.«

Ich begleitete ihn ins Freie. Wir hatten in den hüfthohen Schnee einen schmalen Gang gegraben, der bis zur Straße führte. Die Sonne senkte sich und die Luft raubte mir im Nu jegliche Körperwärme. Zwei Atemzüge, und mein Schnurrbart war zu einer starren Bürste gefroren.

Nur noch zwei Jahre bis zum Frühling. Erdenjahre.

Marygay hatte das Dokument fast fertig gelesen, als ich zurückkam. Sie kämpfte mit den Tränen. »Was steht drin?«

Ohne von der letzten Seite aufzuschauen, reichte sie mir die übrigen drei Blätter. »Die Taurier. Es sind diese gottverdammten Taurier.«

Auf den ersten zwei Seiten ging es wie erwartet um wirtschaftliche Erwägungen, die jedoch, wie sie mit pedantischer Fairness anmerkten, allein nicht ausreichten, um uns die Zeitfähre vorzuenthalten.

Als sie jedoch ihr Gruppen-Bewusstsein mit dem Gruppen-Bewusstsein der Taurier koppelten, lehnten diese kategorisch ab. Es sei zu gefährlich – nicht für uns, sondern für sie.

Und sie konnten ihre Haltung nicht begründen.

»Sie sagten nur: ›Es gibt Wissen, das nie für die Menschheit bestimmt war.‹« Ich sah die Kinder an. »Diese Doktrin stammt aus einer Zeit, als sie mit ›Menschheit‹ noch uns meinten.«

»Darauf läuft es hinaus«, stellte Marygay fest. »Keinerlei logische Erklärung.« Sie tastete mit den Fingerspitzen den unteren Teil der letzten Seite ab. »Hier steht noch etwas in Taurisch.« Sie benutzten für offizielle Dokumente eine Art Braille-Schrift. »Könnt ihr das lesen?«

»Nur einfache Begriffe«, sagte Sara. Sie fuhr mit

einem Finger die Zeilen entlang. »Nein. Ich nehme das Blatt mit in die Schule und scanne es nach dem Unterricht in der Bibliothek.«

»Danke«, sagte ich. »Das wird alle offenen Fragen klären.«

»Ach, Dad. Manchmal sind sie gar nicht so abartig, wie du immer tust.« Sie erhob sich. »Ich schaue mal nach dem Hähnchen. Es müsste fast fertig sein.«

Es war ein Festessen. Sie hatte Kartoffeln und Karotten mit Knoblauchbutter und Kräutern in Folie gewickelt und in der Glut gebacken.

Die Kinder unterhielten sich angeregt. Marygay und ich blieben ziemlich einsilbig. Nach dem Abendessen hockten wir zwei Stunden vor dem Würfel. Eine Eisrevue. Ich wärmte den Punsch noch einmal auf.

Als wir uns droben bettfertig machten, begann sie endlich zu weinen. Stumm wischte sie sich die Tränen von den Wangen.

»Darauf war ich einfach zu wenig gefasst. An die Taurier hatte ich nicht gedacht. Der Mensch reagiert im Allgemeinen mit Vernunft und Logik.«

Wir krochen unter Laken, Decke und Federbett und rückten der Kälte wegen eng zusammen. »Noch zwanzig Monate in dieser Eishölle«, murmelte sie.

»Nicht für uns«, erklärte ich.

»Wie meinst du das?«

»Zum Henker mit den Tauriern und ihrer Geheimniskrämerei! Wir kehren ganz einfach zu Plan A zurück.«

»Plan A?«

»Wir entführen die Kiste.«

*

Sara brachte mittags die Übersetzung der Taurier-Zeilen heim. »Die Bibliothekarin erklärte mir, es handle sich um eine rituelle Formel, vergleichbar mit dem Ende eines Gebets: ›Im Innern des Fremden unbekannt; im Innern des Unbekannten unbegreiflich.‹ Sie meinte aber, das sei nur eine Annäherung. Es gäbe in unserer Sprache keine exakte Übersetzung für die Begriffe.«

Ich suchte einen Stift, ließ sie die Worte langsam wiederholen und malte sie in Blockschrift auf die Rückseite des Dokuments. Sara ging in die Küche und begann ein Sandwich herzurichten. »Wow! Was machst du denn da?«

»Bis vier Uhr liegt nichts Besonderes an. Deshalb nahm ich mir vor, alles gleichzeitig zu erledigen.« Aus einem dunklen Impuls heraus hatte ich sämtliche Feld- und Fischereigeräte, die so etwas wie eine Schneide oder Spitze besaßen, nach drinnen gebracht, um sie zu säubern und zu schärfen. Sie türmten sich in blitzenden Stapeln auf dem Esstisch. »Ich schiebe das vor mir her, seit es im Schuppen zu kalt für solche Arbeiten ist.«

Ich hatte nicht damit gerechnet, dass jemand so früh heimkommen würde. Aber Sara ging nur mit einem Kopfnicken an dem Stapel vorbei. Da sie täglich mit den Geräten in Berührung kam, kam ihr gar nicht in den Sinn, sie als Waffen zu betrachten.

Wir verbrachten unsere Mittagspause lesend und in friedlichem Schweigen, umgeben von Äxten und Landungshaken.

Als sie mit ihrem Sandwich fertig war, schaute sie mich ruhig an. »Dad, ich möchte mitkommen.«

»Wohin?«, fragte ich verwirrt.

»Auf die Erde. Du bist doch sicher einer der siebzehn, oder?«

»Deine Mutter und ich, ja. Das stand in dem Schreiben. Sie erwähnten allerdings nicht, welche Kriterien die restlichen fünfzehn erfüllen müssen.«

»Vielleicht lassen sie dich die Auswahl treffen.«

»Vielleicht. In diesem Fall stehst du ganz oben auf meiner Liste.«

»Danke, Dad.« Sie küsste mich auf die Wange, packte eilig ihre Sachen zusammen und machte sich wieder auf den Weg zur Schule.

Ich grübelte, ob ich auch zwischen ihren Worten das Richtige herausgehört hatte – oder ob sie irgendwie Bescheid wusste. Väter und Töchter liegen nur selten auf einer Frequenz, wenn es nicht gerade um Fremdweltler-Sprachen oder heimliche Verschwörungen geht.

Marygay und mich hatten sie ganz klar deshalb ausgewählt, weil wir die einzigen Überlebenden aus der Zeit vor dem Ausbruch des Ewigen Krieges waren und uns noch gut an sie erinnern konnten. Man würde unsere Eindrücke mit Interesse beobachten. Die übrigen fünfzehn Plätze losten sie vermutlich unter den übrigen Bewerbern für die Reise aus – aller Voraussicht nach etwa die Hälfte der Planetenbewohner.

Natürlich würde diese Reise nie stattfinden. Das Schiff würde nach oben stechen und ins Nichts beschleunigen. Mit Sara an Bord, wie ursprünglich geplant.

Ich breitete den überarbeiteten Plan aus, den sie noch einmal sauber abgeschrieben hatte, und beschwerte die vier Ecken mit Salz- und Pfefferstreuer sowie zwei gefährlich scharfen Messern.

Es war entmutigend. Tausend Dinge, die zum Raumhafen gebracht und an Bord des Sternenschiffes verladen werden mussten. Diesen Teil der Aktion würden sie nun streichen, da sich die Mühe für die kurze Reise auf die Erde und zurück nicht lohnte. Also blieb uns wohl keine andere Wahl, als die *Time Warp* möglichst bald zu kapern und die Lage irgendwie so lange unter Kontrolle zu halten, bis die Fähren einige Dutzend

Flüge hinter sich gebracht hatten. Doch allein für die Passagiere benötigten wir zehn Starts.

Das erforderte mehr als einen Angriff mit Sensen und Hackbeilen. Wir mussten dafür sorgen, dass wir eine echte Bedrohung darstellten. Aber es gab nicht viele gefährliche Waffen auf Mittelfinger, und die befanden sich alle in den Händen von Amtspersonen wie dem Sheriff.

Ich sammelte die Geräte ein, um sie nach draußen zu bringen. Eine Waffe sieht nicht immer wie eine Waffe aus. Was hatten wir in der Hand? Gab es *irgendetwas*, womit wir sie zehn bis vierzehn Tage lang in Schach halten konnten, während die Fähren das Sternenschiff beluden?

Vielleicht, durchzuckte es mich plötzlich. Auch wenn die Sache ein wenig an Wahnsinn grenzte.

■ zwölf

Das Vorhaben erforderte genaue Planung und Koordination – und wurde durch eine unerwartete Hilfestellung unserer Gegner erleichtert: Die siebzehn Leute, die zur Erde fliegen sollten, waren mehr oder weniger die Anführer der ursprünglichen Verschwörung und kamen alle aus Paxton. Ob sie uns die *Rückkehr* von der Erde gestatten würden, war eine andere Frage. Eine akademische Frage.

Wir hatten nur zwölf Tage Zeit vor dem vermeintlichen Abflug zur Erde. Kopien des Dokuments vom Großen Baum waren an sämtliche Beteiligten geschickt worden. Wir hatten uns gegenseitig bemitleidet und beratschlagt, wie wir durch Verhandlungen mit Mensch und Taurier auf der Erde doch noch an die Zustimmung für unsere lange Reise kommen könnten.

Während wir uns per Würfel unterhielten, tippte ich in einer beiläufigen Geste mit dem Mittelfinger an den Wangenknochen, ein Telefon-Code, der besagte: »Vorsicht! Wir werden vermutlich abgehört!« Die meisten Gesprächsteilnehmer erwiderten die Handbewegung.

Wir verloren kein Wort über die Verschwörung und ließen auch die elektronischen Medien aus dem Spiel. Ich verteilte Zettel mit knappen, aber möglichst genauen Beschreibungen der jeweiligen Aufgaben, die sich die Leute einprägen sollten, um dann die Zettel zu vernichten. Selbst Marygay und ich sprachen nie über den Plan, nicht einmal dann, wenn wir allein draußen an den Eislöchern waren.

Wir siebzehn Auserwählten kamen oft zusammen,

redeten über die Erde und tauschten heimlich Notizen aus über die Flucht. Der allgemeine Tenor war, dass es wahrscheinlich nicht klappen würde, aber wir hatten nicht genügend Zeit, um einen besseren Plan auszuklügeln.

Mir tat nur Leid, dass ich Sara nicht einweihen konnte. Sie war untröstlich darüber, dass man sie um die Chance gebracht hatte, die Erde zu besuchen – um die Chance, wenigstens einmal im Leben Mittelfinger zu verlassen.

Ich gab mir Mühe, düster dreinzublicken. »Tu etwas, selbst wenn es das Falsche ist!«, hatte mir meine Mutter immer eingetrichtert. Nun taten wir endlich etwas.

Mittelfinger hatte kein Militär, sondern nur eine minimal bewaffnete Polizeitruppe, die für Recht und Ordnung sorgen sollte. Auch Jagdwaffen waren auf dem Planeten rar – für Ausflüge in die Wildnis gab es kaum etwas Bedrohlicheres als Angelschnur und Haken.

Aber im Historischen Museum von Centrus befand sich ein Ausstellungsstück, das potenziell gefährlicher war als jedes Schießeisen, das den Sheriffs zur Verfügung stand – ein aus dem Ewigen Krieg übrig gebliebener Kampfanzug.

Obwohl man seine Atombomben und konventionellen Sprengkörper entfernt und seinen Laserfinger deaktiviert hatte, stellte er mit seinen elektronischen Kraftverstärkern und seinen Panzerplatten eine tödliche Waffe dar. (Wir wussten, dass die Elektronik intakt war, da der Mensch den Anzug gelegentlich für Bau- und Abbrucharbeiten einsetzte.) Ein Mann oder eine Frau im Innern dieses Anzugs wurde in der Welt der Legenden zu einem Halbgott – oder, in meiner Generation, zu einem Superman. Der mit einem einzigen Sprung ein Hausdach erklimmen, mit einem einzigen Hieb einen Menschen töten konnte.

Ein kalter Anzug ließ sich praktisch mit jeder Stromquelle starten. Kurz an einen Gleiter angeschlossen, und er hatte genug Saft, um ein mittleres Gemetzel anzurichten – oder um bis zu zwei Stunden nach einer besseren Energieversorgung zu suchen.

Wir konnten nicht davon ausgehen, dass der Anzug startklar war und nur darauf wartete, von uns entführt zu werden – obwohl Charlie das durchaus für wahrscheinlich hielt, aus dem gleichen Grund, aus dem es in Centrus kein Militär gab, das uns auf die Finger klopfen konnte. Selbst wenn wir den Menschen bekämpften und siegten, was gewannen wir dabei aus seiner Sicht? Er betrachtete sich als unser Mentor und Partner auf dem Weg zur wahren Zivilisation. Deshalb hielt er es nicht für nötig, Vorsichtsmaßnahmen gegen eine sinnlose, vergebliche Aktion zu treffen.

Wir sollten eines anderen belehrt werden.

Max Weston war als Einziger aus unserer Gruppe groß und kräftig genug, um den Sheriff zu überwältigen und ihm seine Waffen abzunehmen. Die Waffen brauchten wir, um das Museum anzugreifen. Natürlich durften wir sie erst in letzter Minute vor unserem Aufbruch nach Centrus an uns bringen. Wir konnten den Sheriff entweder in seine eigene Zelle sperren oder als Geisel nehmen. (Ich hatte mich strikt dagegen ausgesprochen, ihn oder sonst jemanden zu töten, wenn es sich irgendwie vermeiden ließ. Max pflichtete mir bei, eine Spur zu bereitwillig, wie ich fand.)

Unser Zeitplan wurde vom Menschen festgelegt. Ein Express-Gleiter sollte uns am 10. Kopernikus gegen Mittag abholen und eine Stunde später in Centrus absetzen. Nach einer letzten Lagebesprechung am Nachmittag würde man uns für den Tiefschlaf vorbereiten und zusammen mit dem Gepäck zur *Time Warp* hinaufbringen.

Max äußerte den Verdacht – den ich und vermutlich

noch mehr Leute ebenfalls in Erwägung gezogen hatten –, dass sie vielleicht gar nicht beabsichtigten, uns in den Tiefschlaf zu schicken. Sie konnten uns eine Spritze verpassen, die uns für immer außer Gefecht setzte. Danach war es sicher ein Leichtes, die *Time Warp* auf die Reise zu schicken und ohne uns zurückkehren zu lassen, mit irgendeiner traurigen Story – dass wir beispielsweise an einer seltenen Erdenkrankheit gestorben seien, gegen die wir keine Immunität besaßen –, und von da an würde MF eben irgendwie ohne siebzehn Quertreiber auskommen müssen.

Es klang nach Paranoia. Ich bezweifelte, dass der neue Mensch in uns eine Bedrohung sah, die er unbedingt beseitigen musste; sollte ich mich jedoch in diesem Punkt täuschen, dann gab es weniger umständliche Methoden, uns aus dem Weg zu räumen. Andererseits hatte der Mensch schon des Öfteren seinen Hang zu umständlichen und etwas abartigen Methoden bewiesen. Das kam sicher davon, dass er ständig mit diesen Tauriern herumhing.

Unser Timing musste haargenau stimmen – und eine Menge Zahnräder mussten ineinander greifen. Die Waffen des Sheriffs benötigten wir, um uns den Kampfanzug zu beschaffen; den Kampfanzug benötigten wir, um uns die Raumfähre zu beschaffen; und die Raumfähre benötigten wir, um an unser eigentliches Ziel zu gelangen.

Wenn nur ein Glied dieser Kette versagte, war unser Plan zum Scheitern verurteilt. Es reichte, dass die Waffen auf den Sheriff persönlich programmiert waren – diese Technik hatte man bereits vor gut einem Jahrtausend beherrscht – oder dass sich der Kampfanzug nicht anwerfen ließ. Vielleicht besaßen die Fähre oder die *Time Warp* auch eine Startsperre, die man nur vom Boden aus lösen konnte. In unserem COBAL-Pilotentraining – ich sollte die Fähre und Marygay das Sternenschiff steuern – war davon zwar nie die Rede gewesen. Es konnte allerdings durchaus sein, dass man uns während der Ausbildung an den beiden autonomen Systemen einige Details vorenthalten hatte.

Wir hatten vereinbart, nicht alle gleichzeitig am Rathaus zu erscheinen. Wie sich herausstellte, hätte es auch nichts ausgemacht, wenn wir als Gruppe gekommen wäre, da uns der Gleiter direkt vor der Tür des Sheriffs aufnahm – was unserem Vorhaben sehr entgegenkam. Aber der Aktionsplan sah vor, dass Marygay und ich vor den anderen eintreffen, den Sheriff ablenken und Max helfen sollten, falls er nicht allein zurechtkam.

Bill und Sara brachten uns um elf Uhr mit unserem Handgepäck – Waschzeug, etwas Wäsche und Kleidung zum Wechseln und zwei lange Messer – in die Stadt. Wir hatten ihnen nichts verraten. Bill war gut gelaunt und fuhr sicher durch die eisglatten Straßen. Sara dagegen schien mit den Tränen zu kämpfen. Sie wäre wirklich gern mitgekommen, und vielleicht hatten wir uns nicht energisch genug dafür eingesetzt, ihr einen Platz unter den siebzehn Teilnehmern zu beschaffen.

»Wir sollten ihnen reinen Wein einschenken«, meinte Marygay, als wir vor der Polizeistation anhielten.

Sara warf uns einen fragenden Blick zu.

»Dir entgeht kein Ausflug auf die Erde«, sagte ich. »Wir haben unseren ursprünglichen Plan wieder aufgegriffen.«

»Davon weiß ich gar nichts«, sagte Bill langsam. »Sie haben es mit keinem Wort erwähnt.«

»Sie haben noch keine Ahnung. Der Sheriff wird es als Erster erfahren.«

Bill zog die Handbremse an und drehte sich auf dem Fahrersitz um. »Ihr wollt euch das Schiff gewaltsam aneignen?«

»In gewisser Weise – ja«, entgegnete Marygay. »Wenn alles glatt geht, wird es keine Verletzten geben.«

»Soll ich euch helfen? Ich bin stärker als ihr.«

»Jetzt nicht.« Aber ich freute mich über sein Angebot. »Bis wir in Centrus sind, muss es so aussehen, als liefe alles nach *ihrem* Plan.«

»Tut einfach so, als wüsstet ihr von nichts, Kinder. Und achtet auf die Nachrichten, ja?«

»Ihr macht doch keinen ...« Sara schluckte. »Ihr geht doch kein ... Risiko ein, oder?«

»Wir werden aufpassen«, versprach Marygay. Wahrscheinlich hatte Sara sagen wollen: *Ihr macht doch keinen Quatsch?* Über diese Phase waren wir jedoch längst hinaus.

Ich umarmte beide und öffnete die Tür. Marygay küsste sie und hielt Bill besonders lange fest. »Bis bald.«

»Viel Glück«, sagte Bill eindringlich. Sara biss sich auf die Unterlippe und nickte stumm. Ich schloss die Tür hinter Marygay und sie brausten davon.

»So, jetzt wird es ernst«, sagte ich unnötigerweise. Wir erklommen vorsichtig die vereisten Stufen und stießen die Doppeltür auf.

Der Sheriff war nicht in seinem Büro; er räumte gerade den Empfangsraum auf. »Ihr seid früh dran«, meinte er nach einem Blick auf seine Uhr.

»Bill hat uns auf dem Weg zum Unterricht abgesetzt«, erklärte Marygay.

Er nickte. »Im Büro ist Tee.«

Marygay begab sich auf die Suche nach dem Tee, und ich ging den Korridor entlang zur Toilette, hauptsächlich, um einen Blick auf die Zellen zu werfen. Beide standen offen und konnten von außen mit einem einfachen mechanischen Riegel verschlossen werden. Es war vielleicht gut, wenn wir die Tastatur nach draußen brachten, ehe wir ihn einsperrten. Bei mir hatte sie nicht funktioniert, aber vielleicht besaß er das richtige Passwort.

Ich ging zu Marygay ins Büro. Sie warf einen Blick auf den leeren Haken hinter dem Schreibtisch des Sheriffs. Wahrscheinlich trug er die Pistole unter seiner Weste, wie in jener Nacht, als er gekommen war, um uns zu verhaften.

Die Tür ging auf, und wir hörten, wie er Max begrüßte. Ich betrat den Empfangsraum und sah, wie sie einander die Hand gaben. Max wusste von dem versteckten Halfter.

Mein Schachzug war reichlich plump, und im Nachhinein denke ich, dass er wohl kaum geklappt hätte, wenn der Sheriff auf der Hut gewesen wäre. Ich tat, als stolperte ich über den Teppich, ließ den Becher mit dem Tee fallen und stieß einen lauten Fluch aus: »Verdammte Scheiße!«

Als sich der Sheriff umdrehte, schlang ihm Max einen Arm um den Hals und drehte ihm mit der freien Hand die Rechte auf den Rücken. Der Sheriff versuchte nach hinten auszukeilen, aber das hatte Max vorhergesehen, und er blockte den Tritt ab. Inzwischen hatte ich das Halfter ertastet und die Pistole an mich gebracht.

»Erwürg ihn nicht, Max!« Max lockerte seine Umklammerung so weit, dass der Sheriff Luft bekam, während er ihn gleichzeitig in die Knie zwang.

Der Sheriff hustete zweimal. »Was soll das?«

»Dreimal dürfen Sie raten«, meinte Max. »Oder befragen Sie Ihr Gruppen-Bewusstsein!«

Marygay kam mit einer großen Rolle Klebeband aus dem Büro. »In die Zelle! William ... richte die Pistole auf *ihn!*«

Ich hielt das Ding mit der Mündung nach unten schlaff in der Hand. Hätte je losgehen können. Nun schwenkte ich es eine Spur höher. »Hast du ihn fest im Griff, Max?«

Er leistete keinen Widerstand. »Ihr bringt euch nur in Schwierigkeiten – was immer ihr vorhabt!«

»Mag sein«, entgegnete ich. »Aber wenn wir zurückkommen, wird das verjährt sein.«

Max hatte ihn in die erste Zelle geführt und auf den Stuhl gedrückt. »Was? Ihr glaubt doch nicht im Ernst ... dass ihr das Sternenschiff kapern könnt?«

»Diese Jungs sind fix«, sagte Max, während Marygay den Sheriff mit Klebeband an den Stuhl fesselte.

»Wir haben nichts gegen Sie oder irgendjemanden in Centrus, Sheriff«, erklärte ich. »Wir möchten nur unseren ursprünglichen Plan durchführen – den Sie gebilligt hatten.«

Er gewann allmählich seine Fassung zurück. »Das war doch nur vorläufig. Ehe der Große Baum seinen Beschluss fasste.«

»Sie können das halten, wie Sie wollen«, sagte Marygay. »Wir lassen uns keine Befehle von der Erde erteilen.«

»Von *Tauriern* auf der Erde«, ergänzte Max.

»Aber das ist nicht machbar«, sagte der Sheriff. In seiner Stimme schwang eine Spur von Verzweiflung mit. »Ihr drei ...«

»Siebzehn«, korrigierte ich.

»Und wenn schon. Auch siebzehn Leute schaffen es nicht, ein Sternenschiff zu stehlen und ins All zu steuern.«

»Wir haben einen Plan. Lehnen Sie sich gemütlich zurück und verfolgen Sie alles mit!«

Ein paar Leute waren hereingekommen und versammelten sich an der Zellentür. »Ihr scheint keine Hilfe zu benötigen«, stellte Jynn fest.

»Seht euch um, ob ihr noch mehr Waffen findet«, sagte Max.

»Es sind keine da«, erklärte der Sheriff und deutete mit dem Kinn auf mich. »Nur die Pistole hier. Für Notfälle.«

»Wie diesen.« Max streckte die Hand aus und ich gab ihm die Pistole. Er zielte auf den Monitor über der Tastatur und drückte ab. Die Explosion hallte laut durch den kleinen Raum. Ich legte schützend eine Hand vor die Augen und sah deshalb nicht, was passierte, aber das Resultat war beeindruckend. Mehr Loch als Bildschirm.

»Was war denn das, verdammt noch mal?«, rief jemand.

»Ein Test.« Er gab mir die Waffe zurück. »Funktioniert.«

»Ihr glaubt doch nicht im Ernst, dass ihr ein Sternenschiff mit einer alten Pistole kapern könnt!«

»Eigentlich müssen wir nur eine Fähre kapern«, sagte Marygay.

Cat erschien im Eingang. Sie tauschte einen Blick mit Marygay und nickte kurz. »Wir haben ein paar von den Sachen gefunden, die sie bei Demos und Krawallen verwenden. Gasgranaten und Fußangeln.«

»Vermutlich das gleiche Zeug, das sie in Centrus gegen uns einsetzen werden. Kann nicht schaden, wenn wir uns ebenfalls damit eindecken.«

»Die Gasmaske wäre nützlicher«, meinte der Sheriff.

»Was?«

»Die Gasmaske. Sie liegt in der rechten oberen Schreibtischschublade.« Er zuckte die Achseln. »Ein wenig Kooperation wird mich nicht umbringen.«

»Das war die Schublade, die sich nicht öffnen ließ«, sagte Cat. »Durch Daumenabdruck gesichert?«

Er nickte. »Weil sich die Munition ebenfalls dort befindet.« Er wackelte mit dem Daumen. »Ihr könntet den Schreibtisch in die Zelle rollen. Oder meine Fesseln lösen.«

»Es ist eine Falle«, erklärte Max. »Wahrscheinlich sendet sie ein Signal aus.«

»Die Entscheidung liegt bei euch«, sagte der Mensch.

»Welchen Grund hätten Sie, uns zu helfen?«, erkundigte sich Marygay.

»Zum einen stehe ich auf eurer Seite. Ich kenne euch seit meiner Kindheit. Und weiß, wie viel euch dieses Unternehmen bedeutet.« Er sah Max an. »Außerdem haben Sie die Pistole. Zumindest einer von euch hätte keine Skrupel, sie zu benutzen.«

Max zog ein großes Taschenmesser hervor und ließ die Klinge aufschnappen. »Ich könnte Ihnen auch den Daumen abhacken.« Er zerschnitt das Klebeband. »Bewegen Sie sich ganz langsam!«

In der Schublade befanden sich neben der Munition und der Gasmaske auch Handschellen und Fußfesseln. Wir legten sie dem Sheriff an.

»Der Gleiter ist da«, verkündete Po vom Eingang her.

»Mit Fahrer?«, rief ihm Marygay zu. Er verneinte und fügte hinzu, das Autopilot-Signal sei eingeschaltet. »Dann nehmen wir Sie mit, Sheriff. Als Geisel.«

»Wenn ihr mich gefesselt in der Zelle zurücklasst, kann ich euch nicht behindern. Das wäre mir lieber so.«

Max packte ihn am Arm. »Uns wäre es aber lieber, wenn Sie mitkämen.«

»Einen Augenblick«, unterbrach ich. »Sie glauben, dass man uns töten wird?«

»Sobald man sieht, dass Sie bewaffnet sind, ja. Eine Geiselnahme ändert nichts daran.«

»Ein Grund mehr, weshalb wir euch so schätzen«, sagte Marygay. »Eure fürsorgliche Haltung ...«

»Der Mensch würde diesen Entschluss nicht allein treffen«, erklärte er. »Nicht in Centrus. Und ein Taurier könnte einfach nicht begreifen, weshalb man auf ein Einzelwesen Rücksicht nehmen sollte.«

»Taurier haben in polizeilichen Entscheidungen ein Mitspracherecht?«

»Das nicht. Aber es wäre keine polizeiliche Entscheidung. Beim Sternenschiff geht es um die Belange des Weltraums, und der Weltraum ist mit eine Domäne der Taurier.«

»Um so mehr Grund, eine Geisel zu nehmen«, sagte Max.

»Wer achtet nun das Leben geringer?«, fragte der Sheriff. »Wir oder ihr?«

»Nicht das Leben, sondern *Ihr* Leben«, erklärte Max, während er ihn in Richtung Tür schubste.

»Halt«, sagte ich. »Habe ich das richtig verstanden? Solange der Mensch nicht weiß, was wir wirklich vorhaben, sind keine Taurier an dem Unternehmen beteiligt?«

»Nur ihr und der Mensch«, bestätigte er. »Aber es wird nicht lange dauern, bis Klarheit über eure Absichten herrscht und die Taurier verständigt sind.«

»Hmm.« Ich deutete zur Tür. »Bringt ihn nach draußen und sperrt ihn ein! Wir müssen uns noch einmal beraten.«

Max war nach einer Minute zurück. »Vielleicht ist es an der Zeit, ein wenig zu pokern«, sagte ich. »Der Gleiter muss auf dem Weg zum Raumhafen die Hauptstraße entlang. Ich steige am Museum unauffällig aus, während ihr alle weiterfahrt. Für den Fall, dass jemand nachzählt, seid ihr mit dem Sheriff an Bord genau die erwarteten siebzehn Leute. Damit gewinnen wir Zeit.«

»Aber dann fehlt dir die Treibstoffzelle des Gleiters.« Wir hatten sie mit eingeplant, für den Fall, dass der Kampfanzug Starthilfe benötigte.

»Nein.« Max schüttelte energisch den Kopf. »Wir

nähern uns dem Raumhafen bis auf etwa einen Kilometer, schalten auf manuelle Bedienung um und halten an, etwa fünf bis sieben Minuten, nachdem wir William abgesetzt haben. Geben wir ihm eine oder zwei Minuten, falls nicht alles glatt geht. Dann wenden wir den Gleiter und holen ihn ab.«

»Verfolgt von Blaulicht und Sirene«, gab Marygay zu bedenken.

»Vielleicht – vielleicht auch nicht«, sagte ich. »Behaltet die Pistole, für alle Fälle, aber Himmel noch mal, es *gibt* hier keine Polizei wie auf der Erde.« Auf der Erde von heute vermutlich auch nicht mehr. »Nur ein paar unbewaffnete Verkehrshelfer.«

»Du willst die Pistole nicht?«, fragte Max.

»Nein – sieh mal! Diese Gasgranaten sind ein Gottesgeschenk. Wenn ich mit Tränengas, Schutzmaske und einem Brecheisen in das Museum eindringe, dauert es keine drei Minuten, bis ich mich im Innern des Kampfanzugs befinde. Wartet nur, ich komme euch auf der Straße zum Raumhafen entgegen!«

Marygay nickte. »Das könnte klappen. Und wenn nicht, hast du zumindest keine tödliche Waffe gegen den Wächter eingesetzt.«

Die Gasgranaten und die Maske konnte ich in den Aktenkoffer des Sheriffs stopfen. Schwieriger war die Sache mit dem Brecheisen. Ich schob es schließlich so in den Gürtel, dass der obere Teil von der Jacke verdeckt wurde und der Rest im Hosenbein steckte.

Wir begaben uns alle in den Gleiter, der sofort startete und bis in etwa hundert Meter Höhe aufstieg. Mittlerweile schneite es so stark, dass man den Boden nicht mehr sehen konnte. Wir hofften auf ähnliche Wetterverhältnisse in Centrus. Das würde die Verfolgung erschweren, uns aber nicht weiter behindern, solange kein Sturm aufkam. Die Fähre konnte bei Schnee gut starten, nicht aber bei starkem Wind.

Es war eine ungemütliche Stunde, nicht nur für den Sheriff. Das Schicksal aller, die sich an Bord befanden, hing vom Ausgang einer Kette unberechenbarer Ereignisse ab. Und niemand wollte darüber sprechen, weil der Sheriff mithören konnte.

Mich überkam eine sonderbare Ruhe, als die Maschine kurz vor der Stadtgrenze nach unten ging und in Bodenhöhe weiterglitt. Mein Vorhaben war sicher nicht ungefährlich, aber ein Klacks gegen meine einstigen Nahkampfeinsätze.

Ich wollte nicht darüber nachdenken, wie viele Jahre das nun zurücklag. Die Museumswärter waren hoffentlich friedliche Studenten aus der Stadt – Bücherwürmer, für die Gewalt ein Fremdwort darstellte. Oder Rentner. Wie dem auch sein mochte, sie alle würden eine Story erleben, die sie noch ihren Enkeln erzählen konnten. »Ich war dabei, als diese verrückten Veteranen das Sternenschiff entführten.« Oder vielleicht: »Eines Tages stürmte dieser wahnsinnige Typ herein und warf eine Tränengasgranate. Ich erschoss ihn.« Aber keiner von uns konnte sich entsinnen, dass die Museumswärter jemals Waffen getragen hätten. Das wäre uns bestimmt aufgefallen. Vielleicht trugen sie die Dinger ja unauffällig unter ihren Jacken. Vielleicht sollte ich mir aber auch den Kopf über andere Sachen zerbrechen.

Marygays Daumen schwebte über dem Umschalter, aber sie musste nicht eingreifen. Der Gleiter musste einen Straßenblock vor der Bibliothek wegen des Querverkehrs anhalten. Ich küsste sie und stieg rasch aus.

Die Flocken fielen langsam, dicht, gerade – immer noch gut für die Fähre und vielleicht auch für mich, da der Schnee die Polizei aufhalten würde, falls sie einen Notruf aus dem Museum bekam. Ich schlängelte mich durch das Gedränge. Die meisten Leute machten mir höflich Platz – vielleicht weil mir das Brecheisen im Innern des Hosenbeins bis unter das Knie gerutscht war und ich deswegen humpelte.

Mir kam der Gedanke, dass das Museum vielleicht geschlossen hatte. Ich hoffte es insgeheim sogar, denn in diesem Fall konnte ich in das Gebäude einbrechen. Und obwohl ich dabei zweifellos einen Alarm auslösen würde, hätte ich es anschließend nur mit der Polizei und nicht mit einer ganzen Meute von Besuchern zu tun.

Aber so viel Glück war wohl zu viel verlangt. Als ich mich dem Museum näherte, kam jemand mit einem großen zugedeckten Tablett rückwärts aus dem Haupteingang. Vermutlich Frühstück.

Ich zwängte mich durch die schwere Holztür, und mein erster Blick fiel, wie konnte es anders sein, auf einen Teller mit Kuchenstücken, balanciert von einem Menschen, weiblich und so um die zwanzig. Sie murmelte mit vollem Mund etwas in ihrer Sprache, vermutlich ein ›guten Morgen‹ und die Bitte, Mantel und Tasche an der Garderobe abzugeben.

Sie hatte das breite Kinn, das sie alle haben und das ein gutes Ziel bietet. Wenn sie sich vorbeugte, um einen Blick in die Tasche zu werfen, würde ich ihr einen Kinnhaken versetzen, der sie eine Minute von den Beinen holte und eine weitere von logischem Handeln abhielt.

Die Sache erübrigte sich. Sie fragte mich, was in der Tasche sei, und ich erwiderte in langsamem Englisch: »Das weiß ich nicht. Ich komme von Paxton und soll sie dem Menschen übergeben, der die Waffensammlung verwaltet.«

»Ach, das ist kein Mensch, sondern einer von euch. Jacob Kellman. Hat vor ein paar Minuten seinen Dienst angetreten. Wenn Sie wollen, können Sie ihm die Sachen selbst nach A4 bringen.« Das unscheinbare Gebäude hatte nur zwei Etagen mit je vier Räumen.

Die Tür von A4 hatte kein Schloss. Ich schob sie auf und sah, dass der Raum leer war. Rasch trat ich ein, machte die Tür hinter mir zu und zog das Brecheisen aus dem Gürtel. Dann rannte ich los, vorbei an all den weniger erfolgreichen Beispielen unserer Unmenschlichkeit gegenüber anderen Spezies, und direkt auf die Glasvitrine mit dem Kampfanzug zu. Zweimal weit mit dem Brecheisen ausgeholt, und die Glasfront zersplitterte.

Ich lief zurück zur Tür und erreichte sie im gleichen Moment, als sie sich öffnete. Kellman war ein Graubart, mindestens so alt wie ich und unbewaffnet. Ich nutzte meine lange Nahkampferfahrung, um ihn mit einem Stoß zu Boden zu werfen. Er schlitterte in den Korridor hinaus. Ich warf die Tür hinter ihm zu, klemmte das Brecheisen schräg zwischen Schwelle und Türstock und spurtete wieder zur Vitrine.

Der Kampfanzug war ein neueres Modell als das letzte, das ich benutzt hatte, aber ich hoffte, dass die Grundkonstruktion unverändert geblieben war. Ich fasste in die versteckte Klappe zwischen den Schultern, tastete nach dem Nothebel und zog ihn nach unten. Er funktionierte nur, wenn sich kein lebendiger Operator im Innern befand. Die beiden Hälften klappten wie eine Muschel auseinander und zerschmetterten eine weitere Glaswand. Das Keuchen der Hydraulik beruhigte mich; es bedeutete, dass die Energiezufuhr funktionierte.

Jemand brüllte laut und donnerte mit den Fäusten an die Tür. Ich zog einen Stiefel aus und schob mit dem von einer dicken Socke geschützten Fuß vorsichtig die Scherben zur Seite. Dann begann ich mich rasch auszuziehen. Ich hatte Jacke und Hose abgestreift und kämpfte gerade gegen die fest angenähten Hemdknöpfe, als ich von der Tür her ein rhythmisches Dröhnen hörte. Jemand, der kräftiger als Kellman war, warf sich offenbar mit der Schulter gegen die Holzfüllung. Ich holte beide Gasgranaten aus der Aktentasche, entsicherte sie und schleuderte sie quer durch den Raum. Sie detonierten und begannen den Saal in eine dunkle Wolke zu hüllen, während ich rückwärts in den Anzug stieg, in die Ärmel schlüpfte und beide Hände fest zusammenpresste, um das Ding zu aktivieren. Ich machte mir nicht die Mühe, die Absaugschläuche anzuschließen. Entweder ich konnte mich beherrschen oder ich musste mit den Folgen leben.

Eine kleine Ewigkeit lang passierte gar nichts. Der beißende Geruch kam näher. Dann schloss sich der Anzug mit einem beängstigenden Rucken.

Der Monitor und die Anzeigen leuchteten auf. Ich schielte nach unten links: Die Energie stand bei 0,05. Die Waffensysteme waren zappenduster, wie erwartet.

Ein Zwanzigstel der normalen Energie machte mich immer noch zum Goliath, zumindest vorübergehend. Der Geruch nach Maschinenöl hieß, dass die Luftversorgung funktionierte. Ich bückte mich, um meine Kleidung aufzuheben und fiel mit Gepolter auf die Nase.

Nun, es war lange her, seit ich in einem dieser Anzüge gesteckt hatte, und noch länger, seit ich ein Universalmodell benutzt hatte. Im Normalfall waren die Dinger unseren Körpermaßen angepasst worden.

Ich schaffte es gerade noch, auf die Beine zu kommen und meine Sachen – minus Stiefel – in einer Front-»Tasche« zu verstauen, bevor sie die Tür aufbrachen und heftig zu husten und zu niesen begannen. Eine Gestalt kam aus der Wolke gewankt, ein Mensch, weiblich, ähnlich muskelbepackt und uniformiert wie unser Sheriff. Sie hielt mit beiden Händen eine Pistole fest, die sie ungefähr in meine Richtung schwenkte, aber ihre Augen tränten wie verrückt, und ich nahm an, dass sie mich noch nicht entdeckt hatte.

Diese Leute gingen mich nichts an. Direkt hinter mir befand sich ein Notausgang. Ich drehte mich um, schwerfällig wie die Zombies in den Filmen des frühen 20. Jahrhunderts, und stapfte darauf zu. Der Mensch, weiblich, gab drei Schüsse ab. Einer durchlöcherte eine Vitrine mit Nuklearwaffen. Der zweite zerschmetterte eine Deckenlampe. Die dritte Kugel prallte von meinem Rücken ab; ich spürte natürlich nichts, aber ich hörte sie als Querschläger durch die Gegend pfeifen.

Sie wusste vermutlich, dass der Anzug extrem gefährlich war, obwohl man das Waffenarsenal entfernt hatte. Ich fragte mich, wie groß ihre Tapferkeit gewesen wäre, wenn ich mich umgedreht hätte, um sie zu attackieren. Aber für solche Spielchen war jetzt keine Zeit.

Ich stieß ganz leicht gegen die Tür des Notausgangs und riss sie damit aus den Angeln. Als ich ins Freie trat, musste ich den Kopf einziehen. Der Anzug war knapp zweieinhalb Meter hoch und deshalb für den Einsatz in Wohnbereichen nur bedingt geeignet.

Passanten flohen mit lautem Geschrei in alle Richtungen. Der Mensch oder sonst jemand schoss nach mir; es war keine besondere Kunst, auf einen mattschwarzen Riesen in einer Schneelandschaft zu zielen. Ich drehte an einer Wählscheibe. Das Schwarz verwandelte sich in Tarngrün und Wüstengelb; dann hatte ich endlich ein flimmerndes Weiß gefunden.

Ich marschierte, so schnell ich konnte, zur Hauptstraße, wobei ich zweimal im Schnee ausrutschte und um ein Haar gestürzt wäre. He, Mann, dachte ich, du hast in diesen Dingern auf gefrorenen Durchgangsplaneten bei ein paar Grad über dem absoluten Nullpunkt gearbeitet. Liegt allerdings schon eine Weile zurück.

Zumindest auf der Hauptstraße hatten sie Sand und

Salz gestreut, sodass ich schneller vom Fleck kam. Einige Verkehrsteilnehmer steuerten ihre Vehikel von Hand und machten unter lautem Gehupe eine Gasse frei, als ich auf der Mittelspur angedüst kam. Einige gerieten ins Schleudern, und ich stellte die Anzugfarbe wieder auf Grün um; das erhöhte ihre Reaktionszeit.

Allmählich wurde ich mit den Vor- und Nachteilen des plumpen Kameraden besser vertraut und konnte mein Tempo steigern. Ich war bei knapp fünfunddreißig Stundenkilometern angelangt, als mir kurz hinter der Stadtgrenze Marygays Bus entgegenkam.

Sie öffnete die Tür neben dem Fahrersitz und beugte sich weit nach draußen. »Brauchst du Energie?«, rief sie.

»Noch nicht.« Die Anzeige stand bei 0,004. »Bis zum Raumhafen schaffe ich es.«

Sie wendete unvermittelt und lenkte auf die Überholspur. Ein Lieferwagen, der per Autopilot unterwegs war, schlitterte in ein Schneefeld. Die Leute, die ihre Gleiter manuell bedienten, hielten am Straßenrand, offensichtlich gewarnt durch einen Funkspruch der Polizei; es war interessant zu beobachten, dass die Autopiloten den Aufruf langsamer befolgten.

Es sah so aus, als versuchten sie den Verkehr anzuhalten, um besser an mich heranzukommen. Ich rannte im Eiltempo hinter Marygays Bus her, verlor ihn in dem Flockenwirbel aber bald aus den Augen.

Was hatten sie gegen einen Kampfanzug aufzubieten? Ich sollte es früh genug herausfinden.

Grell blinkende Blaulichter durchzuckten das Schneetreiben, als ich mich dem Raumhafen näherte. Vor dem Eingang wartete unser Bus, blockiert von einem Gleiter der Sicherheitskräfte.

Zwei Beamte standen an der Fahrerseite und schrien auf Marygay ein. Sie hörte ihnen freundlich zu und zuckte mit keiner Wimper, als ich hinter ihnen vorbeiging. Ich hob ein Ende ihres Gleiters an und kippte ihn mühelos um. Er krachte mit Getöse in einen Abzugsgraben. Die Sicherheitsleute waren vernünftig genug, die Flucht zu ergreifen.

Leider hatte ich keinen Funkkontakt. Ich beugte mich zu Marygays Fenster herunter: »Stell den Bus neben dem Hauptgebäude ab! Ich muss meine Energievorräte aus der Brennstoffzelle nachladen.«

Sie nickte und fuhr los. Mein Saft war auf 0,001 gesunken. Die Anzeige begann rot zu blinken. Das wäre es – zweihundert Meter vom Ziel entfernt gestrandet! Nun, ich konnte den Anzug immer noch von Hand aufklappen. Und splitternackt durch den Schnee rennen.

Sobald ich mich in Bewegung setzte, begann der Anzug ein »Piep ... Piep« im Rhythmus zum Blinken der Ziffern auszusenden. Wahrscheinlich als Warnsignal für die Blinden. Die Anzugbeine begannen sich meinen Befehlen zu widersetzen. Es war, als watete ich durch Wasser und dann durch Schlamm.

Dennoch schaffte ich es, den Gleiterbus zu erreichen. Die Leute luden gerade ihr Gepäck aus. Max stand mit verschränkten Armen da, die Pistole gut sichtbar.

Ich schnippte die hintere Versorgungsklappe auf, klemmte die Kabel meiner Notversorgung an die Ausgänge der Brennstoffzelle und studierte die Anweisungen auf dem verdreckten Schild der seitlichen Verkleidung. Dann drückte ich einen Knopf mit der Aufschrift »Schnellentladung« und beobachtete, wie die Energieanzeige meines Anzugs nach oben kletterte.

Sie hatte 0,24 erreicht, als ich hinter mir das dumpfe Bremsgeräusch eines schweren Gleiters vernahm und entdeckte, was sie gegen meinen Kampfanzug aufzubieten hatten.

Zwei Kampfanzüge. Einer davon stammte von den Tauriern.

Wenn sie mit Waffen ausgestattet waren, bot ich ein bequemes Ziel. Das übliche Arsenal eines jeden Anzugs konnte mich in Hackfleisch oder eine Dampfwolke verwandeln. Aber sie wollten oder konnten nicht auf mich schießen.

Der Gleiter schwankte, als der Mensch ausstieg und genau wie ich erst mal auf die Nase fiel. Ich widerstand dem Impuls, ihm zu sagen, dass auch die längste Reise mit einem kleinen Schritt beginnt.

Im Gleiter ruderte der Taurier in seinem Anzug, um das Gleichgewicht zu halten, bis er nach hinten kippte. Offensichtlich hatte keiner von ihnen in jüngerer Zeit so ein Ding getragen. Das hieß, dass meine zahlreichen Trainingseinheiten und Kampfeinsätze, wenngleich größtenteils in den Nebeln der Vergangenheit versackt, ihren Zwei-zu-Eins-Vorteil wettmachen konnten.

Der Mensch kniete mittlerweile auf dem Boden und versuchte sich hochzustemmen. Ich überbrückte die Entfernung mit einem wenig eleganten Sprung und trat ihm mit großer Wucht seitlich gegen den Kopf. Das tat ihm zwar nicht weh, aber der Anzug purzelte unkontrolliert durch die Gegend.

Dann packte ich die vordere Stoßstange des Gleiters mit winselnden Waldos und versuchte die schwere Maschine herumzuschwingen, um den Taurier außer Gefecht zu setzen. Er wich aus, und ich fiel der Länge nach hin. Der Gleiter schwirrte davon wie ein zorniges Insekt.

Der Taurier warf sich auf mich, aber ich wehrte ihn mit einem Tritt ab. Ich versuchte mir in Erinnerung zu rufen, was ich früher mal über Taurier-Anzüge und ihre Schwachstellen gewusst hatte; aber all das eingemottete COBAL-Zeug drehte sich um Waffensysteme, Reichweite und Reaktionsgeschwindigkeit, was mir in diesem Fall nicht weiterhalf.

Und dann ragte der Mensch vor mir auf und stürzte

sich auf meine Schultern wie ein Sandkasten-Rocker. Er versuchte meinen Helm zu packen und ich schlug seine Hände zur Seite. Das war ein gutes Ziel; das Gehirn des Anzugs befand sich zwar nicht im Helm, Sicht und Gehör dagegen schon.

Ich schubste ihn schwerfällig zur Seite. Meine Waffensystem-Anzeigen waren immer noch dunkel, aber ich richtete zur Probe mal den Laserfinger auf ihn. Ich war merkwürdig erleichtert, als sich kein Strahl durch den Anzug fräste. Mein Killerinstinkt hatte sich mit dem Älterwerden nicht gerade verstärkt.

Während ich noch durch das Schneetreiben spähte und nach etwas suchte, das sich als Waffe verwenden ließ, war der Taurier bereits fündig geworden. Er schlug mir von hinten einen »entwurzelten« Laternenpfosten quer über die Schultern. Ich ging zu Boden und schlitterte in eine Schneewehe. Während ich mich hochrappelte, hieb er weiter auf meine Schultern und erhobenen Arme ein.

Meine visuellen Sensoren waren verschmiert, aber ich sah noch gut genug, um ihn zwischen die Beine zu treten, ein eher anthropomorphes als praktisches Ziel – aber immerhin geriet er dadurch lange genug aus dem Gleichgewicht, dass ich den Pfosten packen und ihm entreißen konnte. In meinem peripheren Gesichtsfeld war der Mensch aufgetaucht; er kam zielstrebig auf mich zu. Ich wirbelte den Pfosten in einem niedrigen Halbkreis herum und erwischte ihn in Kniehöhe. Er trudelte zur Seite und schlug hart zu Boden.

Ich wandte mich wieder dem Taurier zu, konnte ihn aber nirgends sehen, was nicht unbedingt hieß, dass er weit weg oder gut versteckt war: Wir waren alle drei weiße Gestalten im Schnee, auf fünfzig Meter nicht gegen den Hintergrund zu erkennen. Ich schaltete mit der Zunge auf Infrarot, was eine Hilfe sein konnte, wenn er mir den Rücken mit den Entlüftungsschlitzen zuwandte. Es funktionierte nicht, ebenso wenig wie der Radar, der vermutlich nur dann half, wenn sich der Anzug vor einer reflektierenden Fläche bewegte.

Als ich mich umdrehte, sah ich, dass der Mensch immer noch regungslos dalag. Vielleicht ein Trick. Oder vielleicht hatte er tatsächlich das Bewusstsein verloren, als ich ihn zu Boden stieß. Der Helm ist zwar gut gepolstert, aber Waldos sind nun mal Waldos, und es konnte gut sein, dass er sich bei dem Sturz eine Gehirnerschütterung zugezogen hatte. Ich täuschte einen Tritt an, der Millimeter an seinem Kopf vorbeiging, doch er reagierte nicht.

Wo zum Henker war der Taurier? Keine Spur von ihm, wohin ich auch schaute. Ich bückte mich, um den Menschen aufzuheben, und hörte vom Raumhafen her den Aufschrei einer Frau und dann zwei Schüsse, gedämpft durch das Schneetreiben.

Ich rannte los, kam aber einen Moment zu spät. Der Gleiter entfernte sich von der zersplitterten Glasfront des Haupteingangs und gewann rasch an Höhe. Max hielt die Pistole auf die Maschine gerichtet, fand aber kein vernünftiges Ziel. Ich stieß mich mit der ganzen Kraft meiner Bein-Waldos ab und erreichte eine Höhe von etwa zwanzig Metern. Der Gleiter war zum Greifen nahe. Aber dann fiel ich zurück und landete so hart, dass meine Zähne aufeinander schlugen und meine Knöchel schmerzten.

»Das Ding hat Jynn in seiner Gewalt«, sagte Max. »Es warf sich durch die Glasfront und riss sie und Roberta an sich.« Roberta saß im Schnee und presste einen Ellbogen fest an den Körper.

»Bist du okay?« Sie zuckten beide zusammen. Ich merkte, dass ich aus Versehen den Ton voll aufgedreht hatte, und drehte ihn herunter.

»Hat mir fast den Arm ausgerissen, aber es geht.«
»Wo sind die anderen?«

»Wir haben zwei Gruppen gebildet«, erklärte Max. »Marygay fuhr mit dem Bus weiter, zur Fähre hinaus. Einige von uns blieben mit der Pistole hier und versuchten, sie abzulenken.«

»Das ist euch geglückt.« Ich zögerte. »Hier können wir im Moment nichts tun. Begeben wir uns zu den anderen!« Ich nahm Roberta unter einen und Max unter den anderen Arm und schleppte sie wie zwei nasse Säcke auf das Feld hinaus. Der Bus war nicht zu sehen, aber seine Düsen hatten eine deutliche Spur in den Schnee geblasen. Wir holten ihn nach einer knappen Minute ein, und meine Passagiere schienen erleichtert, als sie das Beförderungsmittel tauschten.

Nirgends eine Spur von dem Gleiter, in dem sich der Taurier mit Jynn befand. Ich hätte ihn im Umkreis von einigen Kilometern gehört.

Der Bus war überfüllt. Ich sah zwei von unserer Rasse, die ich nicht erkannte, und vier Vertreter des Menschen, offensichtlich unser Begrüßungskomitee.

»Sie haben Jynn«, erklärte ich Marygay. »Die Taurier entführten sie mit ihrem Gleiter.«

Sie schüttelte den Kopf. »Jynn?« Sie waren sich ziemlich nahe.

»Wir können nichts unternehmen. Sie ist einfach weg.«

»Sie werden ihr nichts tun«, meinte Max. »Fahren wir los!«

»Gut«, sagte Marygay, aber sie fuhr nicht los.

»Wir treffen uns an der Fähre«, sagte ich. Ich war zu groß und unförmig für den Bus.

»Bis gleich«, entgegnete sie ruhig und drückte auf den Knopf, der die Tür schloss. Der Bus setzte sich mit einem Ruck in Bewegung, und ich joggte an ihm zum Abschussschacht der Raumfähre.

Der Fähren-Lift öffnete sich auf Knopfdruck. Die in gelbes Licht getauchte Kabine verbreitete Wärme. Ich öffnete den Anzug und trat vorsichtig in den Schnee hinaus. Die Vordertasche widersetzte sich meinen Bemühungen, aber nachdem ich einen Fingernagel geopfert hatte, konnte ich endlich meine Sachen herausholen und mich rasch im Schutz der Liftkabine anziehen.

Der Bus rollte neben dem aufgeklappten Anzug aus. Beeilt euch, dachte ich verzweifelt, beeilt euch doch! Wie lange würde es dauern, bis jemand auf die Idee kam, den Strom abzuschalten und auf diese Weise den Aufzug außer Betrieb zu setzen? Die Fähre besaß vermutlich ein unabhängiges Startsystem, aber wir mussten sie erst einmal erreichen.

Marygay verplemperte ein paar kostbare Sekunden, als sie das Begrüßungskomitee anwies, hier auszusteigen und sich möglichst weit von der Startrampe zu entfernen – was die Leute vermutlich selbst wussten. Der Abschussschacht würde die Gammastrahlung nur in den ersten paar Sekunden nach dem Start absorbieren; danach war es nicht ratsam, sich in seiner Nähe aufzuhalten. Roberta drückte im gleichen Moment auf die Taste mit dem Pfeil nach oben, als Marygay durch die Tür sprintete.

Niemand unterbrach die Stromversorgung. Die Liftkabine glitt nach oben und dockte mit einem Klicken an der Luftschleuse der Fähre an. Die Lamellen der Irisblende öffneten sich.

Es war nicht einfach, an unsere Plätze zu gelangen, da wir die Gesetze der Schwerkraft gegen uns hatten. Wir hangelten uns an einer Netzleiter in die Tiefe und füllten das Abteil von unten nach oben. Dem Sheriff mussten wir zu diesem Zweck die Handschellen abnehmen; er leistete keinen Widerstand, als wir ihn in seinem Sitz angurteten und wieder fesselten.

Ich begab mich an die Pilotenkonsole und riss die Schalter herum, die den Start einleiten sollten. Das war nicht weiter kompliziert, da nur vier Standard-Orbits zur Verfügung standen. Ich wählte »Rendezvous mit der *Time Warp*« und musste mich von da an mehr oder weniger auf die Fähre verlassen.

Der Monitor erwachte zum Leben, und ich sah Jynn. Das Blickfeld erweiterte sich. Sie befand sich in einem Gleiter, bewacht von einem Taurier.

Der Taurier deutete auf die Fenster neben Jynn. Durch das Schneetreiben konnte man verschwommen die beiden Starttürme erkennen.

»Nur zu«, sagte der Taurier. »Drei Sekunden nach eurem Start wird die Strahlung aus dem Abschussschacht mich und diese Frau töten.«

»Los!«, rief Jynn. »Startet!«

»Ich glaube nicht, dass ihr das über euch bringt«, sagte der Taurier. »Es wäre unmenschlich. Kaltblütiger Mord.«

Marygay war neben mir, auf dem Copiloten-Platz. »Jynn ...«, begann sie.

»Ihr habt keine andere Wahl«, unterbrach Jynn sie mit ruhiger Stimme. »Wenn der nächste Schritt gelingen soll, müsst ihr zeigen ... wozu ihr bereit seid.«

Wir sahen einander an, beide wie erstarrt.

»Tut, was sie sagt«, wisperte Max.

Plötzlich rammte Jynn ihren Ellbogen in die Kehle des Tauriers. Dann presste sie die mit Metallschellen gefesselten Hände gegen seinen Hals und riss ihm den Kopf zur Seite, dass es knackte.

Sie zerrte die schlaffe Gestalt quer über den Sitz und bemühte sich, die Gleitersteuerung zu erreichen. Das Gefährt heulte auf. Ihr Bild auf dem Monitor begann zu wackeln. »Gebt mir dreißig Sekunden«, schrie sie über das Motorgeräusch hinweg. »Nein, zwanzig – dann bin ich hinter dem Hauptgebäude. Und jetzt seht zu, dass ihr verschwindet!«

»Komm hierher!«, rief Marygay. »Wir können warten!«

Vielleicht hörte sie diesen Rat nicht mehr. Jedenfalls gab sie keine Antwort und ihr Bild verschwand vom Monitor.

Stattdessen tauchte das scharf umrissene Konterfei eines Menschen, männlich, in einer grauen Uniform auf. »Wenn ihr zu starten versucht, schießen wir euch ab! Ihr vergeudet euer Leben und unsere Fähre!«

»Selbst wenn ihr das könntet, würdet ihr es wahrscheinlich nicht tun.« Ich warf einen Blick auf meine Uhr; ich würde Jynn die vollen dreißig Sekunden zugestehen. »Ihr habt hier weder eine Flug- noch eine Raumabwehr.«

»Wir haben sie im Orbit«, erklärte er. »Ihr werdet alle sterben.«

»Blödsinn«, sagte ich und wandte mich halb den anderen zu. »Er blufft ... versucht Zeit zu gewinnen.«

Das Gesicht von Po war aschfahl. »Selbst wenn er nicht blufft – wir müssen jetzt zu Ende führen, was wir begonnen haben.«

»Genau«, sagte Teresa. »Ganz gleich, was geschieht.«

Dreißig Sekunden. »Festhalten!« Ich riss den Starthebel nach unten.

Ein gewaltiges Dröhnen hüllte uns ein, und in der kurzen Zeit, die wir benötigten, um den Abschussschacht zu verlassen, stieg die Beschleunigung von einem auf drei Ge. Schnee strömte am Bugfenster vorbei und wich unvermittelt gleißendem Sonnenlicht.

Die Fähre drehte sich, um in den Orbit einzuschwenken, und die Sturmwolken-Wand löste sich in ein Nichts auf. Die Farbe des Himmels wechselte von Kobaltblau zu Indigo.

Ich konnte nicht ausschließen, dass sie Abwehrraketen im Orbit stationiert hatten. Selbst Ladenhüter aus der Ära des Ewigen Krieges würden ausreichen, um uns zu vernichten.

Aber dagegen ließ sich absolut nichts unternehmen,

nicht mit Ausweichmanövern oder Konterattacken und schon gar nicht mit klugen Argumenten. Mich überkam jene sonderbare Ruhe, die ich früher oft kurz vor einem Gefecht gespürt hatte: Du hast vielleicht nur noch ein paar Sekunden zu leben, aber du kannst es nicht ändern, was immer geschieht. Ich wandte den Kopf gegen die Beschleunigung zur Seite und sah das angestrengte Lächeln auf Marygays Zügen: Sie war in der gleichen Verfassung wie ich.

Dann wurde der Himmel schwarz und wir lebten immer noch. Das Dröhnen verebbte und schwieg ganz. Wir schwebten im freien Fall durch den Raum.

Ich drehte mich um. »Seid ihr alle okay?« Sie murmelten zustimmend, obwohl einige von ihnen ziemlich mitgenommen aussahen. Die Mittel gegen Raumkrankheit wirkten bei den meisten Leuten, aber natürlich war Reiseübelkeit nicht die einzige Belastung, die uns zu schaffen machte.

Wir beobachteten, wie die *Time Warp* wuchs, von einem hellen Stern zu einem gleißenden, nichtstellaren Funkeln und schließlich zu einem Schiffsumriss, der bedrohlich über uns hing. Der automatische Teil unserer Reise endete mit der Ansage einer nicht ganz menschlichen Stimme, dass ich nun die Kontrolle übernehmen würde, in zehn Sekunden ... in neun ... und so fort.

In Wahrheit übernahm ich eher die Verantwortung als die »Kontrolle«, denn die Annäherungsrate zum Andocken vermittelte immer noch das Radargerät der Fähre. Ich hielt mit der Rechten den Totmannschalter umklammert; falls irgendetwas schiefging, würden sich die letzten Manöverschritte automatisch umkehren.

Die Luftschleusen verbanden sich mit einem metallischen Schnappen, das beruhigend klang, und meine Ohren knackten, als unser Luftdruck fiel, um sich dem dünnen, aber sauerstoffreichen Gemisch an Bord der *Time Warp* anzupassen.

»Phase Zwei«, verkündete ich. »Mal sehen, ob sie klappt.«

»Sie wird klappen«, sagte der Sheriff. »Der schlimmste Teil ist geschafft.«

Ich starrte ihn an. »Sie können unmöglich von unseren Plänen erfahren haben. *Unmöglich.*«

»Das stimmt.«

»Dann kennen Sie uns so gut – sind uns so überlegen –, dass Sie genau wussten, was wir vorhatten.«

»Ich würde es nicht so hart ausdrücken. Aber es stimmt, man wies mich darauf hin, dass mit Rebellion und vielleicht Gewalt zu rechnen sei, und riet mir, keinen Widerstand zu leisten.«

»Und unsere weiteren Pläne sind Ihnen auch bekannt?«

»Bis jetzt kann ich nur meine eigenen Schlüsse ziehen. Man bat mich, nicht den Großen Baum anzuzapfen. Ich sollte nicht zu viel erfahren.«

»Aber die anderen wissen Bescheid. Oder glauben Bescheid zu wissen.«

»Ich habe schon zu viel gesagt. Machen Sie einfach weiter wie geplant. Sie lernen vielleicht daraus.«

»*Sie* lernen vielleicht daraus«, sagte Max.

»Los jetzt!«, drängte Marygay. »Was immer sie für uns vorbereitet haben, was immer sie zu wissen glauben – es ändert nichts an Phase Zwei.«

»Du täuschst dich«, widersprach Max. »Wir sollten möglichst viel aus diesem Bastard herausholen. Wir verlieren nichts, wenn wir ihn ein wenig ausquetschen.«

»Ihr gewinnt auch nichts«, erklärte der Sheriff. »Ich habe euch alles gesagt, was ich weiß.«

»Das wird sich zeigen«, sagte Roberta. »Max hat Recht. Wir verlieren nichts.«

»O doch. Wir verlieren eine ganze Menge«, entgegnete ich. »Ihr tönt wie meine Ausbilder von einst. Das hier ist eine Verhandlung und kein Krieg.«

»Sie drohten damit, uns abzuschießen«, sagte Po. »Wenn das keine Kriegserklärung ist, was dann?«

Marygay kam mir zu Hilfe. »Darauf können wir immer noch zurückkommen. Im Moment können wir für uns in Anspruch nehmen, dass wir ihn weder verletzt noch zu etwas gezwungen haben.«

»Außer dass wir ihn zusammengeschlagen und gefesselt haben«, meinte Roberta.

»Wenn wir wichtige Informationen von ihm brauchen«, fuhr Marygay fort, »können wir sie uns später verschaffen. Jetzt heißt es handeln und nicht reden.« Sie strich sich über die Stirn. »Außerdem haben sie inzwischen wohl auch eine Geisel. Jynn wird in diesem Gleiter nicht weit gekommen sein.«

»Jynn hat einen von ihnen umgebracht«, sagte Max. »Sie ist so gut wie tot.«

»Halt endlich den Mund, Max!«

»Und wenn sie am Leben ist, dann stellt sie eine Belastung für uns dar.«

»Halt den Mund!«

»Ihr Lesbenfotzen!«, schrie Max. »Immer wollt ihr ...«

»Meine Frau ist keine Lesbe, Max!« Ich versuchte, meine Stimme zu dämpfen. »Sobald wir durch diese Schleuse gehen, ist sie deine Kommandantin.«

»Und damit habe ich nicht das geringste Problem. Ich war eine Ewigkeit beim Militär und bin nie irgendwelchen Hetero-Kommandanten begegnet. Aber wenn du denkst, dass *sie* hetero ist, dann bist du blind wie ein Maulwurf!«

»Max«, sagte Marygay ruhig. »Mein *Herz* war mal hetero und mal homo, doch das ist im Moment belanglos. William hat das Kommando auf dieser Fähre. Was du hier aufführst, ist Gehorsamsverweigerung.«

»Du hast Recht«, sagte er ausdruckslos. Er wandte sich an mich: »Tut mir Leid, dass ich die Nerven verloren habe, aber es ist einfach zu viel in zu kurzer Zeit passiert. Außerdem bin ich noch vor der Geburt meiner Kinder aus dem aktiven Dienst ausgeschieden.«

»Ich auch«, sagte ich, ohne nachzuhaken. »Und jetzt gehen wir endlich an Bord!«

Wir hatten damit gerechnet, dass es auf der anderen Seite der Luftschleuse dunkel und kalt sein würde, da wir das Schiff auf Sparenergie programmiert hatten, als wir es zuletzt verließen. Aber die künstliche Sonne strahlte hell und die milde Luft duftete nach frischem Grün und Blüten.

Und ein Taurier erwartete uns im Schleusenbereich. Er war unbewaffnet und schlang beide Arme um den Oberkörper – die Begrüßungsgeste seines Volkes. »Ihr kennt mich bereits«, sagte er. »Ich bin Antres 906. Sind Sie der Anführer dieser Gruppe, William Mandella?«

Ich starrte an ihm vorbei auf wohl bestellte Felder. »Was, zum Henker, geht hier vor?«

»Ich spreche nur mit dem Anführer. Sind Sie das?«

»Nein.« Ich legte meine Hand auf Marygays Schulter. Sie sah sich ebenfalls verblüfft um. »Meine Frau.«

»Marygay Potter, kommen Sie mit mir in den Kontrollraum!«

»Alles startbereit«, sagte Max hinter mir. »Man will uns wohl direkt zur Erde bringen.« Es war vereinbart gewesen, dass wir uns ein paar Wochen um die Lebenserhaltungs-Farmen kümmern müssten, bevor man uns in die Tiefschlaf-Tanks brachte. Im Moment sah es so aus, als hätten sie einen Teil des Programms übersprungen.

»Wie viele von euch sind an Bord, Antres?«, fragte Marygay.

»Niemand außer mir.«

»Aber das hier kann nicht einer allein vorbereitet haben.«

»Kommen Sie mit!« Sie folgte Antres zum Lift, und ich begleitete sie. Wir hatten beide mit den Null-Ge-Netzen zu kämpfen. Antres zeigte mehr Geschick, bewegte sich aber betont langsam.

Wir begaben uns hinauf in den Kommandobereich und erreichten schließlich den Kontrollraum. Der zentrale Bildschirm war eingeschaltet; wir sahen einen älteren Menschen, männlich, vielleicht den gleichen, mit dem wir in Centrus gesprochen hatten.

Marygay nahm am Kontrollpult Platz und schnallte sich fest.

»Gab es weitere Verluste?«, fragte der Mensch ohne Umschweife.

»Das Gleiche wollte ich fragen. Jynn Silver?«

»Die Frau, die einen von uns tötete?«

»Ein Taurier ist nicht ›einer von uns‹, wenn Sie zur Menschenrasse gehören. Ist sie am Leben?«

»Am Leben und in Gewahrsam. Ich denke, wir haben einen Teil Ihres Plans richtig vorhergesehen. Würden Sie uns nun auch den Rest verraten?«

Marygay sah mich an, und ich zuckte mit den Schultern.

Sie sprach langsam und ruhig: »Wir werden mit der *Time Warp* nicht zur Erde fliegen, sondern haben beschlossen, unseren ursprünglichen Plan in die Tat umzusetzen.«

»Das geht nicht ohne unsere Kooperation. Vierzig Fährenflüge! Was wollt ihr tun, wenn wir unsere Einwilligung verweigern?«

Marygay schluckte. »In diesem Fall werden wir alle Leute mit der Fähre, die wir hier oben haben, zurückschicken. Dann werden mein Mann und ich die *Time Warp* auf den Planeten zusteuern und sie nahe dem Südpol zerschellen lassen.«

»Ihr geht also davon aus, dass wir euch lieber das Schiff geben als einen Doppelselbstmord zulassen werden?«

»Nun, für euch wäre die Sache auch nicht angenehm. Wenn der Antimaterie-Tank explodiert, wird der dabei freigesetzte Dampf Mittelfinger in eine dichte Wolkenschicht hüllen. Das heißt, dass heuer und im nächsten Jahr Frühling und Sommer ausfallen dürften.«

»Im dritten Jahr«, sagte ich hinter ihr, »wird es Schneestürme und danach Überschwemmungen geben.«

»Das darf nicht geschehen«, erklärte er. »Also gut. Wir beugen uns euren Forderungen.«

Wir sahen einander an. »Das wäre es dann?«

»Ihr lasst uns keine andere Wahl.« Zwei Datenschirme erwachten zu Leben. »Der Startverlauf, den ihr hier seht, wurde eurem ursprünglichen Zeitplan entnommen und angepasst.«

»Also verläuft alles nach Plan«, sagte Marygay. »Nach eurem Plan.«

»Eine Ausweichlösung«, erklärte er. »Für den Fall, dass ihr uns keine Alternative lassen würdet.«

Sie lachte. »Ihr hättet unserem Vorschlag nicht einfach nachgeben können?«

»Auf gar keinen Fall. Das wäre gegen den erklärten Willen des Großen Baums gewesen.«

»Moment«, sagte ich. »Sie handeln gegen das Gebot des Großen Baums?«

»Ganz und gar nicht. *Ihr* widersetzt euch dem Großen Baum. Wir treffen nur die logischen Gegenaktionen. Wir *reagieren*, um genau zu sein, auf eure Massenmord-Drohung.«

»Und der Große Baum sagte vorher, dass die Ereignisse diesen Lauf nehmen würden?«

»Aber nein.« Zum ersten Mal gestattete er sich ein

feines Lächeln. »Der Mensch auf der Erde kennt euch nicht so gut wie wir, die mit euch zusammenleben.«

*

Der Sheriff versuchte zu erklären, was er über die Gründe für ihren Plan wusste oder ableiten konnte. Es war wie eine theologische Diskussion über eine fremde Religion.

»Der Große Baum ist nicht unfehlbar«, sagte er. »Er stellt die allgemeine Mehrheit ungeheuer vieler gut informierter Einzelwesen dar. Diesmal aber schien es – ... *schien* es – als stimmten Tausende ab, von denen nur zwei oder drei *wirklich* gut informiert waren.«

Wir saßen alle um einen großen Tisch im Speisesaal und tranken schlechten, aus einem Konzentrat gebrühten Tee. »Das ist es ja, was ich nicht verstehe«, sagte Charlie. »Meiner Ansicht nach müsste das eher die Norm sein.« Er saß dem Sheriff direkt gegenüber und sah ihn aufmerksam an, das Kinn in die Hand gestützt.

»Nein, das hier war ein besonderer Fall.« Er rutschte unbehaglich hin und her. »Der Mensch auf der Erde glaubt euch zu kennen. Er lebt und arbeitet ständig mit der alten Rasse zusammen. Aber das sind nicht die gleichen Leute wie ihr.

Sie oder ihre Vorfahren ließen sich auf der Erde nieder, obwohl sie dadurch zu einer kleinen Minderheit außerhalb der Mainstream-Kultur des Menschen wurden.«

»Sie tauschten ihre Unabhängigkeit gegen ein bequemes Leben ein«, meinte ich. »Gegen die Illusion von Unabhängigkeit.«

»So einfach ist das nicht. Gewiss, sie leben bequemer als ihr – oder wir –, aber ihr eigentlicher Antrieb war die tiefe Sehnsucht, *heim*zukehren. Leute, die sich für Mittelfinger entschieden, kehrten der Heimat den Rücken zu.

Wenn also ein neuer Mensch auf der Erde über euch und eure Pläne nachdenkt, geht er von völlig falschen Voraussetzungen aus. Für ihn wäre es ein Akt der Grausamkeit, fünfzig Leute der alten Rasse vierzigtausend Jahre in die Zukunft zu schießen. Fast so, als würde man ein Kind seinen Eltern entreißen, in ein fremdes Land verschleppen und dort im Stich lassen.«

»Das ist nett«, meinte Charlie. »Dann lag der Entscheidung des Großen Baums also die Sorge um unser Glück zugrunde?«

»Die Sorge um euren Verstand«, korrigierte der Sheriff.

»Die hohen Kosten des Unternehmens spielten keine Rolle?«

»Keine große.« Er machte eine weit ausholende Geste, die den ganzen Kontrollraum umfasste. »Dieses Schiff hat für unsere Wirtschaft einen hohen Sachwert. Aber für die Erdbewohner ist es Schrott. Es gibt Tausende solcher verlassener Kähne in Parkbahnen um die Sonne. Niemand hätte Einwände erhoben, wenn der Vorschlag von euren Verwandten auf der Erde gekommen wäre.«

»Niemals«, sagte ich. »Das sind Nesthocker.«

Er hob die Schultern. »Wie viele Leute auf Mittelfinger halten euch für Spinner?«

»Mehr als die Hälfte, grob geschätzt.« Insgesamt hatten sich von 30 000 Leuten nur 1600 Freiwillige gemeldet. »Meine eigenen Kinder gehören dazu.«

Er nickte bedächtig. »Aber wollten sie nicht beide mitkommen?«

»Bill insbesondere, obwohl er uns für verrückt hält.«

»Das verstehe ich«, sagte er. »Mir geht es ähnlich.«
»Was?«
»Wir hatten euch gebeten, einen Menschen und einen Taurier mitzunehmen.«

Zum ersten Mal meldete sich der Taurier zu Wort. »Das sind wir«, brummelte er.

buch drei

DAS BUCH DES EXODUS

dreizehn

Wir hatten in unserem Zeitplan fünfzehn Tage für das Beladen des Schiffs vor dem Start vorgesehen, dabei aber vorausgesetzt, dass jeder mit gepackter Habe bereitstand. Stattdessen hatten die Leute erfahren, dass die Expedition geplatzt war, und zwei Wochen Zeit gehabt, ihr Leben neu zu überdenken.

Zwölf der ursprünglich hundertfünfzig Teilnehmer stiegen aus. Sie zu ersetzen, war nicht so einfach wie die Suche nach Freiwilligen, da wir bei unserer Auswahl auf bestimmte Fähigkeiten und demografische Merkmale geachtet hatten.

Wenn wir in vierzigtausend Jahren zurückkehrten, konnte es sein, dass wir auf einem unbewohnten Planeten landeten. Und wir wollten, dass unsere Nachkommen zumindest die Chance bekamen, eine Zivilisation aufzubauen.

Da uns nur wenig Zeit blieb, fand die Suche nach den Ersatzleuten parallel zur Planung der Fährenflüge statt. Natürlich hatte man die Nachricht von unserem Aufstand zur Erde gesandt, und es war damit zu rechnen, dass in etwa zehn Monaten eine Reaktion erfolgte. Und wenn sie Tausende von Sternenschiffen zur Verfügung hatten, gab es vielleicht das eine oder andere, das schneller als die *Time Warp* war. Sehr viel schneller.

Hundertfünfzig Leute reichten für eine Art Rathaus-Demokratie. Wir hatten die Zusammensetzung bereits zwei Monate vorher ausgearbeitet und uns für ein Gremium aus fünf gewählten Ratsmitgliedern entschieden, von denen jeweils eines ein Jahr lang das

Amt des Bürgermeisters übernehmen und dann zurücktreten sollte. Seinen Platz würde dann ein neu gewählter »Volksvertreter« einnehmen.

Also arbeiteten wir so rasch wie möglich, ohne das Verfahren abzukürzen. Zum Glück war unter den Zurückgetretenen keines der gewählten Ratsmitglieder, sodass unsere Minibürokratie intakt blieb, denn vermutlich gab es in den kommenden zwei Wochen mehr Entscheidungen zu treffen als in zwei Jahren an Bord des Sternenschiffs.

Aber es war eben ein Schiff und nicht nur eine Kommune, und so stand der Schiffskapitän über dem Bürgermeister und den Ratsmitgliedern. Marygay und ich waren ebenso für das Kapitänsamt vorgeschlagen worden wie Anita Szydhowska, die mit mir am Feldzug Sade 138 teilgenommen hatte. Anita verzichtete zu unseren Gunsten, und ich verzichtete zugunsten von Marygay, und niemand erhob Einspruch. Sowohl Anita wie ich erhielten anschließend einen Platz im Rat. Die übrigen Ratsmitglieder waren Chance Delaney, Stephen Funk und Sage Ten. Diana Alsever-More war vorgeschlagen worden, hatte aber abgelehnt, mit der Begründung, dass sie als Schiffsärztin kaum Zeit für ein Hobby finden würde.

Es dauerte nicht länger als zwanzig Tage, alle Leute an Bord zu bringen. War ich der Einzige, dem beim Start der letzten Fähre die altmodische Redewendung in den Sinn kam, dass wir die Anker lichteten, um zu neuen Ufern aufzubrechen?

Mit der letzten Fähre sollten auch unsere Kinder an Bord kommen. Aber als sie andockte, fehlte ein Passagier. Sara kam zu uns und reichte mir wortlos einen Brief.

Ich liebe euch, aber ich hatte nie die Absicht, euch auf diese Reise zu begleiten. Sara überredete mich, so zu tun, als käme ich mit, um dem sinnlosen Gestreite ein Ende zu bereiten. Eine Notlüge, aber ich sah ein, dass es die beste Lösung war.

Ich befinde mich im Moment irgendwo in Centrus. Sucht mich nicht, es hätte keinen Zweck.

Ihr sollt wissen, dass ich euch bis zuletzt die Treue gehalten habe. Es wäre mir ein Leichtes gewesen, die Sache zu stoppen, als wir euch beim Sheriff absetzten. Aber wir sind wohl alle ein wenig verrückt, jeder auf seine Weise.

Alles Gute für die nächsten 40 000 Jahre!

In Liebe
Bill

Marygay war aschfahl geworden. Ich reichte ihr den Brief, aber sie wusste natürlich, was darin stand.

Obwohl die Trennung schmerzte, empfand ich eine seltsame Erleichterung. Und ich war nicht völlig unvorbereitet; irgendwo im Unterbewusstsein hatte ich gespürt, dass es so kommen würde.

Vielleicht war es Marygay ähnlich ergangen. Sie starrte das Blatt Papier an und schob es dann unter die anderen Zettel auf ihrem Klemmbrett. Ihre Stimme zitterte nur einen Moment lang, als sie sich an die Neuankömmlinge wandte: »Hier ist eine Liste, der ihr entnehmen könnt, wo ihr vorläufig untergebracht seid. Die Kabinen werden später in einem regelmäßigen Turnus getauscht. Aber jetzt bringt erst mal eure Sachen in den zugewiesenen Quartieren unter und kommt dann in den allgemeinen Aufenthaltsbereich. Spürt jemand von euch erste Anzeichen der Raumkrankheit?«

Ein dicker Mann hob die Hand; sein bleiches Gesicht sprach Bände. »Ich bringe Sie zur Ärztin«, sagte ich. »Sie hat etwas Stärkeres als diese Pillen, die beim Start verteilt werden.« Er schaffte es tatsächlich bis zum Lazarett, bevor er losreiherte.

Wir hatten zehn Funkkanäle, und Marygay gestand jedem zehn Minuten zum Abschiednehmen zu. Die meisten brauchten nicht so lange. Nach einer guten Stunde hatten sich alle im Aufenthaltsbereich versammelt und richteten ihre Blicke auf einen großen Flachbildschirm, der Marygay auf dem Platz des Kapitäns zeigte. Wir hatten uns alle hundertachtundvierzig in eine »Liege«-Position auf dem »Boden« vor dem Monitor manövriert.

Marygay schaute uns an, den Daumen dicht über dem roten Knopf auf der Konsole. »Sind alle bereit?« Wir bejahten im Chor und unsere Reise begann mit beinahe militärischer Präzision. (Ich fragte mich, wie viele der Leute wussten oder vermuteten, dass der rote Knopf keine Verbindung zur Elektronik hatte und eigentlich nicht mehr als ein Ingenieurscherz war. Das Schiff startete automatisch und kannte seine Abflugzeit auf eine Millionstel Sekunde genau.)

Der Beschleunigungsdruck setzte langsam ein. Ich schwebte etwa einen Fuß über dem Boden und driftete sanft nach unten, während mein Gewicht im Lauf von zehn oder zwölf Sekunden zunahm. Ein schwaches Summen machte sich bemerkbar, das von nun an unser aller Leben als Hintergrundgeräusch begleiten würde: der winzige Rückstand der unvorstellbaren Gewalten, die uns aus dem Sonnensystem schleuderten.

Ich stand auf und kippte um. Den meisten anderen erging es nach Tagen oder Wochen in Null-Ge nicht viel besser. Sara nahm mich am Arm, und wir halfen uns lachend gegenseitig auf die Beine, indem wir zunächst ein wackliges Dreieck mit dem Boden bildeten und uns dann allmählich in eine parallele Position begaben. Ich ging vorsichtig in die Knie und richtete mich wieder auf, unter dem Protest von Muskeln und Gelenken.

Etwa hundert Leute setzten mit Bedacht einen Fuß vor den anderen und übten sich im Gehen. Die übrigen saßen oder lagen am Boden, zum Teil mit deutlichen Anzeichen von Angst oder gar Panik.

Man hatte sie darauf vorbereitet, was sie erwartete – dass sogar das Atmen anfangs beschwerlich sein würde. Diejenigen unter uns, die in den letzten Monaten immer wieder mal im Orbit gewesen waren, hatten keine Umstellungsprobleme. Aber für die anderen klaffte eben doch ein gewaltiger Unterschied zwischen Theorie und Praxis.

Marygay holte eine Ansicht des Planeten auf den Bildschirm. Anfangs drehte er sich einfach unter uns, eine weiß gesprenkelte Schneelandschaft, über der ein paar Wolkenfetzen schwebten. Die Passagiere begannen je nach Zustand zu jammern oder angeregt zu plaudern.

Nach ein paar Minuten hatten sich alle daran gewöhnt, dass sich das Schiff bewegte. Die Unterhaltung verstummte, und die Leute starrten schweigend auf den Bildschirm, fast in einer Art Hypnose.

Ein gekrümmter Horizont tauchte auf, und dann, auf der anderen Seite des Bildschirms, noch einer. Sie bewegten sich langsam aufeinander zu, bis der Planet nach fünfzehn oder zwanzig Minuten eine riesige Kugel war, die sichtbar schrumpfte.

Marygay kam die Treppe herunter gestolpert und setzte sich neben mich. »Leb wohl!«, wisperte sie. »Leb wohl!«, und ich wiederholte ihre Worte. Aber ich glaube, dass sie in erster Linie unseren Sohn meinte, während ich von einer Welt und einer ganzen Ära Abschied nahm.

Während der Planet immer kleiner wurde, überkam mich plötzlich eine merkwürdige Erleuchtung, geboren aus meinen Kenntnissen in Physik und Mathematik. Ich wusste, dass es einen Monat – 34,7 Tage – dauern würde, bis wir ein Zehntel der Lichtgeschwindigkeit erreichten und ganz offiziell ins Reich der Relativität eindrangen. Und dass Monate vergehen würden, ehe sich der Effekt manifestierte, wenn wir die Sterne betrachteten.

Aber in Wahrheit befanden wir uns bereits dort. Die gewaltige Kraft, die das Schiffsdeck in einen festen Boden unter unseren Füßen verwandelte, krümmte schon jetzt den Raum und die Zeit. Weder unser Verstand noch unser Körper reagierte empfindlich genug, um die Veränderung zu spüren. Doch die Beschleunigung zerrte uns langsam weg von der banalen Illusion, die wir Realität nannten.

Ein Großteil der Materie und Energie im Universum existiert – aufgrund extremer Masse oder Geschwindigkeit – im Land der Relativität. Wir würden schon bald dazugehören.

vierzehn ■

Das Bild von Mittelfinger blieb ein paar Tage auf dem Hauptschirm, ehe der Planet zu einem Klecks und dann zu einem hellen Stern schrumpfte und schließlich im heißen Glanz von Mizar verloren ging. (Am Ende des ersten Tages war Mizar nicht mehr als der hellste Stern am Himmel gewesen, und niemand hatte es als notwendig erachtet, sein Gleißen durch einen Filter zu dämpfen.)

Allmählich stellte sich der Alltag ein. Die Leute wussten, dass viele ihrer Aufgaben eine Art Beschäftigungstherapie darstellten. Das Schiff war notgedrungen autark. Es überwachte sogar die Landwirtschaft, da sie in das Lebenserhaltungssystem integriert war.

Manchmal belastete mich der Gedanke, dass unser Schiff in der Lage war, intelligent und selbstständig zu handeln. Immerhin konnte es sich die Arbeit gewaltig vereinfachen, wenn es das Lebenserhaltungssystem abschaltete.

Andererseits hatten auch wir die Möglichkeit, in die Schiffsroutine einzugreifen. Dann konnte sich Marygays momentan mehr oder weniger symbolisches Kapitänsamt zu einer schweren Bürde entwickeln: Die *Time Warp* ließ sich auch noch steuern, wenn ihr Gehirn ausgeschaltet wurde, aber das war ein gewaltiges Wagnis.

Immerhin hatten wir fünfzehn Kinder an Bord, die Eltern und Lehrer brauchten und uns auf diese Weise gelegentlich eine echte Beschäftigung gaben. Ich unterrichtete Physik und hatte nebenbei noch »Vater« in meiner Jobbeschreibung stehen, obwohl meine Aufgabe in dieser Richtung vor allem darin zu bestehen schien, Sara aus dem Weg zu gehen.

Alle kinderlosen Passagiere befassten sich mit irgendwelchen Projekten. Viele von ihnen bastelten natürlich mit Feuereifer an Szenarios, was wir vierzigtausend Jahre später tun würden. Dafür konnte ich persönlich nur wenig Begeisterung aufbringen. Das einzige Modell, bei dem sich meiner Ansicht nach eine nähere Untersuchung lohnte, war das der *Tabula rasa:* Wir kehrten zurück und fanden keine Spur der früheren Menschen mehr vor. Alles andere kam mir vor, als spekulierten Neandertaler über die Raumfahrt.

(Der Sheriff träumte von einer Welt, in der sich im Lauf der vierzigtausend Jahre kaum etwas verändern würde, abgesehen davon, dass der Mensch seine Herrschaft über das materielle Universum ausdehnte. Warum sollte der Mensch sich verändern wollen? Ich dagegen bevorzugte eher ein Szenario, bei dem der Mensch – den Gesetzen der Entropie gehorchend – wieder zu einem primitiven Wilden wird, weil er keine Veränderungen zulässt.)

Bei mehreren Leute, die unsere Reiseerlebnisse für die Nachwelt aufzeichneten, hegte ich den Verdacht, dass sie gierig auf die eine oder andere Katastrophe lauerten. Keine Ereignisse sind für Historiker das Schlimmste, was es geben kann. Andere untersuchten die Sozialdynamik unserer kleinen Gruppe. Das erschien mir durchaus lohnend – Soziologie mit einem absoluten Minimum an Variablen.

Andere schrieben Aufsätze oder Romane oder betätigten sich auf anderen künstlerischen Gebieten. Casi schnitzte bereits an seinem Holzklotz herum, und Alysa Bertram verkündete am zweiten Tag der Reise, sie wolle Proben für ein Stück abhalten, das in Zusammenarbeit mit den Schauspielern entwickelt werden solle. Sara war eine der Ersten, die sich für dieses Projekt meldeten. Sie versuchte mich ebenfalls zur Teilnahme zu überreden, aber der Gedanke, seitenweise Dialoge auswendig zu lernen, hatte für mich schon immer nach Geist tötender Folter geklungen.

Natürlich konnte ich mich auf meine Arbeit im Rat herausreden. Aber es gab jetzt, da die Reise begonnen hatte, weit weniger zu tun als am Anfang.

Jetzt, da wir »Schwerkraft« an Bord hatten, war das Sternenschiff ein völlig anderer Ort. In der Parkbahn stellten die Böden lästige Hindernisse dar, um die man herumschwimmen musste, und man betrachtete die Aufteilung eher horizontal wie bei einem richtigen Schiff. Nun aber war »vorn« oben und »hinten« unten. Bereits in der ersten Stunde nach dem Start musste Diana den ersten Knochenbruch behandeln, als Ami – die Monate in der Null-Ge-Umgebung zugebracht hatte – ganz instinktiv versuchte, eine Treppe hinunter zu schweben.

Der Unfall brachte mich auf die Idee, dass wir keinen Sicherheitsbeauftragten ernannt hatten. Ich übernahm den Job selbst, suchte jedoch zur Unterstützung jemanden, der sich mit Bautechnik auskannte. Zu den drei Leuten, die dafür infrage kamen, gehörte Cat. Ich schätze, dass ich mich für sie entschied, um ihr nicht das Gefühl zu geben, dass ich sie mied.

Ich kann nicht sagen, dass ich etwas gegen Cat hatte, obwohl ich mich in ihrer Nähe nie so ganz wohl fühlte. Natürlich war sie neunhundert Jahre nach mir geboren worden, wenn man das so nennen konnte, in eine Welt, in der Heterosexualität eine so seltene Perversität war, dass sie als mehr oder weniger als ausgerottet galt. Aber das traf auch auf unsere besten Freunde Charlie und Diana zu.

Manche gaben ihren Neigungen allerdings stärker nach als andere; Charlie hatte zumindest eine Affäre mit einem anderen Mann hinter sich. Bei Cat war ich mir nicht so sicher. Sie hatte ihren Ehemann zurückgelassen. (Ich muss gestehen, dass mich diese Entscheidung erleichtert hatte, weil der Typ außer Schach und Go nicht viel konnte.)

Cat nahm das Angebot begeistert an. Ihre eigentliche Arbeit würde erst in zehn Jahren beginnen, wenn es galt, die Ärmel hochzukrempeln und eine neue Welt aufzubauen.

Wir beschlossen, uns von oben nach unten durchzuarbeiten. Das oberste Deck bestand vor allem aus Fracht- und Kontrollraum, sodass es keinen Anlass zu Besorgnis gab. Außer Marygay und ihren beiden Stellvertretern Jerrod Weston und Puül Ten hielt sich hier kaum jemand regelmäßig auf. Die fünf Rettungsboote waren nicht abgeschlossen, und ich konnte mir vorstellen, dass sich hierher Pärchen flüchteten, die eine Weile allein sein wollten; also inspizierten wir sie in dieser Hinsicht.

Die Einrichtung beschränkte sich auf Konturenliegen für hohe Beschleunigungen und die Tiefschlaf-Tanks. Die Liegen boten mit ihrer dicken Polsterung Sicherheit genug, und ich konnte mir nicht vorstellen, dass die Leute freiwillig die Tanks aufsuchten, es sei denn, jemand hatte eine Vorliebe für Sex in einem finsteren Sarg, umgeben von Schläuchen und Messgeräten. Cat warf mir mangelnde Phantasie vor.

Auf dem Viererdeck waren die meisten Aquakulturen untergebracht, sodass zumindest theoretisch die Gefahr des Ertrinkens bestand. Alle Becken waren seicht genug, dass Erwachsene darin stehen konnten, ohne Wasser zu schlucken, aber für die kleineren Kinder an Bord stellten sie ein gewisses Risiko dar. Zwar hatten wir die Familien mit Kindern auf dem Einserdeck einquartiert, aber natürlich war das keine Garantie, dass die lieben Kleinen nicht auf Entdeckungsreise gingen. Das Schild FISCHE FÜTTERN VERBOTEN brachte mich auf eine Idee. Ich suchte Waldo Everest auf, der bestätigte, dass die Fische täglich eine bestimmte Futtermenge bekamen, und sich sofort mit meinem Plan einverstanden erklärte, den Kindern die Verantwortung für das Füttern der Fische zu übertragen. Auf diese Weise wurden die Zuchtbecken zu ihrem Betätigungsfeld anstatt zu einer verbotenen und damit besonders reizvollen Spielwiese.

Es gab drei seichte Nassreisfelder, in denen sich zusätzlich Tausende von Krebsen tummelten, die momentan noch zu klein für den Kochtopf waren. Etwa die Hälfte der Fläche blieb schnell wachsenden Getreidesorten vorbehalten, die wir als Fischfutter benötigten. Der Geruch auf diesem Deck – eine Mischung aus Meerwasser und Grünpflanzen – sagte mir besonders zu.

Außer den Fischbecken und einigen der Erntemaschinen gab es hier kaum spezifische Gefahren. Zwar hatte sich Ami im Treppenschacht dieses Decks den Arm gebrochen, aber das hätte ihr überall zustoßen können.

Der Lift befand sich hundertzwanzig Meter entfernt gleich gegenüber der Treppe, aber man konnte ihn nicht auf direktem Weg erreichen: Ein schmaler Pfad führte im Zickzack durch die diversen Hydroponikfelder. Also benutzten wir den Gehsteig vor den Wohnquartieren, die auf diesem Deck in einem Halbrund angeordnet waren, alle gleich groß, aber verschieden aufgeteilt.

Das Apartment, in dem Marygay und ich lebten, befand sich gleich neben dem Aufzug, ein Privileg, das wir zum einen unserer Stellung, zum anderen praktischen Überlegungen verdankten: Der Kontrollraum lag direkt über uns. Ich lud Cat zu einer Tasse Tee ein. Ein Apartment war so gut wie jedes andere, wenn es darum ging, nach Sicherheitsmängeln Ausschau zu halten.

Verglichen mit Militärunterkünften waren die Quartiere geräumig. Das Schiff war ursprünglich für 205 Passagiere konzipiert worden, die jeweils Anspruch auf einen vier mal vier Meter großen Raum hatten. Also konnten sich unsere 150 Leute locker verteilen. Achtundzwanzig Paare planten zwar, ihre Familien unterwegs um ein bis zwei Kinder zu vergrößern, aber auch das würde noch kein besonderes Gedränge verursachen.

Mich selbst überkam manchmal ein Gefühl der Klaustrophobie, wenn ich an unser großes Haus in Paxton dachte, mit Blick auf die Wälder und den riesigen See. Ich hatte zwar Holo-Fenster mit dem Seepanorama im Schlafzimmer installiert, bereute den Entschluss jedoch schon wieder. Es sah echt aus, fühlte sich aber unecht an.

»Feuergefahr«, sagte ich, als ich den Kessel mit dem Teewasser aufsetzte. »Zumindest Verletzungsgefahr.« Wir hatten zwei Elektroplatten mit Induktionserwärmung, und es erforderte schon große Mühe, wenn man sich damit die Finger verbrennen wollte.

»Dann müsst ihr auch die Messer wegräumen«, meinte Cat, die sich bewusst gegen eine Kochnische in ihrem Apartment entschieden hatte. Marygay und ich besaßen genug Geschirr und Küchengeräte, um ein Menü für sechs Leute zu kochen und zu servieren, dazu ein Schränkchen mit kostbaren Gewürzen und Kräutern. Bis zu einer bestimmten Tageszeit konnte man in der Bordküche Rohmaterial im Wert einer normalen Mahlzeit ausfassen, anstatt an der Gemeinschaftsverpflegung teilzunehmen.

»Es heißt immer, das Badezimmer sei der unfallträchtigste Raum im Haus«, sagte sie. »Damit gibt es hier kaum Probleme.« Wir hatten eine Toilette und ein kleines Waschbecken. Auf jedem Deck gab es außerdem einen Duschraum mitsamt Benutzungsplan. Eine zusätzliche Dusche befand sich am Pool des Freizeitdecks.

Der Teekessel begann zu pfeifen. Ich brühte zwei Tassen auf, setzte mich neben Cat auf die Couch und ließ die Blicke kritisch durch den Raum schweifen. »Eigentlich wenig auszusetzen, oder? Die meisten Unfälle im häuslichen Bereich – Vergiftungen, Stürze, Schnitt-, Brand- und Ätzwunden – geschehen durch Dinge, die wir hier gar nicht haben.«

Sie nickte. »Dafür gibt es *hier* Gefahren, die in keinem normalen Haushalt auftreten. Meteoroiden-Einschläge zum Beispiel, Ausfälle des Lebenserhaltungssystems. Allein der Gedanke, dass wir hier auf Tonnen von Antimaterie sitzen ...«

»Ich werde mir das notieren.« Ein unbehagliches Schweigen machte sich breit, während wir unseren Tee tranken. »Bist du eigentlich nur wegen ... wegen Marygay mitgekommen?«

Cat starrte mich einen Moment lang an. »Unter anderem. Vor allem aber, weil ich wusste, dass Aldo nicht mitkommen würde. Es war eine Chance, diese Ehe ohne Peinlichkeiten zu beenden.« Sie stellte ihre Tasse ab. »Außerdem fand ich es aufregend, einfach loszuziehen und etwas Neues auszuprobieren. Du musst wissen, in unserer Ära wurde niemand mehr zum Militär eingezogen. Ich meldete mich damals freiwillig, um fremde Welten kennen zu lernen. Deshalb begann ich mich auf Mittelfinger allmählich zu langweilen.« Sie schnitt eine Grimasse. »Aldo dagegen gefiel dieses Leben. Ihm machte die Farm richtig Spaß.«

»Du hilfst hier auch auf den Feldern mit ...«

»Ich brauche Bewegung. Außerdem kenne ich mich mit Kraut und Rüben wirklich aus.«

»Ich bin froh, dass du mitgekommen bist.«

»Ja.« Das war eine Frage. »Aldo dachte, ich sei hinter Marygay her. Hat er mit dir darüber gesprochen?«

»Nicht so direkt.« Dafür in einer Reihe von plumpen Anspielungen.

»Es stimmt, dass wir ... dass ich sie liebe.« Cat versuchte das Zittern aus ihrer Stimme zu verbannen. »Aber ich ... wir haben jetzt sechzehn Jahre als Nachbarn zusammengelebt. Als gute Freunde. Das genügt mir.«

»Ich verstehe.«

»Das glaube ich nicht. Ich glaube nicht, dass Männer das verstehen *können*.« Sie nahm die Tasse in beide Hände, als wollte sie sich daran wärmen. »Vielleicht ist das unfair. Ich kannte keine Hetero-Männer, bis ich nach Heaven kam, und da war ich schon Mitte zwanzig. Aber für die normalen Männer und Jungs, mit denen ich aufwuchs, war Sex immer das Wichtigste. Wenn sie keinen Sex miteinander hatten, war es nichts Ernstes. Mädchen und Frauen dachten da ganz anders. Sie liebten sich oder sie liebten sich nicht. Sex spielte dabei keine große Rolle.«

»Ja, ich schätze, das war in meiner Zeit noch anders. Es ging nicht um Heteros gegen Homos. Und Frauen hielten damals eine ganze Menge von Sex. Aber du wurdest fast tausend Jahre nach mir geboren, oder?«

»Naja, nicht ganz. Im Jahr 2880, nach der alten Zeitrechnung.«

»Ich will hier nicht den eifersüchtigen Ehemann geben«, sagte ich. »Mir ist klar, dass du Marygay immer noch liebst – und umgekehrt. Das merkt jeder, dem ihr nicht völlig gleichgültig seid.«

»Dann sollten wir es dabei belassen. Die Trennung von Aldo wird mich nicht in ihre Arme treiben. Vielleicht in eine andere Beziehung. Aber vergiss nicht, dass ich genauso hetero bin wie du.«

»Sicher.« Allerdings machte ich mir darüber meine

eigenen Gedanken – wie effektiv oder permanent die Umpolung des Menschen wirklich war. Ich vertraute Cat, aber ich machte mir meine Gedanken. »Noch eine Tasse Tee?«

»Lieber nicht. Wir müssen weiter.« Sie lächelte. »Sonst fangen die Leute noch über uns zu reden an.«

*

Auf dem Gemeinschaftsdeck eine Etage tiefer gab es Sicherheitsmängel, die wir im freien Fall nicht bemerkt hatten. Der Teppichboden in der Cafeteria war alt und warf an manchen Stellen Falten, über die man mit einem Tablett in der Hand wunderbar stolpern konnte. Natürlich hatte niemand daran gedacht, ein paar Ersatzrollen mitzunehmen. Wir lösten den Belag in einer Ecke und kamen zu dem Schluss, dass der blanke Metallboden die bessere Lösung war. Der getrocknete Kleber ließ sich leicht abziehen. Ich notierte, dass ich in den nächsten Tagen einen Arbeitstrupp zusammenstellen musste.

Wir überprüften die meisten Geräte im Fitnessraum, die Kraft- und Rudermaschinen, Ergometer und Langlauf-Simulatoren. Wir sahen uns die Ringe, Seile und Barren an und beschlossen abzuwarten, bis sich andere die Glieder verrenkten.

Im Pool tummelten sich bereits eine Menge Leute, darunter neun der Kinder. Ich wusste, dass die Anlage Tag und Nacht vom Schiff überwacht wurde. Die Einzigen, die auf dem Gemeinschaftsdeck wohnten, waren Lucio und Elena Monet, beides Rettungsschwimmer mit einem Apartment in unmittelbarer Nähe des Wasserbeckens. Einer von ihnen hatte immer Bereitschaftsdienst und konnte Sekunden nach dem Schiffsalarm den Pool erreichen.

Das Zweier- und Einserdeck waren weniger feuchte

Versionen des Viererdecks: 95 Prozent Felder, gesäumt von Apartments. Die einzige Gefahr durch Wasser ging von einem Bassin mit Austernbänken aus: es war allerdings so seicht, dass man sich schon platt auf den Bauch legen musste, um zu ertrinken. (Ich hätte das Ding niemals aktiviert, da es ein halbes Jahr dauerte, eine »Ernte« zu produzieren, wurde jedoch von Leuten überstimmt, die es fertigbringen, eine Auster zu betrachten, ohne dass ihnen schlecht wird.) Im Gegensatz zum Viererdeck lagen alle Apartments auf einer Ebene, sodass wir uns nicht einmal über Treppen den Kopf zerbrechen mussten.

Die Zone unter dem Einserdeck barg die größten Gefahren, lag aber zum Glück nicht im Kompetenzbereich des Sicherheitsbeauftragten und seiner tüchtigen Assistentin. Sieben Tonnen Antiprotonen brodelten dort in einem glühenden Ball, zusammengehalten von einem gigantischen Pressorfeld. Wenn irgendetwas mit den Pressoren passierte, hatten wir ungefähr eine Nanosekunde Zeit, uns auf eine neue Existenz als hochenergetische Gammastrahlen vorzubereiten.

Cat bot an, das Teppichbeseitigungsprojekt zu beaufsichtigen, und ich überließ ihr den Job, obwohl ich solche Aufgaben im Allgemeinen lieber selbst erledigte. Zehn Monate lang hatte ich im Mittelpunkt gestanden – egal, ob wir diskutierten, planten oder Entscheidungen trafen – und nun war ich plötzlich ein Passagier unter vielen. Mit einem Titel und einer vagen Jobbeschreibung, jedoch nicht mehr in leitender Position. Ich musste mich erst daran gewöhnen, anderen Leuten die Verantwortung abzutreten.

fünfzehn ■

Marygay war theoretisch immer im Dienst, verbrachte aber praktisch nur eine Achtstundenschicht täglich im Kontrollraum. Die beiden anderen Schichten übernahmen Jerrod und Puül.

Ihre persönliche Anwesenheit im Kontrollraum war mehr eine psychologische oder soziale denn eine echte Notwendigkeit. Das Schiff wusste immer, wo sich alle drei befanden – und wenn es eine rasche Entscheidung treffen musste, würde es sie nicht einmal zu Rate ziehen, da das menschliche Denken für Notfälle einfach zu langsam war. Die meisten von uns Passagieren wussten das, aber es war doch tröstlich, Menschen da oben zu haben.

Es machte Marygay Spaß, das Kontrollpult zu studieren, dieses komplexe Labyrinth aus Schaltern, Knöpfen und blinkenden Anzeigen, das sich über eine vier Meter breite und zwei Meter lange, U-förmige Konsole erstreckte. Sie wusste durch ihr COBAL-Training, was jedes einzelne Bedienungselement bedeutete und konnte, so wie ich wusste, wo ich was im Cockpit einer Raumfähre fand, aber es war gut, die ins Gehirn gestopfte Theorie durch Beobachtung und Erfahrung in Echtzeit zu unterstützen.

(Eines Abends fragte ich sie, wie viele Summ-, Klingel- und Pfeifsignale ihrer Ansicht nach auf diesen acht Metern Konsole zusammenkämen. Sie schloss die Augen etwa fünf Minuten lang und sagte dann: »Eintausendzweihundertachtunddreißig.«)

Sie hatte sich für die Schicht von vier Uhr morgens

bis 12 Uhr mittags entschieden, sodass wir uns immer zum Lunch trafen, sobald sie frei hatte. Meist machten wir uns eine Kleinigkeit daheim, anstatt nach unten in den »Zoo« – so hieß die Cafeteria bei uns – zu gehen. Manchmal luden wir auch Gäste ein. Daheim auf Mittelfinger hatten wir uns immer dienstags mit Charlie und Diana zum Lunch getroffen, und wir sahen keinen Grund, dieses Ritual zu ändern.

Als wir die zweite Woche unterwegs waren, machte ich einen Kartoffel-Lauch-Eintopf, zum ersten, aber nicht zum letzten Mal, denn wir würden uns noch ein paar Monate auf die Gemüsesorten beschränken müssen, die Teresa und ihr Team unter Null-Ge-Bedingungen gezogen hatten. Das hieß, dass wir in nächster Zeit weder mit Tomaten noch mit Salat rechnen konnten.

Charlie kam als Erster, und wir vertrieben uns die Zeit mit unserem Dauer-Schachspiel. Ein Zug pro Mann, dann tauchten Marygay und Diana gemeinsam auf.

Marygay warf einen Blick auf das Schachbrett. »Du könntest das Ding hin und wieder abstauben.«

Ich begrüßte Diana mit einem Kuss. »Was macht die Medizin?«

»Himmel, das willst du doch nicht im Ernst wissen. Ich war fast den ganzen Vormittag beschäftigt, in die finsteren Kanäle eines guten Bekannten von dir vorzudringen.«

»Eloy?« Ich wusste, dass er in diesem Bereich ein Problem hatte.

Sie hob strafend den Zeigefinger und schüttelte den Kopf. »Vertraulich. Mir ist allerdings aufgefallen, dass sein Name fast nur aus Vokalen besteht.«

Eloy Macabee war ein seltsam aggressiver Typ, der mich fast jeden Nachmittag mit irgendwelchen Beschwerden oder Verbesserungsvorschlägen nervte. Da er jedoch der Hüter unserer Hühnerschar war, musste man sich mit ihm einigermaßen gut stellen. (Fische und Hühner waren die einzigen Tiere, die wir bereits bei Null-Ge an Bord genommen hatten. Fische merken den Unterschied nicht, und Hühner sind zu dämlich, um sich darüber Sorgen zu machen.)

»Eigentlich muss ich euch ohnehin ins Vertrauen ziehen – alle beide«, sagte sie zu Marygay, als sie am Tisch Platz nahmen. »Wir haben eine kleine Epidemie an Bord.«

Ich stellte die Heizplatte eine Stufe höher und rührte die Suppe um. »Ein Virus?«

»Schön wär's. Das hätten wir schnell im Griff.« Marygay schenkte Kaffee ein. »Danke. Es handelt sich um Depressionen. Ich hatte in den letzten drei Tagen mehr als zwanzig Leute im Sprechzimmer. Alle mit den gleichen Symptomen.«

»Das *ist* eine Epidemie«, stellte Charlie fest.

»Nun ja, das stimmt. Einer steckt den anderen an. Und die Sache kann tödlich enden. Mit Selbstmord.«

»Aber das hatten wir erwartet«, meinte Marygay. »Und sogar einkalkuliert.«

»Allerdings nicht so früh. Und nicht in diesem Ausmaß.« Sie zuckte die Achseln. »Noch bin ich nicht besorgt. Eher erstaunt.«

Ich verteilte die Suppe in die Schalen. »Gibt es bei den Betroffenen irgendwelche Gemeinsamkeiten?«

»Meist handelt es sich um Leute, die keine echte Aufgabe haben und nicht in den regelmäßigen Arbeitsablauf eingebunden sind. Das ist nicht weiter erstaunlich.« Sie zog ein Notebook aus der Tasche und gab ein paar Zahlen ein. »Und – der Gedanke kam mir jetzt erst – es sind keine Veteranen darunter.«

»Auch das überrascht mich nicht«, sagte Charlie. »Wir wissen zumindest, was es bedeutet, längere Zeit zusammengepfercht auf einem Schiff zu leben.«

»Ja«, wandte ich ein, »aber keine *zehn Jahre!* Wetten, dass auch einige von uns bald in deiner Sprechstunde aufkreuzen?«

»Gut, die Suppe«, sagte Marygay. »Ich weiß nicht. Ich fühle mich zunehmend wohler, seit ich darüber weg bin, dass ...«

»... Bill nicht mitgekommen ist«, ergänzte ich.

»Ja. Das Leben an Bord war nicht das Schlimmste an diesem Krieg. ›Heimatwoche‹, wie wir zu sagen pflegten. Aber ohne die ständige Bedrohung durch die Taurier.«

»Schlimmstenfalls einen«, stellte Diana fest. »Aber der ist bis jetzt kein echtes Problem.«

»Lebt sehr zurückgezogen.« Ich war ihm noch keine fünf Mal begegnet.

»Er muss einsam sein«, sagte Marygay. »Abgeschnitten von seinem Gruppen-Bewusstsein.«

»Wer kann schon sagen, was dem durch den Kopf geht.«

»Durch die Kehle«, korrigierte Diana.

Das wusste ich selbst. »Nur so eine Redensart.« Ich machte mich mit einem Schnalzen beim Schiffscomputer bemerkbar. »Spiel noch etwas Mozart!« Eine sanfte Flötenmelodie, dann das Echo der Holzbläser.

»Ein Deutscher?«, fragte Diana.

Ich nickte. »Vielleicht Preuße.«

»Er wurde in meiner Zeit immer noch gespielt. Für meine Ohren allerdings gewöhnungsbedürftig.«

Ich wandte mich erneut an das Schiff: »Wie viel von deiner Musik stammt eigentlich aus der Zeit vor dem 20. Jahrhundert?«

»Von der Spielzeit her etwa sieben Prozent. Von den Titeln her fünf Prozent.«

»Ach, du Schande! Da ist sicher nur einer von zwanzig dabei, den ich mag.«

»Du solltest mal in die neueren Sachen reinhören«,

meinte Charlie. »Klassik und Romantik kommt in regelmäßigen Zyklen wieder.«

Ich nickte, behielt meine Meinung aber für mich. Ich hatte Kostproben von ein paar Jahrhunderten genossen. »Vielleicht könnten wir die Jobs umverteilen. Damit die Depressiven auch etwas Nützliches zu tun bekommen.«

»Hilft vielleicht. Wenn wir die Sache unauffällig hinkriegen.«

Marygay nickte. »Nicht, dass plötzlich an *allen* wichtigen Positionen Leute mit psychischen Störungen auftauchen.«

»Oder wir stecken sie in die Tiefschlaf-Tanks«, meinte Charlie. »Und verschieben das Problem um vierzigtausend Jahre.«

»Glaub ja nicht, dass du der Erste bist, der mit dieser Idee spielt.«

»Könnten wir das Problem nicht einfach vor versammelter Menge ansprechen?«, schlug ich vor. »Wir haben es schließlich mit intelligenten Erwachsenen zu tun.«

»Nicht nur. Zwei der Patienten sind Kinder. Aber ich fürchte, dass wir damit noch mehr Angst und Depressionen auslösen würden.

Das Problem ist, dass Depressionen ebenso wie Angstzustände ihre Ursachen nicht nur im Verhalten, sondern auch im biochemischen Bereich haben. Aber es wäre gefährlich, eine kurzzeitige Anfälligkeit durch einen Eingriff in die Gehirnchemie zu behandeln. Dann hätten wir am Ende ein Schiff voller Suchtkranker. Wir vier mit eingeschlossen.«

»Die Wahnsinnigen als Anführer der Verrückten«, sagte Charlie.

»Ein Narrenschiff«, meinte Marygay.

Ich schnalzte und fragte das Schiff: »Könntest du die Mission allein zu Ende führen, wenn wir alle den Verstand verlieren würden?«

»Einige von euch haben ihn bereits verloren, obwohl mein Maßstab vielleicht zu hoch angesetzt ist. Ja, wenn der Kapitän es befiehlt, kann ich die Steuerung gegen Eingriffe von außen blockieren und die Mission ohne menschliche Mithilfe durchführen.«

»Und wenn der Kapitän nicht mehr bei klarem Verstand wäre?«, fragte Marygay. »Und seine beiden Stellvertreter?«

»Sie kennen die Antwort darauf, Kapitän.«

»Ja, ich kenne sie«, sagte Marygay leise und nahm einen Schluck Wein. »Und weißt du was? Sie macht mich depressiv.«

sechzehn ■

Am nächsten Tag hatten wir ein ernsteres Problem als den richtigen Umgang mit Depressionen.

Ich saß in meinem Büro auf dem Gemeinschaftsdeck und vertrieb mir die Zeit mit einem Erbsenzähler-Job. Es ging darum, die Kinowünsche für das Nachmittags- und Abendprogramm zu sortieren. Die meisten Titel hatte ich noch nie gehört. Zwei Leute hatten den Film *Der Untergang der Titanic* angekreuzt. Das würde die Moral gewaltig heben. Eisberge im All. Darüber hatte ich mir seit Tagen keine Sorgen gemacht.

Der Taurier stand plötzlich in der Tür. Ich krächzte ein paar Grußworte und warf einen Blick auf meine Uhr. Fünf Minuten später, und ich wäre ihm zum Lunch entwischt.

»Ich wusste nicht, ob ich die Angelegenheit Ihnen, dem Kapitän oder dem Sheriff vortragen sollte.« Dem Sheriff? »Sie waren am nächsten.«

»Welche Angelegenheit?«

Er führte einen aufgeregten kleinen Tanz auf. »Einer von euch hat versucht, mich umzubringen.«

»Du liebe Güte!« Ich stand auf. »Wer?«

»Er nennt sich Charlton.«

Cal natürlich. »Gut. Ich werde den Sheriff holen und wir suchen ihn gemeinsam auf.«

»Er liegt in meiner Kabine. Tot.«

»Sie haben ihn getötet?«

»Sicher. Hätten Sie das nicht getan?«

Ich rief Marygay und den Sheriff an und bat beide,

sofort nach unten zu kommen. »Gab es irgendwelche Zeugen?«

»Nein. Er war allein. Er sagte, er wolle mich sprechen.«

»Nun, das Schiff wird die Sache aufgezeichnet haben.«

Er wackelte mit dem Kopf. »So viel ich weiß, erstreckt sich die Schiffsüberwachung nicht auf meine Kabine.«

Ich schnalzte und fragte das Schiff. »Das ist korrekt. Das Quartier des Tauriers wurde nachträglich im Frachtraum eingerichtet. Es gehörte nie zu meinen Aufgaben, die Fracht zu kontrollieren.«

»Gibt es wenigstens Aufzeichnungen, dass Cal Charlton vor kurzem in Richtung Frachtraum unterwegs war?«

»Charlton betrat den Lift um 11 Uhr 32 und fuhr zum Frachtdeck hinunter.«

»War er bewaffnet?«

»Ich konnte keine Waffe erkennen.«

»Er versuchte mich mit einer Axt zu töten«, erklärte der Taurier. »Ich hörte Glas splittern, und er kam auf mich zugestürmt. Er hatte die Axt aus der Brandschutz-Nische vor meiner Kabine geholt.«

»Schiff, kannst du das bestätigen?«

»Nein. Das wüsste ich nur, wenn er den Feueralarm betätigt hätte.« Eine Aussage, die mir zu denken gab.

»Also nahmen Sie ihm die Axt ab?«

»Es war ganz leicht. Als ich das Glas splittern hörte, zog ich den richtigen Schluss und stellte mich so neben die Tür, dass ich verdeckt war, wenn sie geöffnet wurde. Er sah mich überhaupt nicht.«

»Sie haben ihn mit der Axt erschlagen?«

»Eigentlich nicht. Ich glaube, dass ich ihm das Genick brach.« Er zerteilte die Luft mit einem überzeugenden Karatehieb, um seine Worte zu demonstrieren.

»Nun, das ist ... es könnte schlimmer sein.«

»Dann nahm ich die Axt, um ganz sicher zu gehen, und hackte ihm den Kopf ab.« Er machte eine Geste, die ein Achselzucken ausdrücken sollte. »Der Sitz des Gehirns bei euch, oder?«

*

Man soll über Tote nicht schlecht reden, aber es erleichterte die Sache, dass der Taurier jemanden umgelegt hatte, der so gut wie keine Freunde besaß. Cal hatte von früher her den Ruf, dass bei ihm schnell die Sicherungen durchbrannten, und obwohl es so schien, als sei er in letzter Zeit ruhiger geworden, rastete er doch hin und wieder gehörig aus. Dreimal verheiratet, aber nie sehr lang. Im Nachhinein war uns klar, dass wir mit ihm einen echten Missgriff getan hatten; wäre er nicht von Anfang an in den Plan eingeweiht gewesen, hätten wir ihn wohl daheim gelassen, trotz seiner vielen nützlichen Talente.

Wie sich herausstellte, hatte er zu Dianas Depressionsfällen gehört, aber als wir seine Sachen durchsuchten, entdeckten wir, dass er genau eine Tablette genommen und dann die Therapie abgebrochen hatte. Zwei Tage später versuchte er Antres 906 zu töten.

Wäre Cal an Bord allgemein beliebt gewesen, hätte sich vermutlich ein Lnychmob zusammengerottet. So aber stimmte der Rat mit dem Sheriff überein, dass es sich hier um einen eindeutigen Fall von Notwehr handelte, und es gab keinen öffentlichen Protest gegen diese Sichtweise. Das ersparte uns einen höchst verwickelten Prozess mit Beteiligten verschiedener Spezies. Kein Taurier hatte auf MF je ein Verbrechen begangen. Antres 906 erklärte, die Taurier hätten kein Äquivalent zu unserem Rechtssystem, und ich gewann den Eindruck, dass er Sinn und Zweck eines Gerichtsverfahrens überhaupt nicht begriff. Wie soll man auch in einer Rasse, die keine Individuen kennt, Verbrechen und Strafen definieren – oder Moral und Ethik?

Außerdem befand sich Antres 906 bereits freiwillig in einer Art Einzelhaft. Was immer »freiwillig« für einen Taurier heißt. Ich gehe davon aus, dass sie wie der neue Mensch zu einem Großem Baum oder etwas Ähnlichem gehören, dessen Befehle sie widerspruchslos befolgen.

In Einzelhaft, aber nicht allein. In den Tagen nach dem Totschlag war immer ein Ratsmitglied in seiner Nähe, bewaffnet mit einem Betäubungsgewehr, um ihn gegen eventuelle Angriffe zu schützen. Es war eine weit längere Zeitspanne, als ich je mit einem Taurier verbracht hatte, und Antres 906 hatte nichts dagegen, sich mit mir zu unterhalten.

Einmal brachte ich das fünfseitige Dokument mit, das uns dazu verurteilt hatte, dem Weltraum fern zu bleiben. Ich fragte ihn, was die geheimnisvolle letzte Zeile zu bedeuten habe: ›Im Innern des Fremden unbekannt; im Innern des Unbekannten unbegreiflich.‹

»Das verstehe ich nicht«, sagte ich. »Soll das eine allgemeine Aussage zur Realität sein?«

Er rieb sich mit einer beinahe menschlichen Geste den Nacken. Das hieß, wie ich wusste: *Ich denke nach!* »Nein. Ganz und gar nicht.« Dann fuhr er noch zweimal mit seinem langen Finger über die erhabenen Schriftzeichen.

»Unsere Sprachen sind sehr verschieden und die geschriebene Sprache weist viele Spitzfindigkeiten auf. Die Übersetzung ist unvollständig, weil …« Wieder tastete er die Schrift entlang.

»Ich verstehe Menschenwitze nicht, aber ich glaube, das hier könnte man als eine Art Scherz bezeichnen. Wenn man das eine sagt und das andere meint.«

»Welche Worte würden Sie denn benutzen?«

»Worte? Die Worte sind schon richtig. Sie sind bekannt, ein Spruch in unserer ... Sie würden es Religion nennen.

Aber wenn wir sie verwenden, werden sie anders moduliert. Deshalb der Gedanke an eure Witze. Das Wort ›unbegreiflich‹ bedeutet hier – oder reimt sich – auf ›unbegrifflich‹ oder ›namenlos‹. Was in der Menschensprache so viel wie Schicksal oder Gott bedeutet.«

»Und das soll komisch sein?«

»Nein, überhaupt nicht, nicht in dieser Modulation.« Er gab mir das Dokument zurück. »Ganz allgemein ist es ein Ausdruck, der die Komplexität des Universums beschreibt.«

»Das klingt logisch.«

»Aber in dieser Modulation ist es keine Verallgemeinerung. Es richtet sich an euch, die einhundertachtundvierzig Rebellen. Oder vielleicht an alle Menschen, die der alten Rasse angehören. Und es ist eine ... Ermahnung? Eine Warnung.«

Ich las die Zeile noch einmal. »Eine Warnung, dass wir uns ins Unbegriffliche hinauswagen?«

»Entweder das oder genau umgekehrt: Das Unbegriffliche kommt auf euch zu. Das Namenlose. Die Namenlosen.«

Ich dachte darüber nach. »Dann ist es vielleicht ein Hinweis auf die Relativität. Ziemlich rätselhaft, das Ganze.«

Er stieß ein verneinendes Krächzen aus. »Nicht für uns.«

■ siebzehn

Es begann mit Kleinigkeiten. Kein bestimmtes Schema.
 Eine ganze Austernbank verkümmerte. Die übrigen Bänke waren okay. Das war für mich ein rein akademisches Problem. Ich hatte einmal im Leben eine Auster probiert und beschlossen, es dabei zu belassen. Aber da ich in einem früheren Leben als Fischer gearbeitet hatte, half ich Xuan und Shaunta bei der Ursachenforschung. Wir fanden bei unseren Tests nicht ein Molekül Unterschied zwischen den Zuchtbedingungen, und doch hörten die Austern in einem Becken einfach zu wachsen auf, sobald sie die Größe eines Daumennagels erreicht hatten.
 Schließlich kamen wir überein, die Austernbank zu opfern und die Jungtiere zu etwa zehn Litern Suppe zu verarbeiten, auf deren Genuss ich freiwillig verzichtete. Wir sterilisierten das Becken und versuchten es mit einem neuen Besatz.
 Dann fehlten plötzlich alle Filme und Würfel, die mit dem Buchstaben C begannen, von *Casablanca* bis *Citizen Kane*. Ein Artikel vor dem Schlagwort pflegte die Titel jedoch zu retten, sodass wir zum Glück immer noch auf *Die Cowboys* oder *Der Clou* zurückgreifen konnten, wenn uns nach alter Kultur zumute war.
 Kleinigkeiten.
 Der Temperaturregler im Kinderbecken spielte verrückt. Mal heizte er das Wasser zu stark auf, mal verweigerte er ganz den Dienst. Lucio und Elena zerlegten ihn und setzten ihn wieder zusammen. Unser Bastelgenie Matthew Anderson wiederholte die Prozedur.

Aber das Teil war und blieb unzuverlässig, und Elena baute es ganz aus, nachdem sie eines Morgens entdeckt hatte, dass das Wasser kochend heiß war. Die Kinder schien das kalte Wasser nicht zu stören, es sei denn, dass sie noch mehr Lärm machten als zuvor.

Auch der Boden des Handballfelds gab uns Rätsel auf. Er wurde so klebrig, dass man das Gefühl hatte, sich auf zähem Leim zu bewegen. Wir zogen ihn ab und versiegelten ihn neu, aber natürlich war es der gleiche Firnis, und bald nachdem wir ihn trocken hatten, fing er wieder zu kleben an.

Im Normalfall hätte man das als unglückliche Materialwahl abgetan, aber es war der gleiche Firnis, mit dem wir *alle* Kunststoffflächen an Bord versiegelten, und er klebte *nur* auf dem Handballfeld. Mag sein, dass Handballspieler schwitzen. Aber das Gleiche gilt für Gewichtheber.

Dann kam es zu einem kleinen Zwischenfall, für den es nicht mal den Ansatz einer Erklärung gab. Es konnte sich nur um einen raffinierten, wenngleich sinnlosen Streich handeln: Aus einem Lebensmittel-Vorratsschrank war die Luft entwichen.

Rudkowski schickte mir aufgebracht einen Bericht, und ich begab mich nach unten, um mir die Sache anzusehen. Es war ein Vorratsschrank für Getreide, freistehend, ohne die geringste Verbindung zum Vakuum.

Die Tür besaß kein Schloss, aber als Rudkowski, ein kräftiger, dicker Mann, sie öffnen wollte, gab sie keinen Millimeter nach. Ein zweiter Koch kam ihm zu Hilfe, und plötzlich schwang sie auf, mit dem saugenden Geräusch einströmender Luft. Als am Tag darauf das Gleiche passierte, beschwerte er sich schriftlich.

Wir räumten den Schrank aus und inspizierten ihn gründlich. Wir ließen sogar Antres 906 nach oben kommen, damit er der Sache mit seinen ungemein scharfen Sinnen auf den Grund ging. Wir konnten uns nur vorstellen, dass jemand die Luft aus dem Innern pumpte, aber keiner von uns fand eine Öffnung.

»Furchterregend«, war die einzige Reaktion, die wir dem Taurier entlocken konnten. Wir empfanden zunächst eher Ärger als Angst. Aber dann ließen wir den Schrank rund um die Uhr bewachen. Keiner kam in seine Nähe. Am nächsten Morgen fanden wir wieder ein Vakuum vor.

Um auch die obskure Möglichkeit einer Verschwörung auszuschließen, schüttete ich mich mit dem Zeug voll, das sie hier Kaffee nannten, und hielt die ganze nächste Nacht selbst Wache. Die Luft verschwand erneut.

Das rätselhafte Vorkommnis sprach sich herum. Die Reaktionen waren unterschiedlich. Manche Phlegmatiker – oder Leute, die das Problem aus Dummheit leugneten – versuchten die Sache herunterzuspielen. Der Schrank sei nicht groß, das tägliche Ausströmen der Luft mache nicht einmal ein Prozent dessen aus, was wir durch normale Leckage verloren, und wenn wir ihn geschlossen ließen, könnten wir selbst diesen Verlust vermeiden.

Andere Leute zeigten sich entsetzt, und irgendwie konnte ich sie verstehen. Da wir keine Ahnung hatten, auf welchem Wege die Luft aus dem Vorratsschrank entwich, war nicht auszuschließen, dass sich auf dem gleichen unbekannten Weg ganze Räume oder Decks – oder gar das ganze Schiff! – in eine Vakuumzone verwandelten.

Teresa Larson und ihre Religionsfraktion schienen sich sogar zu freuen: Da war etwas, das die Wissenschaftler und Techniker nicht erklären konnten! Etwas Mystisches, das in einer bestimmten Absicht geschah – eine Absicht, die Gottmutter schon noch offenbaren würde, wenn es Ihr gefiel. Ich fragte sie, ob sie nicht mal eine Nacht im Vorratsschrank verbringen wolle, um herauszufinden, was Gottmutter von ihrem Glauben hielt. Sie erklärte mir geduldig den Trugschluss in meiner Logik. Gottmutter auf die Probe zu stellen, sei das genaue Gegenteil von Glauben, und natürlich würde Sie einen solchen Frevel bestrafen.

Ich kommentierte diese alberne Ausführung nicht weiter. Ich schätze Teresa, und sie dürfte die beste Farmerin sein, die wir an Bord haben, aber in allen Belangen, die über ein gepflügtes Feld oder einen Hydroponiktank hinausgehen, ist ihr Realitätssinn deutlich getrübt.

Die meisten Leute standen wie ich irgendwo dazwischen. Wir hatten ein ernst zu nehmendes Problem, das wir momentan noch nicht in den Griff bekamen. So lange wir uns darüber den Kopf zerbrachen, blieb uns nichts anderes übrig, als den Schrank zu versiegeln und das Getreide anderswo aufzubewahren.

Die Reaktion, die mich am meisten beunruhigte, kam von Antres 906. Er bat um die Erlaubnis, die fünf Rettungsboote mithilfe einiger Techniker einem kompletten Systemcheck zu unterziehen. Wir würden sie bald brauchen, meinte er.

Antres 906 wandte sich zuerst an mich. Wäre er ein Mensch gewesen, hätte ich schlicht abgelehnt. Wir befanden uns nahe genug an einer Panik, und ich sah keinen Grund, sie noch zu verstärken. Aber die Logik und das Gefühlsleben der Taurier sind so kompliziert, dass ich ihn mit zu Marygay hinaufnahm. Sie war Kapitän und sie sollte entscheiden.

Marygay zögerte zunächst, ihm die Sondererlaubnis zu erteilen, da wir natürlich einen ganz normalen Inspektionsplan hatten und das Ganze *tatsächlich* nach Panik aussehen konnte. Aber so lange wir kein großes Aufhebens machten und den Check als Routine hinstellten, schadete er eigentlich auch nicht. Außerdem tat ihr Antres 906 in seiner Isolation Leid. Einem mit hundert Tauriern in einem Schiff zusammengesperrten Menschen hätte man auch Nachsicht entgegengebracht.

Als sie ihn jedoch bat, näher zu erläutern, weshalb er die Inspektion für notwendig hielt, gab er eine Antwort, die mich in Angst versetzte.

»Es ist nicht lange her, da hatte William eine Frage wegen dieses Papiers von der Erde. Wissen Sie noch? ›Im Innern des Fremden unbekannt; im Innern des Unbekannten unbegreiflich.‹«

Er vollführte einen hektischen kleinen Tanz, der seine Aufregung verriet. »Wir *sind* im Innern des Fremden. Ihr luftleerer Schrank ist das Unbekannte.«

»Moment mal«, sagte ich. »Wollen Sie damit zum Ausdruck bringen, dass dieser Spruch eine Art Prophezeiung ist?«

»Nein, niemals.« Wieder das aufgeregte Tänzeln. »Keine Prophezeiung, sondern Feststellung eines Zustands.«

Marygay starrte ihn an. »Sie sind der Ansicht, dass wir uns auf das Unbegreifliche vorbereiten sollten?«

Er rieb sich den Nacken, murmelte zustimmend und tänzelte und tänzelte ...

buch vier ■

DAS BUCH
DER TOTEN

achtzehn ■

Es dauerte zwei Monate, bis uns das Unbegreifliche eingeholt hatte. Marygay und ich schliefen. Ein Alarmsignal weckte uns.

»Tut mir Leid, dass ich stören muss.«

Marygay setzte sich auf und berührte den Lichtschalter. »Wen?«, fragte sie augenreibend. »Mich? Was gibt es?«

»Euch beide. Wir verlieren Treibstoff.«

»Wir verlieren *Treibstoff?*«

»Es begann vor einer knappen Minute. Die Masse der Antimaterie nimmt stetig ab. Seit ich mit euch spreche, hat sie sich um zirka ein halbes Prozent verringert.«

»Du gütiger Gott!«, murmelte ich. »Gibt es irgendwo ein Leck?« Und wenn ja, wie kam es, dass wir noch lebten?

»Physikalisch gesehen nicht. Dennoch verschwindet die Antimaterie irgendwie.« Das Schiff gab einen jener seltenen Summlaute von sich, die besagten, dass es nachdachte. Im Allgemeinen ging das so schnell, dass es die meisten Probleme zwischen den Phonemen lösen konnte.

»Ein Leck kann ich mit Sicherheit ausschließen. Im Falle eines Lecks müssten sich die Antiprotonen mit einem Ge von uns entfernen. Deshalb habe ich Wasser hinter uns versprüht. Es erfolgte keine Reaktion.«

Ich wusste nicht, ob das gut oder schlecht war. »Hast du eine Botschaft nach Mittelfinger abgeschickt?«

»Ja. Aber wenn der Schwund in diesem Tempo weitergeht, ist lange vor Ankunft der Nachricht keine Antimaterie mehr übrig.«

Natürlich. Wir waren mehr als vier Lichttage von Mittelfinger entfernt. »Lade sämtliche Brennstoffzellen bis zum Maximum!«

»Das habe ich bereits veranlasst.«

»Wie lange ...«, begann Marygay. »Wie lange können wir mit dem Hilfsantrieb durchhalten?«

»Etwa fünf Tage, bei normalem Energieverbrauch. Mehrere Wochen, wenn wir den Großteil des Lebenserhaltungssystems stilllegen und alle Leute auf einem Deck versammeln.«

»Die Antimaterie schwindet immer noch?«

»Ja. Die Verlustrate nimmt zu. Wenn das so weitergeht, haben wir in achtundzwanzig Minuten keinen Treibstoff mehr.«

»Sollen wir Generalalarm geben?«, fragte ich Marygay.

»Noch nicht. Das würde unsere Probleme nur verschlimmern.«

»Schiff, hast du eine Ahnung, wohin der Treibstoff verschwindet – und ob es eine Möglichkeit gibt, ihn zurückzuholen?«

»Nein. Es ist ein Phänomen, das sich nicht in Einklang mit den mir bekannten Gesetzen der Physik bringen lässt. Es gibt eine Analogie im Rhomer-Modell für Grenzfälle der virtuellen Teilchensubstitution, aber sie konnte nie experimentell nachgewiesen werden.« Das würde ich irgendwann nachlesen müssen.

»Halt!«, rief Marygay. »Die Rettungsboote! Verlieren sie auch ihre Antimaterie?«

»Momentan nicht. Aber der Treibstoff ist nicht übertragbar.«

»Ich denke nicht daran, ihn auf das Schiff zu übertragen«, sagte sie zu mir. »Ich denke daran, dass wir von hier verschwinden sollten, bevor noch etwas Schlimmeres geschieht.«

»Sehr vernünftig«, sagte das Schiff.

Wir schlüpften in unsere Morgenmäntel und stürmten hinunter auf das Einserdeck. Durch das Bullauge konnten wir die Antimaterie-Kugel erkennen. Sie sah nicht viel anders aus als sonst, eine Sphäre aus grellen blauen Pünktchen, aber sie schrumpfte und schrumpfte und erlosch schließlich ganz.

Die Beschleunigung kam zum Erliegen, und die Null-Ge-Kabel entrollten sich automatisch, mit einem sanften, gleichmäßigen Schnurren, aber laut genug, um die meisten Leute zu wecken. Wir konnten ein paar schrillere Alarmsignale aus manchen der Wohnquartiere hören.

Wir hatten fünf Null-Ge-Übungen durchgeführt, zwei davon ohne vorherige Ankündigung, und das Chaos hielt sich deshalb in Grenzen. Die Leute kamen mehr oder weniger bekleidet aus ihren Quartieren geschwebt und kletterten die Leitern und Netze entlang auf die Versammlungsfläche des Gemeinschaftsdecks hinunter.

Eloi Casi, der Bildhauer, war bereits fertig angezogen, einschließlich einer Arbeitsschürze, an der jede Menge Holzspäne hingen. »Verdammt idiotischer Zeitpunkt für einen solchen Drill, Mandella! Ich habe gerade meine kreative Phase.«

»Ich wollte, es wäre ein Drill, Eloi.« Wir drifteten an ihm vorbei.

»Was?«

»Keine Energie. Keine Antimaterie. Bitterer Ernst.«

Diese dürren Worte waren so ziemlich alles, was wir der versammelten Truppe vorsetzen konnten. Das Schiff ergänzte sie durch Zahlen und Daten.

»Es kann nicht schaden, wenn wir uns in die Rettungsboote begeben und so schnell wie möglich von hier verschwinden«, sagte Marygay. »Jede Sekunde Verzögerung bedeutet zusätzliche vierundzwanzigtausend Kilometer für die Rückreise.«

»Wir bewegen uns mit achtzig Prozent der Lichtgeschwindigkeit«, erklärte ich. »Die Rettungsboote haben einen gleichmäßigen Schub von 7,6 Zentimeter pro Sekunde zum Quadrat. Demnach werden wir zehn Jahre brauchen, um auf Null herunter zu bremsen, und weitere vierzehn Jahre, um nach MF zurückzukehren.«

»Wozu die überstürzte Flucht?«, fragte Alysa Bertram. »Die Antimaterie könnte ebenso mysteriös wieder auftauchen, wie sie verschwunden ist.«

»Ja, das ist durchaus möglich«, kam mir Stephen Funk zu Hilfe. »Aber können wir uns dann noch auf irgendetwas verlassen? Angenommen, der Antrieb läuft ein, zwei Monate wieder normal und gibt anschließend seinen Geist für immer auf? Wollt ihr riskieren, dass wir zehntausend Jahre in den Tiefschlaf-Tanks verbringen?«

Antres 906 war am Rande der Versammlungsfläche aufgetaucht. Ich sah ihn an, und er wackelte mit dem Kopf. *Wer weiß?*

»Ich bin der gleichen Meinung wie Steve«, sagte ich. »Stimmen wir ab? Wer ist dafür, dass wir die Rettungsboote aufsuchen und das Schiff verlassen?«

Gut die Hälfte aller Anwesenden hob die Hände. »Moment mal«, schimpfte Teresa Larson. »Ich hatte noch nicht einen verdammten Schluck Kaffee und soll hier im Halbschlaf entscheiden, das alles hier aufzugeben? Mich blind ins All zu stürzen?«

Niemand hatte mehr als sie geschuftet, um das Schiff wieder zum Leben zu erwecken. »Tut mir Leid, Teresa. Aber ich habe miterlebt, wie das Zeug einfach verschwand, und ich sehe keine andere Möglichkeit.«

»Vielleicht wird unser Glaube auf die Probe gestellt, William. Obwohl du davon nicht viel verstehst.«

»Da magst du Recht haben. Aber ich kann mir nicht denken, dass die Antimaterie zurückkehrt, wenn wir von ganzem Herzen darum beten.«

»Diese Rettungsboote sind Todesfallen«, jammerte Eloy Macabee. »Wie viele Menschen sterben in den Tiefschlaf-Tanks? Einer von drei? Oder vier?«

»Die Überlebensrate in den Tiefschlaf-Tanks beträgt mehr als achtzig Prozent«, erklärte ich. »Die Überlebensrate hier an Bord wird auf Null sinken.«

Diana kam herüber gedriftet und gesellte sich zu mir. »Je weniger Zeit wir in den TTs verbringen, desto höher ist die Wahrscheinlichkeit, dass wir überleben. Teresa, du trinkst jetzt deine Tasse Kaffee. Aber anschließend kommst du nach unten und hilfst mir. Ich muss die Leute so schnell wie möglich vorbereiten.«

»Wir beschleunigen nicht mehr«, warf Ami Larson ein. »Wir können es uns leisten, abzuwarten und über die Lage nachzudenken.«

»Okay, dann bleib da und denke nach!«, fauchte Diana. »Ich will allerdings weg von hier, bevor noch mehr passiert. Bevor zum Beispiel die Luft verschwindet. Schon mal *darüber* nachgedacht, Ami? Oder willst du behaupten, das könnte nie und nimmer geschehen?«

»Wenn einige von euch bis zur letzten Minute warten wollen«, sagte ich, »könnt ihr nicht damit rechnen, dass Diana ebenfalls wartet.«

»Sie können sich auch ohne Ärztin oder Krankenschwester vorbereiten«, erklärte Diana. »Aber wenn etwas schiefgeht, sterben sie eben.«

»Im Schlaf«, sagte Teresa.

»Ich weiß nicht. Vielleicht wachst du auch lange genug auf, um den Erstickungskampf mitzuerleben.

Kein Mensch ist je zurückgekehrt, um darüber zu berichten.«

Einen Moment herrschte feindseliges Schweigen. Marygay unterbrach es mit einem Schwenken ihres Klemmbretts. »Ich brauche die Namen derer, die das Schiff mit dem ersten und dem zweiten Boot verlassen wollen. Das sind insgesamt sechzig Leute. Jeder kann höchstens drei Kilogramm persönliches Gepäck mitnehmen. Die erste Gruppe ist um zehn Uhr dran.«

Sie wandte sich an Diana: »Wie lange dauert die Vorbereitung?«

»Die Darmentleerung funktioniert wie der Blitz. Am besten sitzt ihr bereits auf der Toilette, wenn ihr das Abführmittel nehmt.« Einige Leute lachten nervös. »Ich meine das durchaus ernst. Für die Ortho-Anschlüsse sind fünf Minuten eingeplant. Diejenigen unter uns, die unter Plus-Ge-Bedingungen kämpften, schafften es damals in weniger als einer Minute. Aber wir sind außer Übung.«

»Und inzwischen etwas älter. Also sagen wir zwölf Uhr für die zweite Gruppe?«

»Könnte passen. Von jetzt an wird nichts mehr gegessen. Trinken ist erlaubt, wenn ihr euch auf Wasser beschränkt. Und wenn ihr Medikamente nehmt, dann nur nach Absprache mit mir!«

Das Klemmbrett machte die Runde. »Sobald ich die sechzig Namen habe, sind die Leute, die sich in die Listen eingetragen haben, entlassen. Als Nächstes sind die Kandidaten für die Boote Drei und Vier an der Reihe. Wer von euch möchte unbedingt auf dem Schiff bleiben?« Zwanzig Leute hoben die Hand, manche etwas zögernd. Paul Greyton und Elena Monet meldeten sich wohl, weil sie einen Streit mit ihren Partnern fürchteten. Oder weil sie ihre Partner nicht im Stich lassen wollten. »Kommt hierher an den Kaffeestand, zu William und mir.«

Kein Kaffee mehr aus dieser Maschine, die nur bei Schwerkraft funktionierte. Nie mehr. Das war ein Plus.

Marygay schaltete mit einem Schnalzlaut das Schiff in die Diskussion ein. »Welche Überlebenschancen haben diese Leute?«

»Das lässt sich nicht berechnen, Kapitän. Da ich nicht weiß, wohin die Antimaterie verschwand, kann ich auch nicht abschätzen, wie groß die Wahrscheinlichkeit ihrer Rückkehr ist.«

»Wie lang werden sie überleben, wenn sie nicht wieder auftaucht?«

»Falls die zwanzig Leute in diesem einen Raum bleiben und ihn gut isolieren, könnten sie viele Jahre durchhalten. Allerdings wird mein Wasser in ein paar Wochen einfrieren; eine Person muss dann zum Pool hinausgehen und es in Form von Eis abbauen.

Der Pool enthält genug Wasser für zehn Jahre, wenn es nur zum Trinken und nicht zum Waschen benutzt wird.

Kompliziert wird die Lage durch den Nahrungsbedarf. Noch vor Ablauf des ersten Jahres werdet ihr zum Kannibalismus übergehen müssen. Das ergibt pro verwerteter Person etwa dreihundert Mahlzeiten – und natürlich eine Person weniger zu versorgen. Daraus folgt, dass der oder die Letzte aus der Gruppe das erste Schlachtopfer um eintausendvierundsechzig Tage überleben kann, immer vorausgesetzt, er oder sie erfriert nicht vorher.«

Marygay schwieg einen Moment, ehe sie mit einem Lächeln sagte: »Überlegt es euch!« Sie stieß sich vom Tisch ab und driftete elegant nach draußen. Ich folgte ihr unbeholfen.

Vor der Tür der Cafeteria gab es eine nicht öffentliche Verbindung zur Kommandozentrale. Ich nahm den Hörer auf und fragte: »Kann es sein, Schiff, dass du mit einer Portion von schwarzem Humor ausgestattet bist?«

»Nur insofern, als ich zwischen widersinnigen und vernünftigen Situationen zu unterscheiden vermag. Diese hier war widersinnig.«

»Was wirst du tun, wenn alle von Bord gegangen sind?«

»Mir bleibt keine andere Wahl, als zu warten.«

»Worauf?«

»Auf die Rückkehr der Antimaterie.«

»Du denkst im Ernst, dass sie wieder auftaucht?«

»Ich dachte nie ›im Ernst‹, dass sie verschwinden würde. Ich habe keine Ahnung, wo sie ist. Wer oder was immer ihre Verlagerung bewirkte, könnte durch irgendeinen Erhaltungssatz der Physik an seine Grenzen stoßen.«

»Du wärst also nicht überrascht, wenn sie zurückkäme?«

»Ich bin nie überrascht.«

»Und wenn sie *tatsächlich* zurückkommt?«

»Dann begebe ich mich wieder in meine Parkbahn um Mittelfinger. Mit ein paar neuen Daten für euch Physiker.«

Es ist lange her, seit mich jemand als Physiker bezeichnet hat. Ich bin Physiklehrer und Fischer und Vakuumschweißer. »Du wirst mir fehlen, Schiff!«

»Das verstehe ich.« Es gab eine Art Räuspern von sich. »Bei Ihrem Spiel mit Charles sollten Sie den Turm der Königin auf QR6 platzieren, dann Ihren noch verbliebenen Springer dem Bauern opfern und den schwarzen Läufer zum Schach vorrücken.«

»Danke. Ich werde daran denken.«

»Ihr werdet mir alle fehlen«, sagte es von sich aus. »Es gibt zwar eine Menge Daten, die ich neu ordnen und kombinieren muss; genug Beschäftigung für lange Zeit. Aber das ist nicht das Gleiche wie der stete chaotische Input, den ich von euch erhalte.«

»Leb wohl, Schiff!«

»Leben Sie wohl, William!«

Obwohl ein Seil im Schacht hing, hangelte ich mich die Treppe hinunter und kam mir dabei ungemein sportlich vor.

Ich merkte, dass sich in mir ein Gefühl wie vor einem Kampf aufbaute. Etwas, das ich absolut nicht beeinflussen konnte, hatte mich in eine Lage gebracht, in der ich zu zwanzig Prozent mit dem Tod rechnen musste. Anstatt mir darüber Sorgen zu machen, spürte ich eine Art Resignation, wenn nicht gar Ungeduld: Bringen wir es hinter uns, so oder so.

Hatte ich überhaupt drei Kilogramm Zeug, das ich unbedingt mit zurück nach MF schleppen wollte? Das alte Buch mit Gemälden aus dem Louvre – ich hatte es aus einem Stapel von Erd-Artefakten gezogen, als ich von Sterntor nach Mittelfinger aufbrach, eine relativ gut erhaltene, tausend Jahre alte Antiquität. Das machte nicht mal ein Kilogramm. Außerdem hatte ich meine bequemen Stiefel mitgenommen, falls es vierzigtausend Jahre in der Zukunft keine Schuster geben sollte. Aber nun, da die Spanne nur vierundzwanzig Jahre betrug, war Herschel Wyatt wahrscheinlich noch bei seinem Leisten.

Ich fragte mich, wer wohl meine Leinen beaufsichtigte. Nicht Bill. Der war inzwischen garantiert in Centrus, ein Vollmitglied des Großen Baums. Herrgott noch mal, vielleicht hatten sie ihn sogar auf die Erde geschickt.

Es konnte sein, dass wir ihn nie wiedersahen. Das hörte sich jetzt ganz anders an. Ich schüttelte den Kopf. Vier winzige Tröpfchen lösten sich von meinen Wimpern und schwebten davon.

*

Marygay und ich warteten mit den Ratsmitgliedern sowie Diana und Charlie, bis alle in den Booten verstaut waren. Die letzte Fähre war zur Hälfte leer; dreizehn Leute hatten sich entschieden, an Bord zu bleiben.

Teresa Larson war die Sprecherin der Gruppe; sie beharrte auf ihrem Entschluss, obwohl ihre Ehepartnerin Ami sich für das zweite Boot gemeldet hatte und bereits im Tiefschlaf lag. Ihre Tochter Stel blieb bei Teresa; die andere Tochter befand sich auf MF.

»Für mich gibt es da nichts zu überlegen«, erklärte sie. »Gottmutter hat uns auf diese Pilgerfahrt geschickt, damit wir zu uns zurückfinden und noch einmal von vorne anfangen. Und sie erlegte uns dieses Hindernis auf, um unseren Glauben auf die Probe zu stellen.«

»Ihr werdet nicht noch einmal von vorne anfangen«, sagte Diana. »Ihr habt zehntausend Spermien und Eizellen an Bord, aber niemand von euch weiß, wie man sie auftaut und richtig kombiniert.«

»Dann werden wir eben nach der alten Methode Kinder zeugen«, entgegnete sie tapfer. »Außerdem haben wir viel Zeit zum Lernen. Wir werden uns dein Wissen schon noch aneignen.«

»Garantiert nicht. Ihr werdet auf diesem Schiff verhungern oder erfrieren. Gottmutter hat nichts mit dem Verschwinden der Antimaterie zu tun. Rechne also nicht mit einem Wunder!«

Teresa lächelte. »Das sagst du einfach so, weil du es glaubst! Aber du *weißt* genauso wenig darüber wie ich. Also steht Glaube gegen Glaube.«

Ich hätte sie am liebsten geschüttelt, um sie zur Vernunft zu bringen. Eigentlich war ich drauf und dran gewesen, die ganze Gruppe mit Betäubungspfeilen auszuschalten und in eines der Boote zu verfrachten. Aber damit hatten sich die wenigsten einverstanden gezeigt. Außerdem bezweifelte Diana, dass man sie richtig anschließen konnte, wenn sie nicht bei Bewusstsein waren und aktiv mithalfen.

»Ich werde für euch beten«, sagte Teresa. »Ich hoffe, dass ihr alle überlebt und daheim euren Frieden findet.«

»Danke.« Marygay warf einen Blick auf ihre Uhr. »Geh jetzt und richte deiner Gruppe aus, dass das Schiff um Punkt neun diese Tür versiegeln und die Kammer leerpumpen wird. Bis acht Uhr können wir noch jeden mitnehmen, der seine Meinung ändert. Danach müsst ihr hierbleiben und ... auf euer Glück vertrauen.«

»Kann ich dich begleiten?«, fragte Diana. »Gib mir eine letzte Chance, die Leute zur Vernunft zu bringen!«

»Nein«, entgegnete Teresa. »Wir haben euch angehört und das Schiff hat eure Argumente zweimal wiederholt.« Sie wandte sich an Marygay: »Ich werde ihnen deine Worte übermitteln. Wir wissen eure Sorge um uns zu schätzen.« Damit drehte sie sich um und ließ sich durch den Raum treiben.

Es gab nur eine Null-Ge-Toilette. Stephen Funk war ein wenig blass um die Nase, als er sie verließ. »Du bist dran, William.«

Das Zeug schmeckte wie Honig mit einem Schuss Terpentin. Gleich darauf hatte man das Gefühl, von einem heißen Wasserfall durchgespült zu werden.

Im Anthropologie-Unterricht hatten wir von einem Eingeborenenstamm in Afrika gehört, der praktisch nur von Brot, Milch und Käse lebte. Aber einmal im Jahr schlachteten die Dorfbewohner eine Kuh und schlangen das Fett in sich hinein, weil sie glaubten, Durchfall sei ein Geschenk der Götter, eine heilige Reinigung. Mit *diesem* Mittel hätte man dort sicher viel Freude verbreiten können. Selbst ich fühlte mich hinterher reiner. Oder besser gesagt, ich fühlte mich wie eine einzige große Leere.

Ich säuberte den Ort des Geschehens und entschwebte. »Viel Spaß, Charlie! Es ist ein wahrhaft bewegendes Erlebnis.«

Ich turnte die Netze und Seile entlang zum letzten Rettungsboot. Dreißig Särge standen in Reih und Glied da, umgeben von gedämpftem rotem Licht. Sollte das mein letzter Eindruck von der Welt sein? Ich konnte mir schönere Szenen vorstellen.

Diana half mir beim Anlegen der Ortho-Anschlüsse; sie benutzte dazu ein Gleitmittel, das die Muskeln entspannte. Jedenfalls ging alles viel leichter als damals bei meiner Heimkehr vom letzten Feldzug. Wahrscheinlich hatten sie im Lauf der Jahrhunderte einiges dazugelernt.

Ein kurzes Klatschen gegen die linke Hüfte und mein Bein wurde von der Leiste abwärts taub. Ich wusste, das war der letzte Akt, bei dem mein Blut abgepumpt und durch ein glitschiges Polymer ersetzt wurde.

»Warte«, sagte Marygay. Sie beugte sich über den Sarg, nahm mein Gesicht in beide Hände und küsste mich. »Bis bald, Darling.«

Mir fiel keine passende Antwort ein, und so nickte ich nur, auf halbem Weg ins Reich der Träume.

neunzehn

Ich wusste nicht, dass fünf von Teresas Leuten ihre Meinung geändert und sich in letzter Minute in unser Boot begeben hatten. Zu diesem Zeitpunkt war ich bereits in jenen seltsamen Gefilden, in denen ich mich während der nächsten vierundzwanzig Jahre aufhalten sollte.

Die *Time Warp* jagte alle fünf Boote gleichzeitig aus den Luken. Das erhöhte die Chance, dass sie im Abstand von einigen Wochen oder Tagen sogar daheim eintrudelten. Bereits ein winziger Schubunterschied, sagen wir an der siebten oder achten Stelle hinter dem Komma, konnte zu gewaltigen Verschiebungen der Ankunftszeit führen, wenn man ihn mit vierundzwanzig Jahren multiplizierte.

Im Grunde war die Sache einfach: Wir richteten die Nasen unserer Boote nach Mittelfinger aus und warteten zehn Jahre lang geduldig ab, während wir immer langsamer wurden. An einem bestimmten Punkt standen wir in Bezug auf unsere Heimatwelt still. Danach beschleunigten wir sieben Jahre lang, drehten die Boote und damit die Schubrichtung um und bremsten die nächsten sieben Jahre stetig ab.

Natürlich bekam ich davon wenig mit. Die Zeit verging schnell – viel zu schnell dafür, dass sie fast so lang war wie mein halbes Leben –, aber ich konnte erkennen, dass sie verging. Ich befand mich in einem Zustand zwischen Wachen und Schlafen, wie es mir nachträglich schien, trieb dahin in einem Meer aus Erinnerungen und Phantasien.

Viele Jahre oder jahrelange Tage war ich von dem Gedanken besessen, dass sich mein gesamtes Leben seit dem Feldzug Aleph-0 oder Yod-4 oder Sade-138 in dem kurzen Augenblick zwischen einer tödlichen Verwundung und dem Tod abspielte: all die Milliarden Neuronen, die in der letzten Mikrosekunde ihrer Existenz eine endliche, aber ungeheuer große Zahl an Kombinationsmöglichkeiten durchspielten. Ich würde nicht ewig leben, aber ich würde auch nicht endgültig sterben, so lange die Neuronen ihr Suchspiel fortsetzten.

Das Erwachen war wie ein Sterben. Alles, was ich so lange für Realität gehalten hatte, ging langsam über in Blindheit, Taubheit und jene eiskalte Starre, die seit Jahrzehnten der wahre Zustand meines Körper war.

Ich erbrach trockene Luft, in immer neuen Schwallen.

Als Magen und Lungen genug davon hatten, sprühte mir ein Schlauch etwas Süßes, Kaltes in den Mund. Ich versuchte die Augen aufzuschlagen, aber feuchte Pads hielten sie sanft geschlossen.

Zweimal ein kurzes, herrliches Ziehen, als die Ortho-Schläuche entfernt wurden, und die erste Regung meiner Gliedmaßen – wenn man ein paar dünne Stecken als Gliedmaßen bezeichnen kann –, die zu einer schnellen Erektion infolge des warmen Blutstroms führte. Eine Zeit lang konnte ich weder Arme noch Beine heben. Finger und Zehen erwachten mit angenehm knackenden Geräuschen zu Leben.

Diana nahm die Pads von meinen Augen und öffnete die Lider mit trockenen Fingern. »Hallo? Jemand daheim?«

Ich schluckte dünnen Sirup und hustete schwach. »Wie geht es Marygay?«, krächzte ich.

»Erholt sich. Ich habe sie erst vor wenigen Minuten geweckt. Du bist der Nächste.«

»Wo sind wir? Angekommen?«

»Ja, wir sind angekommen. Sobald du genug Kraft hast, um dich aufzusetzen, kannst du MF da unten in seiner ganzen kalten Pracht bewundern.« Ich versuchte den Kopf zu heben, fiel aber nach wenigen Zentimetern wieder zurück. »Pass auf, dass du nicht wegkippst! Ruh dich erst einmal eine Weile aus. Wenn sich der Hunger meldet, kannst du eine uralte Suppe bekommen.«

»Wie viele Schiffe?«

»Ich weiß nicht, wie man den Kontakt herstellt. Sobald Marygay auf die Beine kommt, kann sie einen Funkspruch absetzen. Eines sehe ich von hier aus.«

»Wie viele Überlebende? Gab es Tiefschlaf-Opfer?«

»Leona. Ich habe sie nicht aufgetaut. Bei einigen könnte es Behinderungen geben, aber das lässt sich erst nach dem Aufwachen feststellen.«

*

Ich schlief ein paar Stunden. Als ich aufwachte, hörte ich Marygays Stimme wie aus weiter Entfernung. Ich setzte mich in meinem Sarg auf und Diana brachte mir etwas Brühe. Das Zeug schmeckte nach Karotten und Salz.

Sie klappte das Seitenteil herunter. Meine Kleidung lag da, wo ich sie gestapelt hatte, vierundzwanzig Jahre älter, aber immer noch elegant. Als ich halb angezogen war, musste ich eine Pause einlegen, weil die Null-Ge-Übelkeit anklopfte. Es ging rasch vorbei. Ich erinnerte mich an das erste Mal, kurz nach meinem Studium; damals war ich zwei Tage lang für nichts mehr zu gebrauchen gewesen. Jetzt schluckte ich einfach, bis die Suppe sich merkte, wo unten war, zog mich fertig an und driftete nach oben, um Marygay zu unterstützen.

Sie hatte es sich in einer Null-Ge-Liege der Pilotenstation einigermaßen bequem gemacht. Ich schnallte mich neben ihr fest.

»Darling!«

Sie sah elend aus, zugleich hager und aufgequollen, und ihrer Miene entnahm ich, dass ich ein ähnliches Bild abgab. Sie beugte sich herüber und gab mir einen Kuss, der nach Karotten schmeckte.

»Es steht nicht gut«, sagte sie. »Wir haben schon vor Jahren jeglichen Kontakt zu Nummer Vier verloren. Und Nummer Zwei hat aus irgendeinem Grund mehr als eine Woche Verspätung.«

»Glaubt das Boot, dass Nummer Vier etwas zugestoßen ist?«

»Es hat keine eigene Meinung.« Sie kaute an ihrer Unterlippe. »Die Wahrscheinlichkeit ist allerdings groß. Eloi und die Snells. Ich weiß nicht, wer sich sonst noch an Bord befindet, weil ich noch keine Zeit hatte, den Belegungsplan zu checken.«

»Cat ist auf Zwei«, sagte ich unnötigerweise.

»Dort ist vermutlich alles okay.« Sie drückte auf einen Knopf. »Aber wir haben noch ein kleines Problem. Ich kann keine Verbindung zu Centrus herstellen.«

»Zum Raumhafen?«

»Weder zum Raumhafen, noch zur Stadt selbst.«

»Könnte das am Peilfunk liegen?«

»Die beiden anderen Boote bekomme ich klar herein. Sie sind allerdings ganz in der Nähe. Vielleicht reicht die Energieversorgung nicht aus.«

»Vielleicht«, sagte ich, obwohl ich nicht so recht daran glaubte. Wenn das Gerät nicht auf vollen Touren arbeitete, würde es die Signale zumindest abgeschwächt übermitteln. »Hast du es schon mit einer visuellen Suche probiert?«

Sie schüttelte kurz den Kopf. »Die optischen Geräte

sind auf Nummer Zwei. Wir haben Spermien, Eizellen und Schaufeln.« Die Masse war natürlich ein kritischer Faktor. Deshalb hatten wir das Zeug zum Wiederaufbau des Planeten auf die fünf Laderäume verteilt und nur die Sachen doppelt an Bord, die beim Verlust eines Bootes den Untergang aller übrigen bedeutet hätten.

»Als ich den Funk einschaltete, bekam ich eine Art Trägerwelle herein. Das Boot glaubt, dass es sich um eine der Centrus-Fähren in einem mittleren bis niedrigen Orbit handelt. Müsste in etwa einer Stunde wieder auftauchen.« Wir befanden uns in einer stationären Umlaufbahn hoch droben.

Ich warf einen Blick auf die Eiskugel von MF und musste unwillkürlich an Kalifornien denken. Wenn wir vor vierundzwanzig Jahren die Reise zur Erde angetreten hätten, wären wir jetzt in Wärme und Sicherheit. Und müssten uns nicht den Kopf um das Schicksal unseres Sohnes zerbrechen.

Jemand begann sich laut zu übergeben. Ich riss den Vakuumsauger aus seinem Schnappverschluss hinter dem Copilotensitz und stieß mich in Richtung des Geräusches ab, um die Sache in Ordnung zu bringen.

Es wird nur halb so schlimm, wenn man schnell arbeitet. Chance Delaney, dem das Malheur passiert war, machte die Verlegenheit allem Anschein nach mehr zu schaffen als die Übelkeit.

»Tut mir Leid«, sagte er, »das Zeug weigerte sich einfach, unten zu bleiben.«

»Dann trink erst mal nur Wasser«, riet ich ihm, während ich die Kügelchen einsaugte. Ich, der Experte.

Dann klärte ich ihn über unsere Lage auf. »Du liebe Güte! Hältst du es für möglich, dass diese Mutter-Erde-Leute an die Macht gelangt sind?«

Damit meinte er Teresas Gesinnungsgenossen. »Nein. Und selbst wenn – der Mensch hätte ihnen nie erlaubt, alles dicht zu machen.«

Nach einer weiteren Stunde war der Rest des Rates wach – Sage, Steve und Anita. Marygay und ich sahen allmählich wieder normal aus, als sich die hohlen Wangen füllten und die Haut straffte.

»Okay«, sagte Marygay und tippte auf einen Monitor. »Das Signal ist wieder da. Es kommt eindeutig von einer der Fähren.«

»Nun denn, ich bin der Fährenpilot. Steigen wir in das Ding um und sehen wir nach, was unten los ist!« Wir konnten mit unseren Rettungsbooten nicht einfach auf dem Planeten landen, als seien sie überdimensionale Raumfähren – das heißt, wir *konnten* schon, aber die Strahlung würde sämtliche Menschen und Tiere töten, die sich im Umkreis von mehreren Kilometern aufhielten und nicht rechtzeitig in Deckung gingen.

»Warten wir, bis sich alle ein paar Stunden erholt haben. Wir sollten uns in den Beschleunigungsliegen festschnallen – für alle Fälle.«

»Kannst du die Fähre sehen?«, fragte Anita.

»Nicht von hier aus. Aber sie muss in der Nähe sein; das Signal ist ziemlich stark.«

»Nur eine?«, wollte Steve wissen.

»Ich glaube schon. Wenn eine zweite im Orbit ist, sendet sie keine Funksignale aus.« Sie hangelte sich zu uns herüber. »Wir sollten zur Sicherheit alle drei Boote staffeln und die Fähre in Formation anfliegen.«

»Einverstanden«, sagte ich. Man musste genau darauf achten, in welche Richtung der Gammastrahlen-Ausstoß ging. Wenn die drei Boote ihr Ziel parallel ansteuerten, konnte nicht viel passieren.

»Niemand an Bord der Fähre?«, fragte Chance.

»Zumindest antwortet niemand. Sie hätten uns sehen müssen.« Die Boote strahlten bei der Annäherung heller als Alkor. »Mag sein, dass mit unserem Funkgerät etwas nicht in Ordnung ist. Aber das glaube ich nicht. Ich fange die Trägerwelle auf und es ist die selbe Frequenz wie früher.«

Sie schüttelte seufzend den Kopf. »Beten wir, dass es das Funkgerät ist«, murmelte sie. »Ich fange überhaupt nichts auf, auf keiner der Sendefrequenzen. Es ist, als ob ...«

»Aber wir waren doch nur vierundzwanzig Jahre unterwegs«, sagte Steve.

Anita vollendete seinen Gedankengang. »Nicht lang genug, dass eine ganze Zivilisation aussterben könnte.«

»So etwas kann schnell gehen«, meinte Chance. »Vor allem, wenn man kräftig darauf hinarbeitet.«

»Ist es nicht auch möglich, dass alle den Planeten verließen?«, warf ich ein.

»Wie denn?« Steve deutete auf den Himmelsausschnitt. »Wir nahmen das einzige Sternenschiff mit.«

»Der Mensch sagte, es gäbe Tausende davon in Parkorbits um die Erde. Es wäre ein gewaltiges Unterfangen, aber in einem Notfall ließe sich Mittelfinger in weniger als einem Jahr evakuieren.«

»Eine Umweltkatastrophe vielleicht«, meinte Marygay. »All diese Mutationen, das verrückte Wetter ...«

»Oder ein neuer Krieg«, ergänzte Chance. »Nicht mit den Tauriern. Aber es gibt wahrscheinlich schlimmere Gegner.«

»Wir werden es bald erfahren«, sagte ich. »Ich nehme an, dass sie eine Botschaft hinterließen. Oder jede Menge Gebeine.«

■ zwanzig

Es dauerte zehn Stunden, die drei Boote in Reichweite der Fähre zu manövrieren, die den Planeten in dreihundert Kilometern Höhe überstrich. Ich schlüpfte in einen der geräumigen Eine-Passform-für-Alle-Raumanzüge, verabschiedete mich mit einer plumpen Umarmung von Marygay und schaffte es, mit nur einem Fehlversuch von Luftschleuse zu Luftschleuse zu jetten.

Die Anzeige dicht über meinem Auge verriet mir, dass die Luft in der Fähre in Ordnung und die Temperatur schattig, aber nicht lebensbedrohlich war. Also kletterte ich aus dem Riesenanzug und gab den beiden anderen grünes Licht. Ich hatte mich entschieden, Charlie mit nach unten zu nehmen, dazu den Sheriff – für den Fall, dass der Mensch den einen oder anderen Hinweis besser zu deuten wusste als wir. Auch Antres 906 wäre mir willkommen gewesen, doch er passte nicht in den Anzug. Hätte ja sein können, dass die Taurier eine Art Braille-Notiz hinterlassen hatten: »Tod dem Menschengesindel!«, oder so.

Ich fragte die Fähre, was eigentlich los sei, erhielt aber keine Antwort. Das überraschte mich nicht weiter; es erforderte keinen intellektuellen Kraftakt, eine planetennahe Parkbahn einzuhalten. Aber unter normalen Umständen hätte sich der Computer automatisch in ein Gehirn auf MF eingeloggt, um meine Fragen zu beantworten.

Ich hatte vage damit gerechnet, ein paar gruselige Skelette in den Konturensitzen vorzufinden. Aber nichts deutete auf menschliche Passagiere hin. Lediglich ein paar leere Coveralls trudelten durch die Kabine. Das ließ den Schluss zu, dass die Fähre per Autopilot vom Raumhafen gestartet war.

Nachdem Charlie und der Sheriff an Bord gekommen waren, ihre Anzüge verstaut und sich festgeschnallt hatten, gab ich den schlichten digitalen Befehl für »Rückkehr nach Centrus« ein. (So viel zu meinem wochenlangen COBAL-Training.) Die Fähre wartete elf Minuten und senkte dann die Nase in Richtung Atmosphäre.

Wir näherten uns dem kleinen Raumhafen von Osten her, über die Villenvororte Vendler und Greenmount. Schnee bedeckte den Boden; die Tauperiode hatte eben erst eingesetzt. Die Sonne ging auf, aber nirgends stieg Rauch aus den Schornsteinen. Weder Gleiter noch Leute waren zu sehen.

Es gab nur zwei genehmigte Anflugschneisen, schnurgerade Ost und schnurgerade West, beide von Horizont zu Horizont abgeriegelt – nicht aus Furcht vor Abstürzen, obwohl ein Unglück nie völlig auszuschließen war. Die Hauptaufgabe der hohen Zäune bestand darin, die Leute vor der Gammastrahlung der Fähre zu schützen.

Wir legten eine problemlose Horizontallandung hin. Kein Pieps vom Kontrollturm. Kein Gleiter, der uns abholen kam. Ich wartete, bis die Luftschleuse aufging. Eine leichte Gittertreppe klappte nach unten.

Die Schwerkraft war beruhigend und anstrengend zugleich. Die Pilotenkluft hielt die feuchte Kälte kaum ab, und alle – selbst der genetisch perfekte Sheriff – klapperten mit den Zähnen, als wir den etwa einen Kilometer langen Weg zum Hauptgebäude geschafft hatten.

Drinnen war es fast so kalt wie draußen, aber zumindest windgeschützt.

Die Büros waren verlassen, und alles war mit Staub bedeckt. Es gab keine Energieversorgung, so weit wir das beurteilen konnten. Und keine Unordnung, außer ein paar offenen Schubladen und herumliegenden Papieren. Keine Spur von Panik oder Gewalt. Der hässliche Anblick von Leichen oder Skeletten blieb uns erspart.

Auch keine Botschaften im Staub: SEHT, DAS ENDE IST NAH! Es hatte den Anschein, als seien alle zu Tisch gegangen und nicht wiedergekommen.

Aber sie hatten ihre Kleidung zurückgelassen. Überall in den Korridoren und hinter den meisten Schreibtischen lagen schlappe Stoffbündel, als habe sich jeder, wo er gerade ging oder stand, seiner Sachen entledigt und sei verschwunden. Obgleich eingestaubt und flach gedrückt vom langen Liegen, waren die meisten Kleidungsstücke noch gut zu erkennen. Straßenanzüge und Kostüme, Arbeitsoveralls und ein paar Uniformen. Oberbekleidung und Unterwäsche, auf Schuhe gestapelt.

»Das ist ...« Diesmal fiel auch Charlie kein guter Spruch ein.

»Gruselig«, sagte ich. »Ich frage mich, ob das nur hier oder überall so aussieht.«

»Wahrscheinlich überall«, sagte der Sheriff und ging in die Hocke. Er hielt einen protzigen Brillantring in die Höhe, offensichtlich ein Erinnerungsstück von der guten alten Erde. »Plünderer kamen hier nicht durch.«

Rätsel oder nicht, wir waren völlig ausgehungert und suchten deshalb die Cafeteria auf.

Wir machten uns nicht die Mühe, den Kühlschrank und die Gefriertruhe zu öffnen, entdeckten aber in einer Vorratskammer ein paar Kartons mit Trockenobst sowie einige Fleisch- und Fischdosen. Nach einem raschen Imbiss durchsuchten wir getrennt das Gebäude nach Hinweisen, wie lange es schon leer stand und was eigentlich geschehen war.

Der Sheriff fand eine vergilbte Zeitung vom 14. Galileo 128. »Das hätten wir uns denken können«, meinte er. »Der Tag, an dem wir unseren Rückflug antraten – die Relativität mit eingerechnet.«

»Also verschwanden sie zum gleichen Zeitpunkt wie unsere Antimaterie.« Meine Uhr erinnerte mich mit einem Piepston daran, dass Marygay in Kürze die Gegend überfliegen würde. Mit vereinten Kräften schafften wir es, die Tür des Notausgangs zu öffnen.

Ohne den leichten Dunstschleier hätten wir die drei Rettungsboote als drei kleine weiße Punkte dicht nebeneinander am Himmel erkennen können.

Wir konnten uns nur ein paar Minuten unterhalten, aber es gab auch nicht viel zu berichten. »Zwei unerklärliche Phänomene, die sich gleichzeitig ereigneten, hatten aller Voraussicht nach die gleiche Ursache.«

Marygay sagte, sie würden ihre Beobachtungen aus dem Orbit fortsetzen. Sie hatten nichts Großartiges an Bord. Lediglich Boot Drei war mit einem starken Teleskop ausgerüstet. Sie konnten unsere Fähre erkennen und die Spur, die sie bei der Landung in den Schnee gepflügt hatte, dazu die Umrisse der zweiten Fähre unter einer schneeabweisenden Plane.

Die Rettungsboote würden auf dem Heckstrahl landen müssen. Es blieb zu hoffen, dass sich einige Kilometer links und rechts der Anflugschneisen keine Lebewesen aufhielten – wenn ja, dann waren sie die längste Zeit am Leben *gewesen,* denn der Gammastrahlen-Ausstoß unserer Fähre betrug nicht einmal ein Prozent von dem der größeren Boote.

Momentan sah alles danach aus, als sei das kein Problem.

Falls noch Menschen in der Stadt lebten, würden wir in die Wildnis hinausfahren und dort nach einem Ersatz-Landeplatz suchen müssen, der groß und flach genug für die Rettungsboote war. Es gab da draußen die eine oder andere Farm, um die es nach meinem ganz persönlichen Dafürhalten nicht besonders schade war.

Wir fanden in einem Spindraum im Keller warmes Winterzeug, orangerote Coveralls, die extrem leicht waren und sich irgendwie schmierig anfühlten. Ich wusste zwar, dass sie nicht mit Öl behandelt, sondern mit einem komischen Polymer beschichtet waren, das einen Millimeter Vakuum zwischen den Schichten festhielt, aber das änderte nichts daran, dass ich sie nur ungern anrührte.

Mit unverbesserlichem Optimismus suchten wir die Service-Werkstatt auf, aber natürlich waren die Treibstoffzellen alle leer. Der Sheriff erinnerte sich jedoch an ein Notfahrzeug, das wir tatsächlich an seinem Parkplatz fanden. Da es auch oder gerade für Einsätze bei Energieausfällen gedacht war, besaß es einen kleinen Plutoniumreaktor.

Es war ein grelles, hässliches Ding, ein knallgelber Kasten, ausgerüstet für den Einsatz bei Bränden, ferngelenkten Rettungsmissionen und medizinischer Erstversorgung. Im Innern hatte es Platz genug für sechs Betten und das entsprechende Ärzte- und Sanitäterpersonal.

Da die Schlösser vereist waren, hatten wir allerdings Schwierigkeiten, ins Innere zu gelangen. Wir holten uns aus der Werkstatt ein paar schwere Schraubenzieher und hackten uns den Weg frei.

Licht flammte auf, als wir die Tür öffneten – ein gutes Zeichen. Wir stellten den Defroster auf die höchste Stufe und sahen uns um. Ein praktischer mobiler Stützpunkt, für jetzt und auch für später, wenn der Rest der Leute nach unten kam – zumindest so lange, bis der Plutoniumvorrat erschöpft war.

Es gab eine Anzeige »Verbleibende Einsatzstunden«, unter der die Zahl 11 245 blinkte. Ich wusste nicht recht, wie ich das interpretieren sollte, da das Ding vermutlich mehr Energie verbrauchte, wenn es eine Steigung erklomm, als jetzt, da es einfach mit eingeschaltetem Licht auf unsere Befehle wartete.

Als die Windschutzscheibe frei war, übernahm der Sheriff den Fahrerplatz. Charlie und ich schnallten uns auf den harten Sitzen hinter ihm fest.

»Der Zugangscode für Notfahrzeuge war früher mal fünf-sechs-sieben«, sagte er. »Fall er sich geändert hat, müssen wir irgendwie versuchen, ihn zu umgehen.« Er gab die Nummer in ein Tastenfeld ein und wurde mit einem Signalton belohnt.

»Ziel?«, fragte der Bordcomputer.

»Manuelle Steuerung«, befahl der Sheriff.

»Fahren Sie vorsichtig!«

Er drückte auf die Programmtaste VORWÄRTS, und der Elektromotor begann zu winseln, immer höher und lauter, bis sich die sechs Räder mit einem befreienden Knirschen vom Eis lösten. Ein Ruck ging durch das Fahrzeug. Das Ding rollte los, und der Sheriff steuerte es vorsichtig zur Ankunftszone des Raumhafens und hinaus auf die Straße, die in die Stadt führte.

Die elastischen Metallreifen klangen auf dem eisigen Untergrund wie Schmirgelpapier. Meine Uhr piepste, und wir hielten kurz an, damit ich aussteigen und Marygay einen Lagebericht geben konnte.

Es gab keine Vororte auf dieser Seite von Centrus; man hatte jede Bautätigkeit in Richtung Raumhafen untersagt. Sobald wir jedoch die Fünf-Kilometer-Zone passiert hatten, befanden wir uns mitten im Wohngebiet.

Es war ein interessanter Teil der Stadt. Die ältesten Bauwerke des Planeten befanden sich hier, geduckte Gebilde aus Stampferde mit Holzrahmen an den Türen und Fenstern. Sie wurden von den ein- bis zweistöckigen Backsteinhäusern der nächsten Generation überragt.

Bei einem der alten Gebäude hing die Haustür schief in ihren Angeln und schlug im Wind hin und her. Wir hielten an, um einen Blick ins Innere zu werfen. Ich hörte, wie der Sheriff seine Waffe entsicherte. Ein Teil von mir dachte: *Wovor, zum Henker, fürchtet er sich denn?*, und ein Teil von mir war beruhigt.

Graues Licht drang durch die verschmutzten Fenster und fiel auf verstreute Gebeine. Es war ein grässlicher Anblick. Der Sheriff stieß mit dem Fuß gegen einige davon und bückte sich dann, um sie näher zu inspizieren.

Er zerrte einen langen Knochen aus dem wirren Haufen. »Das sind keine Menschenskelette.« Er legte ihn wieder zu den anderen. »Hunde und Katzen.«

»Wahrscheinlich fanden sie hier Schutz vor der Winterkälte, weil die Tür offen stand«, sagte ich.

»Und Nahrung«, ergänzte Charlie. »Die Stärkeren fraßen die Schwächeren.« Wir hatten Hunde und Katzen auf diesen Planeten mitgebracht, obwohl wir wussten, dass sie einen Großteil des Jahres von uns abhängig sein würden. Aber sie waren ein willkommenes Glied in der Kette des Lebens gewesen, das auf der Erde seinen Anfang nahm.

Und hier endete? Ich hatte es plötzlich eilig, in die Stadt zu kommen.

»Keine neuen Erkenntnisse für uns.« Der Sheriff schien das Gleiche wie ich zu empfinden. Er stand abrupt auf und wischte sich die Hände an seinem schmierigen Coverall ab. »Fahren wir weiter!«

Ich hatte instinktiv angenommen, dass ich die Führung übernehmen sollte, sobald die Fähre den Parkorbit verließ, aber nun fiel mir auf, dass der Sheriff das Steuer in der Hand hielt, buchstäblich und im übertragenen Sinn.

Während die Sonne höher kletterte, fuhren wir die Hauptstraße entlang, vorbei an verlassenen Fahrzeugen. Fahrbahn und Gehsteige befanden sich in einem desolaten Zustand. Wir holperten über ein Meer von Frostaufbrüchen.

Die Autos und Gleiter waren nicht nur verlassen; sie türmten sich in Blechknäueln mitten auf den Kreuzungen. Da die meisten Leute im Stadtverkehr die Automatik ausschalteten, waren die Vehikel nach dem Verschwinden ihrer Chauffeure wohl einfach weitergerollt, bis sie gegen irgendein schwereres Hindernis prallten.

In die meisten Häuser konnte die Sonne ungehindert eindringen. Auch das war nicht gerade beruhigend. Denn wer begibt sich schon auf eine lange Reise, ohne die Vorhänge zuzuziehen? Vermutlich die gleichen Leute, die ihre Gleiter mitten auf der Straße verlassen.

»Warum halten wir nicht irgendwo und untersuchen ein Gebäude, in dem sich keine Hundeskelette befinden?«, schlug Charlie vor. Er sah so aus, wie ich mich fühlte: Höchste Zeit, das schaukelnde Boot zu verlassen.

Der Sheriff nickte und parkte am Straßenrand, für den Fall, dass hier plötzlich das Verkehrschaos losbrach. Wir stiegen aus und betraten das nächstbeste Gebäude, einen zweistöckigen Wohnblock, bewaffnet mit unseren großen Schraubenziehern, um das eine oder andere Schloss aufzubrechen.

Die erste Wohnung zur Rechten war unversperrt. »Hier hat jemand von uns gelebt«, sagte der Sheriff mit einem Anflug von Bewegtheit. Der neue Mensch fand es in der Regel unnötig, sein Heim abzuschließen.

Die Wohnung war mehr als schlicht und nüchtern. Ein paar unbequeme Holzmöbel. In einem Zimmer fünf Pritschen mit den Holzblöcken, die sie anstelle von Kopfkissen benutzen.

Ich fragte mich nicht zum ersten Mal, ob sie irgendwo ein paar weiche Decken versteckt hatten. Diese Planken mussten beim Sex ganz schön hart gegen Rücken und Knie drücken. Und sahen die restlichen anderthalb Paare zu, wenn ein Paar sich vergnügte? Erwachsene lebten immer in Fünfergruppen zusammen, während die Kinder in Krippen und Horte kamen.

Vielleicht hatten sie alle miteinander Sex. Jeden dritten Tag oder so. Sie unterschieden nicht zwischen Heteros und Homos.

Die Räume waren völlig schmucklos. Wie eine Taurierzelle. Kunst gehörte an öffentliche Plätze, zur Erbauung aller. Sie sammelten nichts. Nicht einmal Souvenirs.

Alle horizontalen Flächen waren mit einer gleichförmig dicken Staubschicht bedeckt. Charlie und ich mussten niesen. Dem Sheriff fehlte offensichtlich das entsprechende Gen.

»Vielleicht lässt sich in einer Wohnung unserer Leute mehr erkennen«, sagte ich. »Je mehr Unordnung, desto mehr Hinweise.«

»Natürlich.« Der Sheriff nickte. »Sehen wir uns die anderen an.« Der neue Mensch hatte in der ganzen Stadt verteilt gelebt, Tür an Tür mit unsereinem. Eine Geste der Großmut.

Die Tür nebenan war versperrt, ebenso die sieben anderen in der gleichen Etage. Wir hatten kein Glück mit unseren Schraubenziehern.

»Sie könnten das Schloss aufschießen«, meinte Charlie.

»Das ist riskant. Außerdem habe ich nur noch zwanzig Patronen.«

»Irgendwie habe ich den Verdacht, dass Sie dieses Zeug kistenweise in der Polizeistation finden werden.«

»Gehen wir nach draußen und schlagen wir ein Fenster ein«, sagte er. Wir begaben uns ins Freie und er brach ein faustgroßes Teerstück aus einem der Schlaglöcher. Für jemanden, der vermutlich nie Softball gespielt hatte, war seine Technik nicht schlecht. Der Brocken hinterließ ein paar sternförmig auseinander laufende Risse, prallte jedoch zurück. Charlie und ich folgten seinem Beispiel. Nach ein paar Versuchen bestand die Scheibe aus einem dichten Netz von Sprüngen, hielt aber immer noch stand.

»Hmm ...« Der Sheriff zog seine Pistole, zielte mitten auf das Fenster und drückte ab. Der Knall brach sich an den Hauswänden. Die Kugel hinterließ ein Loch in der geschundenen Scheibe. Er zielte einen Meter rechts daneben und schoss noch einmal. Diesmal zerbröselte ein Großteil des Fenster in einer Scherbenkaskade.

Es wurde Zeit, wieder Kontakt zum Schiff aufzunehmen. Wir sammelten unsere Kräfte, während ich Marygay einen Kurzbericht unserer beunruhigenden Entdeckungen übermittelte. Wir kamen überein, dass die Rettungsboote im Orbit bleiben sollten, bis wir etwas mehr wussten. Außerdem waren die Passagiere, die sie zuletzt aus dem Tiefschlaf geholt hatten, noch zu schwach für die anstrengende Landung.

Wir mussten die Glassplitter, die noch in der unteren Rahmenleiste steckten, nicht entfernen. Ich konnte nach innen greifen, um das Fenster zu entriegeln, und es schwang nach außen, ein breiter, wenn auch etwas unbequemer Einlass. Der Sheriff und Charlie hievten mich irgendwie durch, und dann schoben und zerrten wir, bis alle drinnen waren. Erst danach kam mir der Gedanke, dass es leichter gewesen wäre, die Tür von innen zu öffnen.

In der Wohnung hatte Chaos geherrscht, noch bevor wir die Scheibe zerschossen. Überall stapelten sich

Bücher, die meisten davon in Umschlägen der Universitätsbücherei, die Rückgabe seit acht MF-Jahren überfällig.

An einer Wand hing ein eingerahmtes Diplom. Ein komisches Gefühl beschlich mich, denn ich kannte die Frau, die hier gelebt hatte. Roberta More, Lehrbeauftragte für Theoretische Physik. Sie war mal nach Paxton gekommen, um zwei meiner Studenten Diplomarbeiten in Centrus anzubieten. Bei dieser Gelegenheit hatten wir vier gemeinsam gegessen.

»Die Welt ist klein«, sagte Charlie, aber der Sheriff fand es durchaus normal, dass ich den einen oder anderen Hausbewohner kannte, da wir uns schließlich im Universitätsviertel befanden und die Zahl der Dozenten auf MF begrenzt war. Ich hätte ihm widersprechen können, war aber im Lauf der Jahre dahinter gekommen, dass es angenehmere Arten des Zeitvertreibs gab.

Staub und Spinnweben überall. Vier große Ölgemälde an der Wand, für meinen Geschmack nicht besonders gut. Eines, verschönt durch einen asymmetrischen Kugeleinschlag, trug neben der Signatur eine Widmung »für die liebe Tante Rob«. Das erklärte wohl alle vier.

Das Durcheinander im Raum hatte etwas Zwangloses. Wenn man den Staub und die Spinnweben abzog, war es die typische Höhle des allein lebenden Akademikers männlichen oder weiblichen Geschlechts.

Offenbar war sie gerade in der Küche gewesen, als sich das Unerklärliche ereignet hatte. Ein kleiner Esstisch aus Holz und zwei Stühle, einer davon mit Büchern und Zeitschriften beladen. Ein Teller mit undefinierbaren Resten. Ansonsten wirkte die Küche im Gegensatz zu ihrem Arbeitszimmer ordentlich. Das Geschirr, mit Ausnahme des einen Tellers, war gespült und aufgeräumt. Auf dem Tisch stand eine Porzellanvase mit ein paar braun vertrockneten Stängeln. Was immer geschehen war, hatte sie beim Essen überrascht, und sie hatte keine Zeit mehr gefunden, ihre Mahlzeit zu beenden. Keine zurückgelassenen Kleider. Aber jemand, der allein lebte, warf sich zum Abendessen vermutlich auch nicht in Schale.

Ihre Kleider lagen auf dem Bett ausgebreitet, auf einer Tagesdecke, deren Rot sich mit dem Staub zu einem tiefen Burgunderton vermischte. Zwei Bilder von dem gleichen Künstler wie im Arbeitszimmer hingen einander genau gegenüber. Eine Ankleidekommode mit drei Schubladen – Blusen, Hosen, Unterwäsche, alles exakt gefaltet und gestapelt. Im Wandschrank zwei leere Koffer.

»Gepackt hat sie jedenfalls nicht«, stellte Charlie fest.

»Dazu blieb ihr keine Zeit. Wartet, ich möchte etwas nachschauen.« Ich ging in die Küche zurück und fand die Gabel, mit der sie gegessen hatte, auf dem Boden rechts neben dem Stuhl.

»Seht euch das an!« Ich hob die Gabel hoch, in deren Zinken sich ein getrocknetes Etwas verfangen hatte. »Ich glaube nicht, dass sie irgendwie vorgewarnt wurde. Sie verschwand ganz unvermittelt, zwischen zwei Bissen.«

»Anders als unsere Antimaterie«, warf der Sheriff ein. »Falls wir immer noch von einer gemeinsamen Ursache ausgehen.«

»Du bist der Physiker«, sagte Charlie, an mich gewandt. »Was lässt Dinge verschwinden?«

»Kollapsare. Aber in diesem Fall tauchen sie anderswo wieder auf.« Ich schüttelte den Kopf. »Dinge verschwinden nicht einfach. Das mag so scheinen, doch in Wahrheit haben sie nur ihren Zustand oder Ort verändert. Ein Teilchen und ein Antiteilchen zerstören einander, aber sie sind immer noch vorhanden – in den

Photonen, die bei diesem Vorgang entstehen. Selbst Objekte, die in ein Schwarzes Loch gerissen werden, verschwinden nicht wirklich.«

»Vielleicht wurde das Ganze uns zuliebe inszeniert«, sagte der Sheriff.

»Was? Weshalb denn das?«

»Ich habe keine Ahnung weshalb. Aber es erscheint mir als die einzig mögliche Erklärung. Und es war Zeit genug, um alles vorzubereiten.«

»Spielen wir diesen Rebellen einen Streich!«, sagte Charlie mit einem breiten Centrus-Akzent. »Wir tun einfach so, als seien wir alle am 14. Galileo 128 verschwunden. Zieht euch alle splitternackt aus und schleicht auf Zehenspitzen davon! Wir saugen inzwischen die Antimaterie aus der *Time Warp* und zwingen sie so zur Umkehr!«

»Und dann springen wir aus unserem Versteck und schreien: ›Buuh!‹«

Der Sheriff war gekränkt. »Ich sage ja nicht, dass es *logisch* ist! Ich sage nur, dass die bisherigen Anhaltspunkte keine andere Erklärung zulassen.«

»Dann wird es Zeit, dass wir weitere Anhaltspunkte aufspüren.« Ich deutete. »Verschwinden wir durch das Fenster oder durch die Tür?«

einundzwanzig ■

Ich nahm vor Einbruch der Dunkelheit noch ein halbes Dutzend Mal Kontakt zu Marygay auf. Sie hatten sich am Teleskop abgewechselt und kein Lebenszeichen außer unseren Spuren im Schnee entdeckt. Allerdings waren auch diese nur für Beobachter zu erkennen, die genau wussten, wo sie suchen mussten. Mehr brachte die fünfzehnfache Verstärkung nicht. Also konnten sich theoretisch Tausende von Planetenbewohnern irgendwo versteckt halten.

Aber das erschien angesichts der Dinge, die wir vorgefunden und nicht vorgefunden hatten, fast unmöglich. Alles deutete auf die gleiche Unerklärlichkeit hin: Am 14. Galileo 128 um 12 Uhr 28 hatten sich sämtliche Menschen der alten und der neuen Rasse sowie alle Taurier in Luft aufgelöst. Die Zeit war eine Vermutung, die sich auf ein starkes Indiz stützte: eine zu Bruch gegangene mechanische Uhr auf dem Boden einer Werkstatt, die voll von solchen Kuriositäten war. Ein Kleiderhäuflein lag dicht daneben.

Es wurde dunkel, als wir uns dem Stadtzentrum näherten, und wir beschlossen, unsere Nachforschungen auf den nächsten Vormittag zu vertagen. Wir waren alle hundemüde und konnten die Augen gerade noch lang genug offen halten, um ein aus Trockenrationen zusammengewürfeltes Abendessen zu uns zu nehmen und mit geschmolzenem Schneewasser hinunterzuspülen. Wir hatten zwar in Robertas Küche ein kleines Weinregal entdeckt, aber es widerstrebte uns, etwas aus den Vorräten der Verschwundenen zu stehlen.

Charlie und ich fanden ein paar aufblasbare Kissen und ließen uns auf die Tragbahren oder OP-Tische im hinteren Teil des Fahrzeugs sinken. Der Sheriff schlief auf dem Boden, den Kopf auf einen Holzkeil gestützt, den er auf der Straße gefunden hatte.

Er erwachte im Morgengrauen, vermutlich von der Kälte, und weckte uns beide, als er die Heizung anwarf. Wir saßen eine Weile belämmert herum und bedauerten, dass wir keinen Kaffee oder Tee zu unserem kalten Räucherhering und Trockenobst hatten. Wir hätten natürlich in ein Haus einbrechen, Geschirr und Tee organisieren und irgendwie ein Feuer machen können. In Paxton wäre das kein Problem gewesen. Dort hatte jedes Haus einen dieser praktischen offenen Kamine. Aber hier in Centrus gab es nur Zentralheizungen und jede Menge Vorschriften zur Reinhaltung der Luft.

Plötzlich überkam mich der Wunsch, nach Paxton heimzukehren, teils aus Neugier und teils in der unvernünftigen Hoffnung, dass dieses schreckliche Desaster nicht bis dorthin vorgedrungen war; dass mein Heim noch genauso sein würde, wie ich es vor zwei Monaten oder vierundzwanzig Jahren verlassen hatte. Dass Bill da sein würde, reumütig, aber ansonsten unverändert.

Wir sahen die drei Schiffe vom Westen her über den Himmel gleiten, schwach goldene Sterne in der Morgendämmerung. Ich schaltete das Funkgerät ein, schickte aber keine Botschaft ab und bekam auch nichts herein. Allem Anschein nach schliefen die Leute noch.

Ich hoffte es zumindest. Hier musste man jede Minute mit dem Schlimmsten rechnen.

Der Sheriff wollte zuerst die Polizeistation aufsuchen. Das war das einzige Gebäude in Centrus, das er wirklich kannte, und wenn es auf offizieller Ebene irgendeine Vorwarnung für die drohende Katastrophe gegeben hatte, würden wir dort am ehesten einen Hinweis bekommen. Wir erhoben keine Einwände. Ich hätte zwar lieber die Nachrichtenzentrale aufgesucht, weil es dort eine Verbindung zur Erde gab, aber das konnte warten.

Die Station nimmt die Hälfte des Justizgebäudes ein – ein verspiegelter Kasten mit drei Stockwerken, der wie ein Monolith in die Höhe ragt. Die Osthälfte gehört den Richtern, die Westhälfte den Bullen. Wir betraten den Bau durch den Westeingang.

Drinnen war es ziemlich finster, und wir warteten ein paar Minuten, bis sich unsere Augen an das Halbdunkel gewöhnt hatten. Die Polarisation der Fensterfront war auf Minimum eingestellt, ließ aber nur einen wässrig grauen Bruchteil des Morgenlichts einsickern.

Die Sicherheitsschranke blieb offen, trotz der Sheriff-Pistole und unserer potenziell tödlichen Schraubenzieher. Wir traten an den Besucherschalter. Ich drehte das Meldebuch zu mir herum und hielt die Taschenlampe auf das Register.

»Der letzte Eintrag war um zwölf Uhr fünfundzwanzig. Ein Falschparker.« Zivilkleidung und -schuhe vor dem Schreibtisch, eine Sergeant-Uniform dahinter. Um 12 Uhr 28 hatte sich der Bürger vermutlich über den Strafzettel beschwert. Und der Sergeant hatte gebetet, dass der Typ verschwand, damit er endlich zu Tisch gehen konnte. Nun, zur Hälfte war sein Gebet erhört worden.

Der Sheriff führte uns hinter die Absperrung des großen Raumes, vorbei an Dutzenden von Arbeitsplätzen, manche durch nüchterne graue oder grüne Wände abgeteilt, andere mit Bildern und Holos geschmückt. An einem fing sich das erste Tageslicht in einem üppigen Strauß künstlicher Blumen.

Wir gingen in den Besprechungsraum, wo sich die Beamten jeden Morgen trafen, um die Einsätze zu verteilen. Falls auf der Tafel gestanden hätte: »12:28 –

KLEIDUNG ABLEGEN UND ZUM BUS BEGEBEN«, wäre zumindest ein Teil des Rätsels gelöst gewesen.

Die Einrichtung bestand aus etwa sechzig Klappstühlen, ursprünglich wohl in ordentlichen Reihen vor einer Tafel angeordnet. Die Schriftzeichen waren noch deutlich zu erkennen, aber schwer zu lesen, da es sich um interne Kürzel handelte. Vor allem Aktenzeichen und Ermittlungsgruppen, wie uns der Sheriff erläuterte. Die Notiz: »Geburtstage: Lockney und Newsome« hatte vermutlich keine verschlüsselte Bedeutung.

Wir machten uns auf die Suche nach Patronen für die Pistole, aber die Schreibtische in den Arbeitszellen enthielten entweder gar keine Waffen oder nur modernes Zeug, das ohne Energie nutzlos war. Schließlich entdeckten wir einen Materialraum mit einer halb offenen quer geteilten Tür, wie man sie früher oft auf dem Land gesehen hatte.

Es gab mehr Munition, als wir hätten mit einem Schubkarren wegschaffen können. Charlie und ich nahmen jeder eine schwere Schachtel, obwohl ich mich fragte, was, in aller Welt, der Sheriff mit dem Zeug erlegen wollte.

Er selbst belud sich mit vier Schachteln, und lieferte eine sonderbare Erklärung, als wir das Zeug zurück zu unserem Noteinsatz-Fahrzeug schleppten. »Eigentlich sieht das hier wie das Resultat einer idealen Waffe aus. Tötet die Menschen und lässt die Dinge unberührt.«

»Sowas hatten wir schon mal im zwanzigsten Jahrhundert«, sagte ich. »Die Neutronenbombe.«

»Ließ sie die Toten ebenfalls spurlos verschwinden?«

»Nein, den Teil der Arbeit musste man noch selbst erledigen. Ich glaube sogar, dass sie die Leichname aufgrund der starken Verstrahlung eine Zeit lang konservierte. Sie wurde übrigens nie eingesetzt.«

»Echt? Ich könnte mir vorstellen, dass jede Polizeistation für so ein Ding Verwendung fände.«

Charlie lachte. »Das hätte einiges vereinfacht. Diese Bomben waren dafür ausgelegt, ganze Städte platt zu walzen.«

»Bewohnte Städte?« Er schüttelte den Kopf. »Und ihr haltet *uns* für sonderbar!«

Bei der nächsten Gelegenheit nahmen wir Kontakt zu den Rettungsbooten auf. Marygay erklärte, dass sie bei der nächsten Umrundung den Orbit verlassen und in den Landeanflug gehen wollte. Sie beschwor uns, möglichst große Abstände und dicke Mauern zwischen uns und die Umgebung des Raumhafens zu legen.

Sie hatten beschlossen, nicht auf die anderen zu warten. Zu viel Unwägbares war im Spiel. Antimaterie, die im Nichts versickerte, dazu das Verschwinden einer ganzen Planetenbevölkerung. Niemand konnte ausschließen, dass sich diese Dinge wiederholten. Und dann würden sie für immer im Orbit festsitzen.

■ zweiundzwanzig

Ich war überzeugt, dass die Landung einen unirdisch schönen Anblick bieten würde. Ich hatte Materie/Antimaterie-Antriebe aus sicherer oder einigermaßen sicherer Entfernung beobachtet. Gleißender als die Sonne, mit einem atemberaubenden Purpurschimmer.

Da wir nicht genau abschätzen konnten, welche Mindestabschirmung uns ausreichend Schutz bieten würde, begaben wir uns zum vereinbarten Zeitpunkt vorsichtshalber ins zweite Untergeschoss des Justizgebäudes.

Der Strahl meiner Taschenlampe wanderte über ordentlich aufgereihte Aktenstapel. Eine Wand war mit alten Gesetzbüchern von der Erde gesäumt, das meiste davon in Englisch. An einer anderen Wand lagerten Hunderte von Weinflaschen, geschützt durch ein robustes Eisengitter. Manche der Etiketten waren 40 MF-Jahre alt.

Als ich am Schloss zerrte, sprang es mit einem leisen Klicken auf. Ich nahm für jeden von uns aufs Geratewohl drei Flaschen aus dem Regal. Der Sheriff protestierte, dass er kein Weintrinker sei, worauf ich ihm zu verstehen gab, dass ich längst kein Pistolenschütze mehr war und dennoch seine verdammte Munition durch die Gegend geschleppt hatte.

Ein dreifacher Überschall-Knall dröhnte durch die Tiefen des Kellers, gefolgt von einem anhaltenden Geräusch, das sich anhörte wie das Zerfetzen endloser Bettlaken. Sobald es verstummte, rannte ich nach oben.

Mitten auf der Hauptstraße stehend, konnte ich die drei goldenen Nadeln der Schiffe am Horizont aufragen sehen.

Marygay war über dem statischen Knistern der Sekundärstrahlung kaum zu verstehen. »Glatte Landung«, berichtete sie. »Auch wenn sich das eine oder andere schlecht befestigte Teil löste und durch die Gegend polterte.«

»Wie lange müsst ihr bis zum Ausstieg warten?«, schrie ich.

»Du brauchst nicht so laut zu *schreien!* Etwa eine Stunde. Kommt uns bis dahin nicht zu nahe!«

Wir verbrachten die Wartezeit damit, das Notfahrzeug mit neunzig Parkas aus der Kleiderkammer der Polizei zu beladen – besser zu warm als zu kalt – und ein paar Kartons mit Lebensmitteln aus einem Laden am Ende der Straße zu holen.

Zu essen gab es in den nächsten Jahren genug, außer die spurlos Verschwundenen tauchten plötzlich wieder auf, nackt und hungrig. Und total sauer. Wenn ein Mysterium möglich war – oder zwei, falls man die Antimaterie mitzählte –, dann konnte man auch ein weiteres nicht völlig von der Hand weisen.

Dem Sheriff waren wohl ähnliche Gedanken durch den Kopf gegangen. Nachdem wir die warme Kleidung und die Lebensmittel plus ein paar zusätzliche Flaschen Wein – eine für jeweils zehn Leute erschien mir einfach zu dürftig – verstaut hatten, sagte er: »Wir müssen mit Antres 906 reden.«

»Worüber denn?«

»Über all das hier. Mir ist der Humor der Taurier bis heute ein Rätsel geblieben. Aber es sähe ihnen ähnlich, ein neues naturwissenschaftliches Prinzip mit einem Riesenjoke einzuführen.«

»Wie das Auslöschen einer ganzen Planetenbevölkerung?«

»Wir wissen nicht, ob die Leute tot sind. Solange wir keine Leichen haben, sind sie lediglich vermisst.« Ich konnte nicht erkennen, ob sein Bullen-Jargon Ironie sein sollte oder ob die Großstadt-Polizeistation ihre Wirkung tat.

In einer der vielen unverschlossenen Schubladen des Behelfslazaretts fanden wir einen Strahlungsmesser, der bei Tageslicht keine Energiequelle brauchte. Ich hielt ihn in Richtung der Schiffe, und die Nadel schlug schwach aus, aber weit unter dem roten Bereich mit der Warnung GELÄNDE SOFORT VERLASSEN.

»Also? Fahren wir?«

Ich schüttelte den Kopf. »Die Strahlung nimmt mit dem Quadrat der Entfernung ab. Wahrscheinlich verbrutzeln wir, wenn wir uns bis auf einen halben Kilometer heranwagen.« Das war über den Daumen gepeilt. Ich hatte wenig Ahnung von Sekundärstrahlung.

Ich schaltete den Sprechfunk ein. »Marygay, hast du das Schiff gefragt, wie lange ihr mit dem Ausstieg warten müsst?«

»Einen Augenblick.« Ich hörte ein von statischem Rauschen unterlegtes Gemurmel. »Achtundfünfzig Minuten, sagt es.«

»Gut. Dann holen wir euch etwa nach dieser Zeit ab.« Ich nickte Charlie und dem Sheriff zu. »Meinetwegen kann es losgehen. Aber behaltet den Strahlungsmesser im Auge!«

Die Rückkehr zum Raumhafen war ein gutes Stück einfacher als der Fußmarsch in die Stadt. Wir durchquerten einen Graben und fuhren dann den unbefestigten Schlammweg entlang, der parallel zu der mit Schlaglöchern übersäten Straße verlief. Etwa zwei Kilometer vom Landeplatz entfernt warteten wir eine Viertelstunde, bis der Ausschlag der Nadel fast auf Null zurückging.

Was tun mit 90 oder 150 Leuten? An Essen fehlte

es nicht, und Unterkünfte waren leicht zu beschaffen. Nur die Wasserversorgung konnte zum Problem werden.

Der Sheriff schlug das Universitätsgelände vor. Dort gab es Wohnheime. Und es befand sich an einem Fluss. Vielleicht konnte man sogar eine Art Stromversorgung basteln. Ich erinnerte mich an ein Feld von Sonnenkollektoren am Rande des Campus und überlegte, wozu sie wohl gedient hatten – zum Anschauungsunterricht, zur Forschung oder als Notaggregat.

Unser Fahrzeug näherte sich langsam der Landeplattform, als die Rampe von Marygays Schiff nach unten klappte. Die ersten Passagiere kamen unsicher die Stufen herab, in kleinen Gruppen, weil der Lift, der von den Tiefschlaf-Tanks und dem Kontrollraum nach unten führte, nicht mehr als fünf Personen fasste.

Als Marygay mit der letzten Gruppe ins Freie trat, atmete ich tief durch. Jetzt erst merkte ich, wie angespannt ich gewesen war. Wir hatten bis zuletzt nicht ausschließen können, dass sie für immer dort oben bleiben würden. Gestrandet. Ich rannte ihr entgegen und schloss sie in die Arme.

Die beiden anderen Schiffe entließen ihre Passagiere ebenfalls. Menschen sammelten sich in Trauben um das Notfahrzeug, probierten Parkas an und redeten alle durcheinander, befreit vom Stress und glücklich über das Wiedersehen. Obwohl subjektiv nur zwei Monate vergangen waren, hatten die meisten die vierundzwanzig Jahre, die objektiv hinter uns lagen, durchaus irgendwo im Hinterkopf.

Natürlich wussten alle, was wir auf dem Planeten vorgefunden oder nicht vorgefunden hatten. Man überschüttete uns mit Fragen. Ich ergriff die Flucht und nahm Marygay zu einem »Beratungsgespräch« beiseite. Nachdem alle auf festem Boden und in warme Sachen gehüllt waren, erklomm ich die ersten

Stufen der Rampe und hob beide Arme, um die Aufmerksamkeit der Leute auf mich zu lenken.

»Wir haben beschlossen, uns zunächst auf dem Universitätsgelände einzuquartieren. Im Moment ist das Notfahrzeug unser einziges Transportmittel. Es kann nicht mehr als zehn bis zwölf Leute gleichzeitig befördern. Gehen wir also erst mal ins Abfertigungsgebäude, damit wir vor dem Wind geschützt sind.«

Wir schickten die zehn größten, kräftigsten Leute zuerst los, damit sie die Türen zu den Wohnheimen aufbrechen konnten, während Charlie und ich die anderen in die Cafeteria führten, wo wir unsere erste Mahlzeit auf MF eingenommen hatten. Sie gingen schweigend an den unheimlichen Kleiderhäufchen vorbei, von denen manche fast die Form von mitten in der Bewegung erstarrten Toten hatten – wie einst die von einem Vulkanausbruch überraschten Bewohner von Pompeji.

Die erste Mahlzeit, auch wenn es nur Trockenobst und Konservenzeug war, munterte sie ein wenig auf. Charlie und ich schilderten, was wir in der Hauptstadt vorgefunden hatten.

Alysa Bertram wollte wissen, wann wir mit dem Säen und Ausbringen der Jungpflanzen beginnen könnten. Ich hatte von diesem Sektor wenig Ahnung, aber viele andere kannten sich aus, und es gab fast so viele Ansichten wie Diskussionsteilnehmer. Unter den Leuten, die aus Centrus kamen, waren keine Farmer – und die Farmer von Paxton wussten nichts über die hiesigen Gepflogenheiten. Es war jedoch klar, dass man nicht einfach da weitermachen konnte, wo die früheren Pächter aufgehört hatten. Die Landwirtschaft hier war stark spezialisiert und maschinenintensiv. Wir mussten uns Methoden überlegen, wie wir den Boden auch ohne Elektrizität pflügen und bewässern konnten.

Lar Po, ebenfalls kein Farmer, hörte sich die Argumente an und meinte dann allen Ernstes, wir sollten irgendwie versuchen, uns nach Paxton durchzuschlagen, wo wir eine reelle Chance hätten, uns mit Landwirtschaft durchzubringen. Bis dorthin war es allerdings ein weiter Weg.

»Uns bleibt genügend Zeit für Experimente«, bremste ich. »Wir könnten wahrscheinlich allein mit den Schiffsrationen eine Generation hier überleben.« Ein paar Wochen nichts als Schiffsrationen würde den Aufbau einer Agrargesellschaft extrem beschleunigen. Das war zweifellos ein Teil des Plans.

Der Sheriff kehrte mit der erfreulichen Nachricht zurück, dass sie ein Wohnheim in Flussnähe entdeckt und ohne jede Gewaltanwendung »besetzt« hatten. Da die Türen elektronisch gesichert gewesen waren, stand das Gebäude praktisch offen.

Ich beauftragte Charlie damit, verschiedene Arbeitsgruppen zusammenzustellen. Wir benötigten so rasch wie möglich ein Wassersystem und provisorische Latrinen. Und wir mussten Suchtrupps losschicken, die sich einen Überblick verschafften, wo in der Stadt wir an welche Ressourcen kamen.

Marygay und ich beabsichtigten allerdings, das Regierungsviertel aufzusuchen und dort nach weiteren Teilen des Puzzles Ausschau zu halten. Unser Ziel war das AIK, das Amt für Interplanetarische Kommunikation.

■ dreiundzwanzig

Wie das Justizgebäude war das AIK mittags an einem ganz normalen Arbeitstag unverschlossen gewesen. Der Sheriff setzte uns ab, wir marschierten ungehindert durch den Haupteingang – und entdeckten zu unserer Verblüffung, dass die Räume im Innern beleuchtet waren! Das Gebäude hing nicht am Netz der Stadt, und die Energieversorgung – woher und womit auch immer – funktionierte offensichtlich noch.

Direkte Botschaften von der Erde würden uns wenig Aufschluss geben, da die Heimat achtundachtzig Lichtjahre entfernt war. Aber Nachrichten per Kollapsar-Sprung dauerten nur zehn Monate und irgendwo gab es sicher eine Art Logbuch oder Archiv.

Dann war da noch Mizar, nur drei Lichtjahre entfernt. Auf seinem Taurier-Planeten Tsogot gab es eine Kolonie des neuen Menschen, und wir konnten vielleicht von dort etwas erfahren oder zumindest eine Nachricht absetzen und die Antwort sechs Jahre später erhalten.

Es war nicht so, dass man einfach ein Mikro nehmen und einen Schalter betätigen konnte – und wenn es so gewesen wäre, hätte man zumindest wissen müssen, welches Mikro und welchen Schalter. Aber natürlich benutzte niemand mehr Englisch für die knappe Beschriftung der Bedienelemente, und Marygay und ich hatten gerade so viel MF-Standard gelernt, dass wir uns mehr recht als schlecht verständigen konnten.

Wir riefen den Sheriff an und baten ihn, das Nötigste zu übersetzen. Er erklärte uns, dass er erst noch eine

Ladung Lebensmittel aus der Innenstadt holen und zum Wohnheim bringen müsse, wollte aber auf dem Rückweg zu seinem nächsten Transport bei uns vorbeischauen.

Während wir auf ihn warteten, sahen wir uns gründlich um. Es gab einen Hauptraum mit zwei Konsolen, die als »Eingang« und »Ausgang« gekennzeichnet waren (oder andersherum, was wir nicht genau auflösen konnten). Jede der Konsolen hatte drei Anlagen – Erde, Tsogot und vermutlich so etwas wie »andere Orte«. Vor der Tsogot-Anlage stand jeweils ein Stuhl und ein taurisches Sitzgestell.

Als der Sheriff endlich auftauchte, brachte er Mark Talos mit, der bei der Telefongesellschaft von Centrus gearbeitet hatte und ziemlich fließend Standard sprach.

»Sie hören nicht ständig alles ab, was von der Erde kommt«, erklärte er. »Das wäre unsinnig und wohl auch unmöglich. Aber es gibt eine Frequenz, die sie laufend überwachen und aufzeichnen – eigentlich ein Archiv, das regelmäßig ergänzt wird. Wichtige Botschaften gehen per Kollapsar-Drohne hin und her, aber hier handelt es sich im Großen und Ganzen um ein Protokoll. ›Was heute vor achtundachtzig Jahren auf der Erde geschah ...‹«

Er trat an die Konsole und studierte die Bedienelemente. »Ah, Monitor 1.« Er betätigte einen Kippschalter und gleich darauf erklang ein schriller Schwall von Standard.

»Dann ist der Schalter darunter Monitor 2?«

»Nicht ganz. Eher ›1A‹.« Nachdem er die Sprache weggeklickt hatte, ging er auf 1A. Nichts. »Ich könnte mir denken, dass dieser Kanal mit der Kollapsar-Drohne verbunden ist – oder mit Leuten, die per Kollapsar-Sprung durch die Gegend reisen. Allerdings geschieht das vielleicht auch am Raumhafen.«

»Können wir eine Nachricht zur Erde senden?«, erkundigte sich Marygay.

»Klar. Aber du ... wir werden alle ziemlich alt aussehen, bis sie dort ankommt.« Er deutete auf den Stuhl. »Setz dich einfach und drücke auf die rote Taste da vorn, die mit der Markierung HIN/HAN. Wenn du fertig bist, drückst du sie noch einmal.«

»Lass mich die Zeilen zuerst aufsetzen.« Sie nahm meine Hand. »Dann sehen wir sie alle durch und überlegen, ob wir nichts Wichtiges vergessen haben.«

»Wahrscheinlich warten sie schon ganz gespannt auf unsere Botschaft«, meinte Mark.

»Ach, wirklich? Wo sind sie dann?« Ich sah den Sheriff an. »Spielt die alte Rasse im großen Plan der Dinge eine so kleine Rolle, dass wir plötzlich verschwinden können und sie sich nicht einmal die Mühe machen, ein Schiff loszuschicken und nach dem Rechten zu sehen?«

»Nun, die Nachrichten, die sie erhalten, sind ...«

»... achtundachtzig Jahre alt, ich weiß. So ein Schwachsinn! Sind vierundzwanzig Jahre ohne dringende Botschaft per Kollapsar-Sprung kein Grund zur Besorgnis? Normalerweise schicken wir mehrere wichtige Nachrichten pro Jahr auf die Reise.«

»Ich kann nicht für sie sprechen ...«

»Nein? Und wer protzt ständig mit diesem blöden Gruppen-Bewusstsein?«

»William ...«, sagte Marygay.

Der Mund des Sheriffs war zu einem vertrauten Strich zusammengepresst. »Woher wissen wir, dass sie nicht reagiert haben? Wenn sie nach MF kamen und das Gleiche vorfanden wie wir, sind sie vermutlich wieder abgereist. Weshalb hätten sie auch bleiben sollen? Unsere Rückkehr war erst in vierzigtausend Jahren geplant!«

»Das stimmt. Tut mir Leid.« Aber der Gedanke beschäftigte mich weiter. »Nur – wenn sie tatsächlich den weiten Weg auf sich nahmen und hier vorbeischauten, hätten sie doch wenigstens eine Nachricht oder sonst ein Zeichen hinterlassen.«

»Es ist durchaus möglich, dass sie das getan haben«, meinte Marygay. »Am ehesten wohl draußen am Raumhafen ...«

»Oder hier.«

»Deutlich sichtbar jedenfalls nicht«, meinte Mark. Er trat an die nächste Station. »Wollt ihr noch bei Tsogot reinhören?«

»Ja, versuchen wir es, so lange der Sheriff hier ist. Er versteht die Sprache der Taurier besser als wir.«

Er spielte an den Schaltern und schüttelte dann den Kopf. Drehte an einer Skala, bis der Raum mit weißem Rauschen erfüllt war.

»Das ist alles, was sie senden«, sagte er.

»Eine tote Leitung?«, hakte ich nach, obwohl ich die Antwort bereits ahnte.

»Die Leitung ist okay«, entgegnete er langsam. »Aber am anderen Ende haben wir nichts außer einem offenen Mikro.«

»Also hat sich auf Tsogot das Gleiche abgespielt«, sagte der Sheriff, um gleich darauf einzuschränken: »Zumindest könnte sich das Gleiche abgespielt haben.«

»Wird das, was hereinkommt, fortlaufend aufgezeichnet?«, fragte ich.

»Ja. Falls die Übertragungen 3,1 Jahre nach dem Tag X aufhören, ist das ein zwingender Beweis. Aber das lässt sich herausfinden.« Er dämpfte das weiße Rauschen und drehte an einer Reihe von Knöpfen. Dann schob er die Taurier-Tastatur zur Seite und ersetzte sie durch ein Keyboard mit normalen Schriftzeichen.

»Ich glaube, hier haben wir so etwas wie einen schnellen Vor- und Rücklauf.« Auf einem winzigen Schirm erschien ein Datum, das etwa acht Jahre zurücklag. Darunter eine Uhrzeit. Mark drehte den Ton wieder auf volle Lautstärke. Das Taurier-Geschnatter wurde immer schneller und höher und stoppte dann unvermittelt. »Passt. Etwa die gleiche Zeit.«

»Dort und hier und wo noch?«, fragte ich. »Vielleicht wurde von der Erde niemand hierher geschickt, weil niemand mehr *da* ist.«

vierundzwanzig ■

In der nächsten Woche gab es so viele praktische Probleme zu lösen, dass wenig Zeit und Energie für Mysterien blieb. Da wir beschlossen hatten, für die Übergangszeit die alte Führung beizubehalten, war ich voll und ganz damit beschäftigt, unsere Ecke der Geisterstadt in ein einigermaßen funktionierendes Gemeinwesen zu verwandeln.

Die Leute drängten darauf, die Felder zu bestellen, aber unsere unmittelbare Sorge galt der Energie- und Wasserversorgung sowie den Sanitäranlagen. Ein bis zwei zusätzliche Fahrzeuge hätten uns ebenfalls gute Dienste geleistet, aber eine erste Suche in der Stadt blieb erfolglos.

Die von der Universität am Rande der Stadt errichtete Solaranlage hatte zum Glück eher Lehr- als Forschungszwecken gedient. Sie funktionierte nicht, aber das lag daran, dass man sie halb zerlegt hatte, um der xten Generation von Maschinenbau-Studenten eine Praktikumsgelegenheit zu verschaffen. Ich nahm einen Mechaniker und einen Ingenieur mit nach draußen, und nachdem wir die Pläne gefunden hatten, dauerte es nur einen Tag, um sie zu ergänzen, und zwei weitere Tage, um sie sorgfältig auseinander zu nehmen.

Anschließend transportierten wir die Teile zu unserem Wohnheim, installierten das Ganze auf dem Dach und begannen die Treibstoffzellen nachzuladen. Die Leute waren nicht gerade begeistert darüber, dass zuerst die Batterien drankamen, während sie auf Licht und Wärme warteten, aber eins nach dem anderen.

Wir brachten zwei Lieferwagen für unsere »Beutezüge« in Gang und plünderten einen Installateur-Großhandel sowie einen Baumarkt, um das Wohnheim mit einem primitiven Wasserleitungssystem auszustatten. Im Prinzip pumpten wir Flusswasser – so viel wir wussten, war es einigermaßen sauber – in ein aufblasbares Schwimmbecken auf dem Dach, das uns als Speicherbehälter diente. Damit bekamen wir genügend Druck, um die Küche und das Erdgeschoss des Wohnheims mit fließendem Wasser zu versorgen – Warm- und Kaltwasser wohlgemerkt, da es nur eine Frage der richtigen Adapter war, einen Durchlauferhitzer in das Leitungssystem einzubauen. Auf Toiletten mussten wir weiterhin verzichten, da man auf dem Universitätsgelände die konventionelle Methode der chemischen Schnellverbrennung verwendet hatte, die zwar ungemein hygienisch war, aber jede Menge Energie verschwendete. Für das altmodische Spülklosett meiner Epoche hatten wir weder genug Wasser noch die Erfahrung, wie man Fäkalien sicher entsorgte. Ich erinnerte mich vage an riesige Klärwerke, wusste aber nicht, wie sie funktionierten und was genau sie bewirkten. Also benutzten wir wie bisher einen Latrinengraben, ein einfaches Modell aus einem Armee-Handbuch, und Sage hatte den Auftrag, nach einer besseren Permanentlösung zu suchen.

Das vierte Boot, Nummer Zwei, schwenkte mit zwölf Tagen Verspätung in die Umlaufbahn ein und landete ohne Zwischenfälle. Die Neuankömmlinge wurden im ersten Stock untergebracht – mit Ausnahme von Cat, die sich um Ami kümmern sollte. Ami Larson trauerte um Teresa und steigerte sich in Schuldgefühle hinein, weil sie glaubte, die Partnerin und ihre Tochter im Stich gelassen zu haben. Cat war zwar hetero, seit sie auf Mittelfinger lebte, hatte aber bis dahin nichts anderes als lesbische Beziehungen gekannt. Was vermutlich weniger wichtig war als die Tatsache, dass sie Ami zwanzig Jahre an Liebes- und Leiderfahrung voraus hatte und gut zuhören konnte.

Also wohnte sie gleich nebenan, und das beunruhigte mich gegen meinen Willen. Ich fragte mich, ob ich das Gleiche empfunden hätte, wenn Cat ein Jugend*freund* von Marygay gewesen wäre. Vielleicht bezog sich meine Eifersucht auf die lange Periode (nicht mehr als ein Jahr in Echtzeit), die den beiden ganz allein gehörte – die Zeit, in der sie mich für tot gehalten hatte.

Natürlich hatte man alle Veteranen der ersten Generation, die sich im Lauf des Ewigen Krieges für gleichgeschlechtliche Beziehungen entschieden hatten, wieder zu Heteros umgewandelt. Das war eine Vorbedingung für die Auswanderung nach Mittelfinger gewesen. Für den Aufbau eines Gen-Pools. Wie toll das geklappt hatte, sah man an Teresa. Auch von Charlie wusste ich, dass er mindestens einmal mit einem Mann fremd gegangen war. Vielleicht aus Sehnsucht nach den alten Zeiten, die so ganz anders ausgesehen hatten als meine eigene Jugend.

Mark hatte im AIK nach weiteren Hinweisen gesucht, ohne zu neuen Erkenntnissen zu gelangen. Danach streifte er tagelang durch den Raumhafen, fand aber auch hier keine Kollapsar-Botschaft von der Erde, weder aus der Zeit vor der Katastrophe noch aus der Zeit danach. Allem Anschein nach hielt man solche Nachrichten vor dem Plebs geheim; nicht einmal der Sheriff wusste, wo sie gespeichert wurden. Aber selbst wenn wir ein Archiv mit Botschaften aufgespürt und entdeckt hätten, dass seit dem Tag X plus zehn Monate nichts von der Erde dabei war – was hätte das bewiesen? Schließlich war niemand da gewesen, um sie zu empfangen.

(Genau genommen konnten ständig Kollapsar-Botschaften von der Erde eintreffen, ohne dass wir davon etwas mitkriegten. Die Geschwindigkeit des Transmitters muss weit höher als Mizars Fluchtgeschwindigkeit sein, da der kleine Kollapsar Mizar in einem engen Orbit umläuft. Er rauscht mit der fünfzig- bis hundertfachen Fluchtgeschwindigkeit des Planeten an MF vorbei, lässt seine Nachricht in einem einzigen Schwall ab und verschwindet in unbekannte Fernen. Und weil er höchstens faustgroß ist, kann man ihn kaum ausfindig machen, wenn man seine Sendefrequenz nicht kennt.)

Viele der Heimkehrer sprachen sich für eine Expedition auf die Erde aus. Die Rettungsboote hatten noch genug Treibstoff für einen Kollapsar-Sprung hin und zurück. Wenn es noch Menschen und Taurier auf der Erde gab, konnten sie uns vielleicht helfen, das Rätsel zu lösen. Wenn nicht, war niemandem geschadet, und wir hatten eine Erkenntnis mehr gewonnen.

Das jedenfalls war der Tenor der Diskussionen. Ich erklärte mich einverstanden, aber einige bezweifelten, ob wir unsere Bande zur Erde wirklich ganz gekappt hatten. Wenn alle am Tag X verschwunden waren, würden wir das hier frühestens in vierundsechzig Erdenjahren sicher wissen. Bis dahin hatten wir auf MF wieder Wurzeln gefasst. Die Erkenntnis war dann zwar immer noch ein Schock, aber irgendwie würde das Leben weitergehen.

Wenn wir jedoch jetzt, da wir noch voll unter dem Einfluss des einen Desasters standen, herausfanden, dass wir allein im Universum waren – und obendrein ein Spielball der geheimnisvollen Kraft, die alle anderen Lebewesen ausgelöscht hatte –, konnte es sein, dass wir das nicht verkrafteten, weder als Individuen noch als Zivilisation. So zumindest argumentierten die Gegner des Plans.

Wir waren schon jetzt »als Zivilisation« nicht sonderlich stabil. Falls das letzte Rettungsboot verschollen blieb, zählten wir insgesamt neunzig Leute – und nur vier davon waren Kinder. (Zwei der neun Passagiere, die den Tiefschlaf nicht überlebt hatten, waren unter zwölf gewesen.) Wir mussten bald damit beginnen, Kinder in die Welt zu setzen, einzeln und im großen Stil. Letzteres bedeutete das Auftauen und Ausbrüten eines Teils der Eizellen, die wir zu Tausenden an Bord der Schiffe mitführten.

Die Aussicht stieß nicht gerade auf Begeisterung. Viele der Leute waren wie Marygay und ich: Das hatten wir bereits *hinter* uns! Die Gründung einer zweiten Familie stand ziemlich weit unten auf der Liste der Projekte – wie beispielsweise die abenteuerliche Entführung der *Time Warp* –, mit denen wir unsere mittlere Lebensphase zu gestalten gedachten.

Sara gehörte zu den fünfundzwanzig Prozent von Frauen, die alt und jung genug für eine natürliche Mutterschaft waren, aber sie fühlte sich dieser Aufgabe noch nicht gewachsen, selbst wenn ihr einer der verfügbaren Männer zugesagt hätte. Was nicht der Fall war.

Der Sheriff schlug vor, eine größere Gruppe in einer Krippe aufzuziehen, ohne direkte Eltern, betreut und unterrichtet durch Fachpersonal. Ich sah darin einen gewissen Vorteil, da die meisten Kinder ohnehin ohne leibliche Eltern aufwachsen würden, und ich denke, dass die Leute eingewilligt hätten, wenn diese Methode nicht derart eng mit dem neuen Menschen verknüpft gewesen wäre. So aber war die Haltung eher ablehnend: Haben wir das Schiff nicht auch gekapert, um solchen Dingen zu *entfliehen*? Und jetzt wollt ihr sie freiwillig einführen?

Sie würden sich vielleicht eines Besseren besinnen, wenn ihnen erst einmal eine Schar Kleinkinder um die Beine wuselte. Der Rat einigte sich auf einen Kompromiss, der nur dadurch ermöglicht wurde, dass es Leute wie Rubi und Roberta gab, die ganz verrückt nach Kindern waren, selbst aber keine bekommen konnten. Sie meldeten sich freiwillig für die Betreuung einer Krippe. Jedes Jahr – also dreimal pro Langjahr – wollten sie acht bis zehn Eizellen aus den Schiffsvorräten ausbrüten; außerdem sagten sie zu, die Vormundschaft über ungewollte Kinder zu übernehmen, die nach der altmodischen Methode auf die Welt kamen.

Antres 906 war vermutlich schlimmer dran als wir alle, obwohl es schwer ist, das Gefühlsleben von Tauriern zu durchschauen. Im Moment sah es so aus, als sei Antres 906 der letzte Überlebende seiner Rasse. Es gab bei ihnen zwar keine geschlechtliche Fortpflanzung, aber ohne den Austausch von genetischem Material konnten sie sich auch nicht vermehren – ein Überbleibsel aus der fernen Vergangenheit, da sämtliche Taurier Jahrtausende lang genetisch identisch gewesen waren.

Die Leute gewöhnten sich allmählich an den Anblick, dass er durch die Gegend wanderte und seine Hilfe anbot. Aber es war das Gleiche wie an Bord der *Time Warp*: Er besaß keine besonderen praktischen Fertigkeiten – ein Linguist, der als Einziger die Sprache seiner Zivilisation beherrschte, und ein Diplomat, der nur noch sich selbst vertrat.

Wie der Sheriff konnte er den Großen Baum seiner Rasse anzapfen, aber sie machten beide die gleiche Erfahrung. Es gab keinerlei Vorboten einer drohenden Gefahr oder auch nur eines Problems, aber seit dem Tag X auch keine einzige neue Information. Die letzte Kollapsar-Sprung-Nachricht von der Erde, drei Wochen vor dem Tag X, enthielt ebenfalls keine Vorwarnung, weder vom Gruppenbewusstsein des Menschen noch von dem des Taurier.

Antres 906 war dafür, die Erde aufzusuchen oder Kysos, den symbolischen Heimatplaneten der Taurier. Er bot uns an, den Kollapsar-Sprung allein zu unternehmen und dann zurückzukehren, um uns Bericht zu erstatten. Marygay und ich glaubten, dass er es ehrlich meinte, und wir kannten Antres 906 mittlerweile besser als alle anderen, mit Ausnahme des Sheriffs. Aber die meisten unserer Gefährten befürchteten, dass wir damit Schiff und Taurier abschreiben konnten (wenngleich einige der Ansicht waren, dass der Verlust eines Schiffes den Verlust des letzten lebenden Feindes voll aufwog).

Viele Leute hegten den Wunsch, auf der Erde nach dem Rechten zu sehen, mit oder ohne Antres 906. Wir hängten eine Liste am Schwarzen Brett des Speisesaals aus und hatten im Nu dreißig Freiwillige.

Einschließlich Marygay, Sara und mir.

Die Logik erforderte, dass diejenigen gehen sollten, die für den Aufbau der jungen Kolonie am ehesten entbehrlich waren. Aber Nutzen und Wert des Einzelnen ließen sich kaum objektiv bestimmen, von einigen wenigen abgesehen, die auf keinen Fall ersetzt werden konnten, wie Rubi und Roberta (die ohnehin nicht auf der Liste standen) oder Diana und die beiden jungen Leute, die sie gerade zu Ärzten ausbildete (und die sich für die Reise gemeldet hatten).

Der Rat entschied, dass zwölf Teilnehmer aus einer Gruppe von fünfundzwanzig »Entbehrlichen« ausgewählt werden sollten. (Es gab enttäuschend wenig Protest, als ich darlegte, dass ich für die Kolonie nicht wichtig sei.) Der Sheriff und Antres 906 würden ebenfalls mitkommen, als Beobachter, die das Ganze aus einem besonderen Blickwinkel beurteilen konnten.

Allerdings würde die Expedition erst im Mittwinter aufbrechen, wenn es ohnehin nicht viel Arbeit gab. Es war geplant, dass die vierzehn Reisewilligen die Erde ansteuerten, sich dort umsahen und noch vor Frühjahrsbeginn wieder zurückkehrten.

Wann sollte die endgültige Auswahl getroffen werden? Stephen und Sage, beide auf der Liste, wollten die Sache sofort hinter sich bringen. Ich plädierte dafür, bis zur letzten Minute zu warten, vorgeblich, um ein wenig Spannung in den Alltag zu bringen, die uns von unserem Überlebenskampf ablenkte. In Wahrheit ging es mir rein um die Statistik: In anderthalb Jahren würden einige der fünfundzwanzig Freiwilligen ihre Meinung ändern, sterben oder aus anderen Gründen an der Teilnahme verhindert sein – womit sich die Chancen für den Rest erhöhten.

Marygay und ich hatten beschlossen, dass wir nur mitmachen würden, wenn wir zusammen bleiben konnten. Wenn Sara zu den Auserwählten gehörte, würde sie mitfliegen, Punkt. Sie blieb bei dieser Entscheidung, trotz eines schlechten Gewissens, und insgeheim war ich stolz auf ihre Unabhängigkeit, obwohl ich dem Moment der Trennung mit Bangen entgegensah.

Der Rat erklärte sich damit einverstanden, die Auswahl zu verschieben, und wir gingen daran, Centrus bewohnbar zu machen. Die Energieversorgung war ein grundlegendes und frustrierendes Problem. Wir hatten kostenlose und reichliche Energie immer als gegeben betrachtet: Seit mehr als hundert Jahren befanden sich drei Mikrowellen-Relaissatelliten in der Umlaufbahn, die Sonnenenergie in Mikrowellen umwandelten und nach unten abstrahlten. Da MF jedoch zwei große Monde besaß und seine Sonne ein naher Doppelstern war, mussten ständig Orbitkorrekturen vorgenommen werden; ohne diese Überwachung waren die Satelliten abgedriftet und hatten eigene Wege eingeschlagen. Irgendwann würde es uns gelingen, sie im All einzufangen oder neue zu bauen und in eine Umlaufbahn zu befördern, aber im Moment war unser Planet in Sachen Industrie und Technik dem neunzehnten Jahrhundert näher als dem einundzwanzigsten.

Ähnlich besaßen die drei Rettungsboote draußen auf der Landeplattform genug Kapazität, um den Energiebedarf von Jahrzehnten zu decken, doch wir hatten keine Möglichkeit, die Antriebe gefahrlos anzuzapfen. Im Gegenteil – eine kleine, aber lautstarke Minderheit unter Führung von Paul Greyton forderte, dass wir die Schiffe unverzüglich in eine Parkbahn schickten, bevor etwas mit den Magnetkäfigen der Antimaterie passierte und wir alle von einer Sekunde zur nächsten in unsere Elementarteilchen aufgelöst wurden. Ich verstand seine Sorge und hielt mich mit Einwänden zurück, obwohl die Magnetfelder kaum zusammenbrechen konnten, so lange die Gesetze der Teilchenphysik gültig blieben. Aber natürlich stand auch nirgends in der Teilchenphysik geschrieben, dass Antimaterie von selbst verschwinden konnte.

Für das Parkmanöver würden wir zusätzlich die Fähre benötigen, und ein wenig Flugpraxis konnte mir nicht schaden. Doch die übrigen Ratsmitglieder stimmten geschlossen gegen Greyton, weil sie fanden, dass der Anblick der Schiffe am Horizont für die meisten Leute ein Hoffnungsschimmer war, ein Symbol des Aufbruchs, der Möglichkeiten.

■ fünfundzwanzig

Wir schafften es, zwei Universal-Ackergeräte zu starten, und ich delegierte die Verantwortung für *diese* paar Probleme mit Freuden an Anita Szydhowski, die vor unserer Reise die Agrargenossenschaft von Paxton organisiert hatte.

Es gab auf diesem Sektor zu viele Möglichkeiten. Wenn wir auf einem beliebigen erdähnlichen Planeten gelandet wären, hätte das nichts ausgemacht. Zu den Überlebensvorräten der Auswandererschiffe hatten acht extrem robuste Gemüse-Varietäten gehört; allerdings war die Züchtung zur Widerstandsfähigkeit auf Kosten der Ertragsmenge und des Geschmacks erfolgt.

Keine der von der Erde stammenden Pflanzen hatte acht harte Winter auf Mittelfinger überlebt, aber wir besaßen genug Samen, die zum größten Teil austreiben würden – plus Hunderte von Sorten, die in Kryo-Tanks an der Universität eingelagert waren. Anita traf eine salomonische Entscheidung. Sie sorgte dafür, dass genug von dem superrobusten Zeug angebaut wurde, um uns durch das nächste Jahr zu bringen, bevor sie Ackerland für die normalen Feldfrüchte zuteilte, bei denen vor allem wegen der langen Lagerung der Samen ungewiss war, ob sie gedeihen würden. Schließlich ließ sie auf dem Campusgelände selbst ein Testfeld abstecken, auf dem die drei ehemaligen Farmer unter uns einige der Exoten betreuen durften, die von der Universität eisern unter Verschluss gehalten und nur zu ganz seltenen Gelegenheiten ausgegeben worden waren.

Ich begann wieder nach dem Lehrplan auf der *Time Warp* zu unterrichten – sehr zur Freude der Schüler, versteht sich. Die Einführung in die Naturwissenschaften konnte ich mir sparen, da meine beiden jüngsten Unterrichtsteilnehmer die Tiefschlaf-Tanks nicht überlebt hatten. Dafür musste ich mich zusätzlich mit Infinitesimalrechnung befassen, weil auch Grace Lani, die Dozentin für Höhere Mathematik, zu den Toten zählte. Das war eine Herausforderung. Integrale zu lösen ist weit einfacher, als sie zu erklären, und da meine Studenten in diesem Fach längst über das Anfangsstadium hinaus waren, gab es für mich einiges aufzuholen.

Nachdem ein Monat vorbei war, konnten wir eine Expedition nach Paxton wagen. Das bedeutete, dass beide Lieferwagen zwei Tage lang für die Gemeinschaft ausfielen; da ihre Reichweite etwa tausend Kilometer betrug, musste das Fahrzeug, mit dem wir die Reise bestritten, auch die Treibstoffzellen des zweiten Wagens mitnehmen.

Der Rat entschied uneigennützig, dass eines seiner Mitglieder fahren sollte, und ich erwischte den kürzesten Strohhalm. Ich wählte Sara als Assistentin und Beifahrerin. Wie die meisten anderen war sie ungeheuer wissensdurstig. Dazu jung und kräftig genug, um mich beim Fahren – natürlich gab es keine Automatiksteuerung mehr – und beim Wechseln der schweren Treibstoffzellen zu unterstützen. Marygay stimmte zu, obwohl sie gern selbst mitgekommen wäre. Sara entwuchs uns rasch, und das hier war ausnahmsweise ein Gebiet, auf dem sich unsere Interessen trafen.

Da der Wagen eine Nutzlast von drei Tonnen besaß, konnten wir einiges aufladen und in die Hauptstadt bringen. Sara befragte die Leute, was sie am dringendsten benötigten, und dann setzten wir uns zusammen und versuchten die Spreu vom Weizen zu trennen. Es war eine Miniaturausgabe des Auswahlverfahrens, das wir vor dem Start der *Time Warp* durchgeführt hatten. Wir erhielten nicht viele sentimentale Aufträge, da die Leute die Sachen, an denen sie besonders hingen, entweder an Bord und wieder auf die Rückreise mitgenommen oder bereits schweren Herzens aufgegeben hatten. Die Grenze wurde eher durch die Zeit und Mühe gesetzt, die wir aufwenden konnten. So lohnte es sich beispielsweise, in Dianas Praxis zu gehen und die Krankenblätter jener einunddreißig Leute unter uns mitzunehmen, die sie als Patienten betreut hatte, während wir es ablehnten, in Elena Monets Haus nach Häkelnadeln und Garn zu suchen.

Bei einigen Dingen fiel es schwer, Aufwand, Gewicht und Notwendigkeit für den Einzelnen wie für die Gemeinschaft gegeneinander abzuwägen. Wir beschlossen, Stan Shanks Keramik-Brennofen mitzunehmen, obwohl das Ding eine halbe Tonne wog und wir eigentlich gedacht hatten, dass es in der näheren Umgebung genug davon geben müsste. Aber er hatte ganz Centrus durchforstet, und keiner der neun Brennöfen, auf die er gestoßen war, hatte die Katastrophe heil überstanden; sie waren allesamt völlig ausgebrannt.

Sara und ich hatten nichts auf der Liste. Aber die eine oder andere Kleinigkeit würde sicher noch Platz finden.

Wir brachen in der Morgendämmerung auf und das war gut so. Die Fahrt, normalerweise in acht Stunden zu erledigen, dauerte zwanzig Stunden, weil wir die meiste Zeit die Bankette entlang krochen, anstatt die von tiefen Frostaufbrüchen beschädigte Straßendecke zu benutzen.

Bei unserer Ankunft fuhren wir auf kürzestem Weg zu unserem früheren Haus. Bill hatte versprochen, sich um das Anwesen zu kümmern, bis er jemanden fand, der bereit war, die Fischzucht im Austausch für ein gemütliches Heim zu übernehmen.

Wir gingen direkt in die Küche, um Feuer zu machen. Ich überließ diese Arbeit Sara, während ich zum See hinunterging, die dünne Eisdecke aufhackte und ein paar Eimer Wasser holte.

Im Bottich am Ende des Docks war das Stasisfeld noch an; es benötigt keine Energie, sobald es eingeschaltet ist. Ich fand es zu einem Viertel mit Fischen gefüllt. Also ging ich in die Küche zurück, holte eine Greifzange und nahm einige der Burschen mit nach drinnen. Natürlich auf null Grad absolut gefroren, aber bis zum Frühstück würden sie auftauen. Wir wärmten das Wasser über der Feuerstelle und tranken alten Wein – den ich kurz vor unserem Weggang von Harras erschachert hatte – und als das Wasser heiß genug war, begab ich mich mit einer Kerze ins eiskalte Wohnzimmer, um ein wenig zu lesen, während Sara ein Bad nahm. Da ich in einer FKK-Kommune groß geworden war und von dort Einzug in die Gemeinschaftsduschen des Militärs gehalten hatte, empfand ich Nacktheit als etwas völlig Normales, ebenso wie Marygay übrigens. Was natürlich zur Folge hatte, dass unsere Kinder eine unbegreifliche Prüderie an den Tag legten.

Es sah so aus, als sei Bill am Tag X noch hier gewesen – und nicht allein. Ich erkannte seine Sachen auf der Wohnzimmer-Couch gleich neben einem Stapel von weiblicher Kleidung. Plötzlich begann sich alles um mich zu drehen, und ich tastete benommen nach einem Stuhl.

Als der erste Schock vorbei war, ging ich mit einer Mischung aus Neugier und Schuldbewusstsein nach oben, um nachzusehen – und wirklich, in dem zerwühlten Bett hatten zwei Leute geschlafen. Ich fragte mich, wer sie gewesen sein mochte und ob sie noch genug Zeit gefunden hatten, ihre Zuneigung auszukosten.

Nachdem sie den Abwasch erledigt hatte, warf Sara einen Blick auf die Sachen ihres Bruders und verstummte. Sie suchte für uns beide einigermaßen frische Wäsche zusammen und ging hinauf, um ihr Bett zu überziehen und zu schlafen, aber sie wälzte sich noch lange unruhig hin und her. Ich machte mir nur ein Behelfslager auf dem Boden neben dem Feuer zurecht, weil ich keine Lust verspürte, die Nacht allein in unserem früheren Schlafzimmer zu verbringen.

Am nächsten Morgen garte ich die Fische über der Feuerstelle und kochte dazu Reis, der kaum zehn Jahre alt zu sein schien. Anschließend begaben wir uns auf Tour, zwei Holo-Kameras vorne auf dem Lieferwagen montiert. Stephen Funk hatte darauf bestanden, weil er fand, dass dies eines Tages eine wichtige historische Aufzeichnung sein könnte. Außerdem wollten die meisten Leute wissen, wie ihre seit acht Jahren leer stehenden Häuser inzwischen aussahen.

Die meisten von ihnen würden enttäuscht sein, denn nur wenige hatten ihre Gärten durchwegs mit einheimischen Gewächsen geschmückt. Für viele hatte es zum Prestige gehört, sich mit Pflanzen von der Erde zu umgeben, aber ohne die nötige Hege und Pflege hatte kaum etwas davon auch nur einen harten Winter überdauert. Dafür hatten sich die einheimischen Lebensformen ausgebreitet, insbesondere die großen und die kleinen grünen Hutschwämme, die weder echte Pflanzen noch richtige Pilze waren und selbst in den Wäldern, wo sie hingehörten, eher hässlich aussahen. Die Rasenflächen waren voll von diesen knie- bis mannshohen Dingern und wir kamen uns vor wie in einem Gruselmärchen.

Wir sammelten Aufzeichnungen, Werkzeuge und

ein paar Spezialgeräte – Stans Brennofen, in zehn Teile zerlegt, wie er gesagt hatte, aber immer noch ein sperriges Monster. Am Ende des Tages waren wir müde und deprimiert und bereit zum Aufbruch. Aber wir mussten bis zum Morgengrauen warten.

Ich machte uns einen Brei aus Reis und Trockenobst, und wir saßen am Feuer und aßen und tranken zu viel.

»Die Erde wird für dich ein ähnliches Wiedersehen sein, nicht wahr?«, fragte Sara. »Nur noch schlimmer.«

»Schwer zu sagen«, entgegnete ich. »Das liegt alles so weit zurück. Ich glaube, ich habe mich an den Gedanken gewöhnt, dass ich kaum noch etwas wiedererkennen werde.«

Ich warf noch ein Holzscheit in die Flammen und ging an die Fässer, um den Weinkrug nachzufüllen. »Habe ich dir eigentlich die Geschichte von diesem Typ aus dem zweiundzwanzigsten Jahrhundert erzählt?«

»Wahrscheinlich. Aber das ist lange her. Ich weiß nicht mehr, worum es ging.«

»Er kam nach Sterntor, während Charlie, Diana und Anita ihre Hetero-Behandlung erhielten und ich mir irgendwie die Zeit vertreiben musste. Er war allein, angeblich der einzige Überlebende aus irgendeiner Schlacht. Ließ sich nicht näher dazu aus.«

»Du dachtest damals, er sei ein Deserteur.«

»Genau. Aber das war mir ziemlich egal.« Der Wein schmeckte kühl und herb. »Er hatte die Erde zuletzt im vierundzwanzigsten Jahrhundert besucht. Geboren 2102 und ausgemustert um 2300. Wie deine Mutter und ich konnte er das, was auf unserer Heimatwelt als neue Zivilisation galt, nicht ertragen und meldete sich freiwillig für einen der Auswanderer-Planeten.

Dabei klang das, was er schilderte, um einiges besser als die Welt, in die er hineingeboren war, ein halbes

Jahrhundert, nachdem Marygay und ich sie verlassen hatten. Und um vieles besser als unsere Welt. Zu seiner Zeit war die häufigste Todesursache in den Vereinigten Staaten Mord, in der Regel Mord durch ganz legale Duelle. Die Menschen regelten Meinungsverschiedenheiten, Geschäfte und sogar *Glücksspiele* mit der Waffe in der Hand – ich setze meinen ganzen Besitz, und du setzt deinen ganzen Besitz, und dann schießen wir aus, wem der Plunder gehören soll.«

»Und das fand er gut?«

»Das fand er sogar *großartig*. Da er jede Menge Kampftraining und Kriegserfahrung besaß, rechnete er damit, in kürzester Zeit ein reicher Mann zu sein.

Aber die Erde war nicht mehr so, wie er sie in Erinnerung hatte. Es gab eine Kriegerkaste, in die man mittels Gentechnik hineingeboren wurde. Man kam bereits im Kindesalter zum Militär und blieb für immer dabei, ohne sich je mit der feinen Gesellschaft zu vermischen. Und es war eine *feine* Gesellschaft, im wahrsten Sinn des Wortes! Die Erde hatte sich in eine Welt der gefügigen Lämmer verwandelt. Alle lebten in einer großen Herde; keiner hatte – oder erstrebte – mehr Besitz als der andere; keiner übervorteilte den anderen oder sprach auch nur ein schlechtes Wort über ihn.

Die Leute *wussten* sogar, dass ihre Harmonie künstlich erzeugt war, durch biologische und soziale Manipulation, und sie empfanden das als Glück. Die Tatsache, dass in ihrem Namen auf Hunderten von Planeten ein grauenhafter Krieg tobte, machte es nur umso logischer, dass sich ihr Alltag in heiterer Friedfertigkeit abspielte.«

»Also floh er wieder zum Militär?«

»Nicht sofort. Er wusste, wie knapp er davongekommen war, und wollte sein Glück nicht unbedingt ein zweites Mal herausfordern. Da er mit den Schafen nicht leben konnte, zog er los und versuchte sich allein durchzuschlagen.

Aber das ließen sie nicht zu! Er konnte keinen Schritt tun, ohne dass sie ihn beobachteten. Sie fanden ihn immer und schickten ihm täglich einen neuen Begleiter, der ihn auf den rechten Weg bringen sollte. Er griff die Helfer an. Sie wehrten sich nicht. Einige tötete er sogar. Aber einen Tag später war der Nächste da, um ihn mitleidig zu umsorgen.

Nach einem oder zwei Monaten nahm ihn ein Offizier unter die Fittiche, der ihm eine Neuverpflichtung beim Militär vorschlug. Einen Tag später hatte er die Erde verlassen.«

Wir schauten eine Zeit lang ins Feuer. »Was glaubst du – hättest du dich anpassen können?«

»Das nicht. Ich wäre nie einer der ihren geworden. Aber ich hätte in ihrer Welt leben können.«

»Ich auch«, meinte sie. »Es klingt wie die Welt des neuen Menschen.«

»Ja, irgendwie schon.« Die Welt, die ich für Mittelfinger aufgegeben hatte. »Es war der erste Schritt in diese Richtung. Obwohl es noch tausend Jahre dauerte, ehe wir Frieden mit den Tauriern schlossen.«

Sie hatte ein wenig Mühe, das Gleichgewicht zu halten, als sie unsere Schüsseln und Löffel zum Spülbecken trug. »Ich hoffe, dass sich einiges verändert hat, wenn ich ... wenn wir ausgewählt werden.«

»Bestimmt. Alles verändert sich.« So sicher war ich allerdings nicht, seit der Mensch die Erde übernommen hatte. Weshalb die Perfektion verpfuschen?

Sara nickte und ging nach oben, um sich schlafen zu legen. Ich wusch das Geschirr ab. Eine sinnlose Geste. Das Haus würde zu meinen Lebzeiten wahrscheinlich unbewohnt bleiben.

Nachdem ich mein Behelfslager neben dem Kamin hergerichtet hatte, legte ich noch ein sperriges Holzscheit für die Nacht auf die Glut. Ich starrte in die Flammen, konnte aber nicht einschlafen. Vielleicht hatte ich zu viel Wein getrunken; das passiert mir hin und wieder.

Aus irgendeinem Grund wurde ich von Kriegsbildern heimgesucht – nicht nur von Erinnerungen an die Feldzüge und die blutigen Gemetzel, die wir zweimal während des Zeitsprungs erlebt hatten, sondern auch von COBAL-Phantasien, in denen ich mit Felsbrocken und Novabomben Phantome tötete. Ich überlegte, ob ich noch mehr Wein trinken sollte, um sie zu verscheuchen. Aber wir wollten am nächsten Morgen die Rückfahrt antreten, und ich würde mindestens die Hälfte der Strecke hinter dem Steuer sitzen.

Sara kam schniefend die Stiege herunter, Kissen und Decken an sich gedrückt. »Kalt«, murmelte sie und kuschelte sich an mich, so wie früher, als sie noch klein gewesen war. Eine Minute später schnarchte sie leise. Ihre Wärme und ihr vertrauter Geruch vertrieben die Dämonen, und ich schlief ebenfalls ein.

sechsundzwanzig ■

Nach uns begaben sich andere Leute auf Expeditionen nach Thornhill, Lakeland und Black Beach/White Beach, um die Vergangenheit zu durchwühlen. Sie brachten keine neuen Erkenntnisse mit, dafür aber eine Menge Plunder, der das Wohnheim behaglicher und enger machte.

Als das Frühjahr zu Ende ging, begannen wir unseren Lebensraum zu erweitern, auch wenn es mehr wie die langsame Teilung einer Amöbe war. Da es keine zentralen Einrichtungen gab und in nächster Zeit auch nicht geben würde, mussten sie unsere Energie- und Wasserversorgung im Kleinen kopieren.

Neun Leute zogen in ein Gebäude der Innenstadt, das als »Haus der Musen« bekannt war, weil es früher eine Wohngemeinschaft von Malern und Bildhauern, Musikern und Schriftstellern gegeben hatte. Alle Materialien für kreatives Schaffen befanden sich noch an Ort und Stelle, auch wenn die Kälte einigen Schaden angerichtet hatte.

Eloi Casis Geliebte Brenda Desoi nahm die unfertige kleine Skulptur mit, die Eloi ihr geschenkt hatte, bevor wir die *Time Warp* verließen. Sie hatte die Absicht, um das Kunstwerk herum eine Installation zu errichten, und sie wusste, dass Eloi in seiner Jugend einen Mittwinter lang im Haus der Musen studiert und gearbeitet hatte. Brenda fand acht Freiwillige, die mit ihr umziehen und sich wieder mit Kunst und Musik befassen wollten.

Es gab keine Einwände. Im Gegenteil, die meisten

von uns hätten Brenda auf Händen aus dem Wohnheim getragen, nur um sie los zu werden. Wir hatten am Raumhafen einen Lagerraum mit Sonnenkollektoren und dem nötigen Zubehör entdeckt, sodass die Energieversorgung kein Problem darstellte: Etta Berenger setzte die Anlage in ein paar Nachmittagen zusammen. Sie entwarf auch eine Ganzjahres-Latrine in einem eleganten Atrium, überließ die künstlerische Gestaltung mit Spaten und Schaufel jedoch den Bewohnern selbst.

Damit bekamen wir im Wohnheim sechs Räume frei. Die Bewohner wurden so umverteilt, dass wir im Westteil des Gebäudes Rubi und Robertas Kinderkrippe sowie die Familien mit eigenen Kindern unterbringen konnten. Es war gut für die Kinder, Spielgefährten zu haben, und noch besser, dass sich der Westflügel mit einer Feuertür abschließen ließ – Schutz und Grenze zugleich für den Tatendrang der Kleinen.

Unterstützt von Spezialisten, die wir nach Bedarf hinzuzogen, verbrachten Etta, Charlie und ich jeden Nachmittag ein paar Stunden damit, Centrus zurückzuerobern. Ein erster Schritt waren kleine Kolonien wie das Haus der Musen, aber nach und nach wollten wir eine richtige Stadt als Lebensraum für unsere wachsende Gemeinschaft.

Auf der Erde oder einem anderen normalen Planeten wäre das einfacher gewesen. Der monatelange Kampf gegen die bittere Kälte erschwerte alles. Allein die Aufgabe, die Häuser wieder bewohnbar zu machen, stellte uns vor kaum zu bewältigende Probleme. In Paxton hatten wir die elektrischen Heizsysteme durch Kamine und Öfen ergänzt, aber dort draußen gab es auch genügend Holz – Plantagen mit schnell wachsenden Baumsorten, deren Äste jedes Jahr zurückgeschnitten und als Brennmaterial verwendet wurden. Centrus war zwar von Hügeln mit einheimischen Bäumen umgeben, aber deren schwammiges »Holz« brannte nicht gut, und wenn wir zu viele Schneisen in die Wälder schnitten, mussten wir mit Erosion und Erdrutschen während der Tauperiode rechnen.

Die ideale Lösung bestand wohl darin, einen dieser Energie-Satelliten aufzuspüren und einzufangen. Aber das würden wir in diesem Winter nicht mehr schaffen. Und mit diesem Winter mussten wir uns bald befassen, denn parallel zu den kühleren Tagen sank der Ausstoß der Solaranlagen: Wir hatten nicht nur mit dem Naturgesetz zu tun, dass die Strahlung quadratisch zur Entfernung abnahm (wenn sich der Sonnenabstand verdoppelte, traf nur ein Viertel ihrer Energie auf dem Planeten ein), sondern – in Ermangelung von Wetterkontroll-Satelliten – auch mit einem deutlichen Anstieg von wolkenverhangenen Tagen.

Also entschieden wir uns für Holzöfen. In Lakeland gab es genug Holz, um uns Dutzende von Wintern warm zu halten. Im Normalfall waren die Plantagenbäume so getrimmt, dass sie in etwa mannshoch blieben. Acht unkontrollierte Wachstumszyklen hatten die Pflanzungen allerdings in einen dichten, hohen Dschungel verwandelt.

In einem Schuppen neben einer Chemiefabrik am Rande von Centrus entdeckten wir Hunderte von Stahltonnen mit einem Fassungsvermögen von 100 und 250 Litern, die ideale Heizöfen abgaben. Ich brauchte etwa eine Stunde, um ein paar Helfern zu erklären, wo sie welche Löcher in die Tonnen schneiden sollten. Ich selbst war als Schweißer ausgebildet, ebenso wie Alysa Bertram. Gemeinsam schweißten wir die Abzugrohre an unsere Kanonenöfen, während die Leute im Wohnheim und im Haus der Musen provisorische Rauchöffnungen in die Fenster oder Außenwände brachen.

Wir stellten eine Ackermaschine und einen Lieferwagen für eine Holzsammel-Aktion ab, nachdem wir berechnet hatten, dass wir 850 Klafter /gut 3000 Ster/ Holz brauchen würden, um sicher über den Winter zu kommen. Das war eine Menge, aber wir benötigten es nicht nur zum Kochen und Erwärmen der Räume, sondern auch, um Eis zu Wasser zu schmelzen.

Alle zeigten sich erleichtert, als die ersten Feldfrüchte geerntet werden konnten. Auch die kleine Hühnerschar hatte inzwischen Legegröße erreicht. Die Künstler nahmen je zwei Hennen und Gockel mit, was für das Leben im Haus der Musen sicher eine Bereicherung sein würde. Wir hatten den Fernsehraum im Erdgeschoss in einen Hühnerstall umgewandelt. Wer unbedingt einen großen Würfel oder Bildschirm für seine Filme brauchte, musste den Genuss eben mit den Hühnern teilen. Und regelmäßige Würfelsendungen würde es in nächster Zeit wohl ohnehin nicht geben. (In diesem Punkt täuschte ich mich. Das Nichtstun während der langen Winterzeit führte dazu, dass die Leute einfach alles gafften – und wenn es nur der mit einer Kamera aufgenommene Alltag ihrer Nachbarn war.)

Aus dem sonnigen Fitness-Raum im Speicher wurde ein Gewächshaus, in dem wir Sämlinge für das nächste Frühjahr zogen. Wir dachten auch daran, im Winter etwas Gemüse anzubauen, weshalb Anita drei Holzöfen und eine zusätzliche Lichtquelle installierte.

Für das *eigentliche* Winterproblem – bei fünfzig Grad minus durch den Schnee zu stapfen und den Hintern über einem Latrinengraben zu entblößen – fand Sage eine eher praktische als elegante Lösung. Selbst in diesen Breiten gab es eine Permafrostschicht. Alles, was sich unterhalb von sieben Metern befand (und nicht so tief lag, dass es vom Planeteninnern erwärmt wurde), war und blieb auf Dauer gefroren. Wir hatten weder die Bagger noch die Energie, um eine Grube anzulegen, die tief und groß genug für neunzig plus Bewohner war. Aber nur zehn Kilometer außerhalb der Stadt gab es ein Kupferbergwerk, und von dort holte sie Sprengladungen sowie einen Minen-Laser, mit dem wir das Werk vollbrachten.

Die Kolonie im Haus der Musen musste weiterhin mit ihrem Latrinengraben zurecht kommen, aber Kunst erfordert immer Opfer. Der Weg zum gefrorenen Atrium würde sie der Natur und ihrem wahren Ich ein Stück näher bringen.

■ siebenundzwanzig

Ich stürzte mich mit ganzer Kraft auf das Rückgewinnungsprojekt. Marygay erging es kaum anders. Es lag eine gewisse Verzweiflung in der Luft. Niemand sprach über die Expedition der Erde, nicht bis zu dem Tag, an dem die Auslosung stattfand.

Gegen Mittag versammelten sich alle in der Wohnheim-Cafeteria, um einen Tisch mit einer Glasschale, in der zweiunddreißig gefaltete Zettel lagen. Mori Dartmouth, das jüngste Kind, das verständig genug war, um die Ziehung durchzuführen, saß auf dem Tisch und fischte nacheinander zwölf Namen heraus, die ich jeweils laut vorlas. Sara kam gleich als Zweite an die Reihe und stieß einen lauten Jubelschrei aus. Marygay war die Achte. Sie nickte nur.

Dann kam die Nummer Zwölf an die Reihe und mein Zettel lag immer noch in der Schale. Ich hatte nicht den Mut, Marygay anzusehen. Viele andere taten es für mich. Sie räusperte sich, aber Peck Maran ergriff vor ihr das Wort. »Marygay«, sagte er, »du gehst nicht ohne William und ich gehe nicht ohne Norm. Es sieht so aus, als wären wir in der gleichen Lage.«

»Und was schlägst du vor?«, fragte sie. »Münzen haben wir keine.«

»Nein«, entgegnete er, einen Moment lang verwirrt, weil er das Wort nicht kannte. Er stammte aus der dritten Generation und kannte Geld nur in elektronischer Form. »Leeren wir die Schale aus und legen wir nur unsere Zettel – nein, natürlich Williams und Norms

Zettel hinein. Dann soll Mori noch einmal ziehen.« Mori lächelte und klatschte begeistert.

Auf diese Weise gewann ich – gewannen wir – doch noch. Der Neid, der sich im Raum ausbreitete, lastete wie ein schwerer Druck auf uns. Eine Menge Leute, die sich im Frühjahr nicht gemeldet hatten, wären jetzt, da die Langeweile des Mittwinters drohte, nur zu gern mitgekommen.

Die praktischen Vorbereitungen waren seit Monaten abgeschlossen. Wir nahmen Boot Nummer Drei, das wir *Mercury* getauft hatten. Sämtliche Werkzeuge und Materialien zum Terraformen und zur Rekolonisierung waren entfernt worden; wenn wir auf der Erde niemanden antrafen, würden wir einfach nach Mittelfinger zurückkehren und die Entscheidung über eine Wiederbesiedlung späteren Generationen überlassen.

Auf andere Eventualitäten waren wir jedoch vorbereitet. Jedes Schiff hatte einen Kampfanzug an Bord, und wir nahmen alle vier mit. Wir packten auch eine Stasisfeld-Kuppel ein, entschieden uns aber gegen die Novabombe und ähnliche dramatische Waffen. Falls es zu einem derart ernsthaften Konflikt kommen sollte, hatten wir ohnehin keine Chancen.

Es waren keine tollen Anzüge, da es sich um Universalmodelle handelte, die für alle möglichen Größen und Gelegenheiten passen mussten, und wir überlegten eine Weile, ob wir sie aus Prinzip zurücklassen sollten. Ich setzte mich mit meiner Ansicht durch, dass wir an Ort und Stelle immer noch entscheiden konnten, ob wir sie aus Prinzip nicht benutzten. Inzwischen aber galt das Wort des Dichters: Geh wohl bewacht durch finst're Nacht ... – oder so ähnlich.

buch fünf ■

DAS BUCH DER APOKRYPHEN

achtundzwanzig

Es gab, glaube ich, einen Indianerstamm oder einige Indianerstämme, die kein Abschiedsritual hatten. Wer die anderen verließ, kehrte ihnen einfach den Rücken zu und ging. Vernünftige Leute. Wir brauchten einen ganzen Tag, um die Runde zu machen und allen Lebewohl zu sagen, weil wir niemanden kränken wollten.

Die Hälfte der Kolonie-Bewohner sah ich ohnehin in meiner Eigenschaft als Bürgermeister, da fast jeder dies oder das zu verwalten schien und mir unbedingt noch berichten musste, was während meiner Abwesenheit alles geplant war. Sage, die mich im Amt vertrat, saß bei den endlosen Palavern an meiner Seite.

Sie sollte auch dafür sorgen, dass alle den Strahlungsbereich mieden und unterirdische Schutzräume aufsuchten, wenn Marygay am nächsten Tag auf den Startknopf drückte. Um Punkt zwölf Uhr mittags teilte sie uns per Funk mit, dass alle bis auf sie selbst in Sicherheit waren. Wir gaben ihr eine Minute Zeit; die letzten zwanzig Sekunden zählte das Schiff herunter.

Zunächst pressten uns vier, dann zwei Ge in die Sitze. Einen halben Orbit verbrachten wir im freien Fall, ehe das Schiff mit einem gleichmäßigen Ge auf den Kollapsar von Mizar zuhielt.

Anderthalb Tage konstante Beschleunigung. Wir begnügten uns mit schlichten Mahlzeiten und Smalltalk, während Mizar immer näher kam – fast zu nahe für einen jungen blauen Stern.

Der Kollapsar war ein schwarzes Pünktchen gegen den gefilterten Glanz des Riesensterns und dann ein Klecks und dann eine rasch anschwellende Kugel und dann spürten wir dieses sonderbare Zerren und Dehnen und plötzlich befanden wir uns in der Tiefe des Alls.

Nun noch fünf Monate bis zur Erde. Wir stiegen in unsere Särge – Sara in ihrer komischen Scham mit überstürzter Hast –, schlossen die Ortho-Schläuche an und warteten auf den Schlaf. Ich konnte das Schiff raunen hören, weil dieser oder jener Schlauch nicht exakt angeschlossen war. Dann wurde das Universum zu einem winzigen Ball zusammengepresst und verschwand, und ich war wieder einmal in der kühlen Traumwelt des Tiefschlafs.

Ich hatte mit Diana über das emotionale oder existenzielle Unbehagen gesprochen, das ich bei unserem letzten Flug durchgemacht hatte, und erfahren, dass es dafür ihres Wissens nach keine medizinische Lösung gab. Wie sollte es auch, bei einem Stoffwechsel, der langsamer ablief als bei einem Mammutbaum? Sie riet mir nur, an angenehme Dinge zu denken, bevor ich in den Schlaf eintauchte.

Irgendwie half das. Die meisten von uns konnten den Decken-Monitor sehen, und ich hatte ein Programm mit besänftigenden Bildern ausgewählt, die unsere Abkühlphase begleiteten. Expressionistische Gemälde, ruhige Naturaufnahmen. Ich fragte mich, ob es auf der Erde noch so etwas wie freie Natur gab. Weder Mensch noch Taurier waren in dieser Hinsicht gefühlsduselig; für sie lag Schönheit in der Abstraktion.

Nun, wir hatten auf diesem Sektor auch nicht allzu viel vorzuweisen. Unsere Geschichte war im Großen und Ganzen vom Kampf zwischen Industrie und Natur bestimmt gewesen, mit großen Landgewinnen für die Industrie.

Also verbrachte ich die fünf Traummonate, die mir mitunter wie fünf Minuten vorkamen, in einer Folge pastoraler Szenen, die meisten davon Extrapolationen von Orten, die ich nur von Schilderungen oder Bildern kannte; selbst die Kommune, in der ich aufgewachsen war, befand sich am Rande der Großstadt. Ich hatte in Parks mit ordentlich getrimmtem Rasen gespielt und mir vorgestellt, ich sei im Dschungel. Diese Vorstellungen kehrten nun zurück.

Es war komisch. Meine Träume führten mich nie nach Mittelfinger zurück, wo Mutter Natur und ich stets eng im Clinch gestanden hatten. Wohl zu aufwühlend, schätze ich.

Das Erwachen aus dem Tiefschlaf war schwieriger und unbequemer als beim letzten Mal. Das lag sicher daran, dass Diana mir keinen Beistand leistete. Ich war verwirrt und wie betäubt. Die Finger wollten mir nicht gehorchen und drehten die Schraubverschlüsse der Ortho-Schläuche immer wieder in die falsche Richtung. Als ich das Zeug endlich los hatte, war mein Unterleib blutverschmiert, obwohl ich keine Verletzungen erkennen konnte.

Ich ging zu Marygay, um ihr zu helfen, und sah, dass sie bereits dabei war, die Strippen zu sortieren und zu lösen. Sie schaffte es ohne Blutvergießen. Wir zogen uns beide an. Marygay wollte zuerst nach Sara schauen, während ich mich um die anderen kümmerte.

Zuerst begab ich mich zu Rii Highcloud, unserer Sanitäterin. Sie war zwar im richtigen Leben Bibliothekarin, aber Diana hatte ihr ein Intensivtraining verpasst und sie mit der medizinischen Standardausrüstung an Bord vertraut gemacht.

Antres 906 war wach und nickte mir zu, als ich über den Rand seiner Tiefschlaf-Kiste spähte. Sein Glück. Wenn dem Ärmsten etwas gefehlt hätte, wären wir auf ein Erste-Hilfe-Handbuch mit einem winzigen Anhang über Taurier angewiesen gewesen.

Jacob Pierson war steif gefroren und gab keinerlei Lebenszeichen. Er lag vermutlich schon seit fünf Monaten tot da. Irgendwie empfand ich Schuldgefühle, weil ich ihn nie gemocht hatte und nicht gerade begeistert über seine Teilnahme an der Expedition gewesen war.

Alle anderen bewegten sich zumindest. Ob sie Schäden davongetragen hatten, würden wir erst wissen, wenn sie richtig wach waren und sprechen konnten. Die Tiefschlaf-Defekte nahmen mitunter seltsame Formen an. So hatte Charlie einen Teil seines Geruchssinns verloren, als er auf Mittelfinger zu sich kam: Er konnte keine Blumendüfte mehr erkennen, während er alle anderen Gerüche einwandfrei zuordnete. (»Das muss mir im Tiefschlaf abhanden gekommen sein«, war ein gängiger Scherz zwischen Marygay und mir, wenn uns bestimmte Namen oder Nummern nicht mehr einfielen.)

Sara ging es gut; sie blutete zwar auch ein wenig, wollte sich beim Säubern jedoch auf keinen Fall von ihrer Mutter helfen lassen.

Wir schalteten den Bildschirm ein. Auf der Erde schien alles in Ordnung zu sein – oder zumindest so, wie wir es erwartet hatten. Etwa ein Drittel des Gebiets, das wir zwischen Wolken sehen konnten, war wohl eine ausgedehnte Großstadt – ein eintöniges Grau, das sich über Nordafrika und Südeuropa erstreckte.

Ich trank etwas Wasser, und es blieb unten, obwohl ich das Gefühl hatte, dass es als eiskalter Klumpen in meinem Magen umherkugelte. Während ich mich darauf konzentrierte, merkte ich plötzlich, dass Marygay stumm weinte und die umherschwebenden Tränen mit fahrigen Handbewegungen einzufangen versuchte.

Ich dachte, es sei wegen Pierson, und überlegte mir gerade ein paar tröstende Worte, als sie mit gepresster Stimme sagte: »Dasselbe. Nichts. Genau wie auf Mittelfinger.«

»Vielleicht sind sie ...« Mir fiel nichts ein. Sie waren tot oder verschwunden. Alle zehn Milliarden.

Antres 906 war aus seiner Kiste geklettert und schwebte hinter mir. »Das kommt nicht unerwartet«, meinte er, »da es keinen Hinweis darauf gab, dass sie Centrus einen Besuch abgestattet hätten.« Er gab einen seltsamen Laut von sich, wie das Gurren einer heiseren Taube. »Ich muss mich zum Großen Baum begeben.«

Marygay sah ihn lange an. »Wo ist dieser Baum?«

Er legte den Kopf schräg. »Überall natürlich. Wie ein Telefon.«

»Ach so.« Sie löste ihren Sitzgurt und schwebte durch die Kabine. »Mal sehen, wie weit die Leute sind. Es wird Zeit, dass wir uns nach unten begeben.«

*

Wir »begruben« Jacob Pierson im All. Da er eine Art Moslem gewesen war, sprach Mohammed Ten ein paar Abschiedsworte, ehe Marygay die äußere Schleusentür öffnete und der Tote langsam in die Leere hinaus trudelte. Es war im Grunde eine hinausgeschobene Feuerbestattung, denn wir befanden uns in einem so niedrigen Orbit, dass er letzten Endes in der Atmosphäre verglühen würde.

Wir landeten am Raumhafen von Cape Kennedy, weit draußen auf einer Landzunge, wo sie eine spezielle Plattform für all jene Schiffe reserviert hatten, die in einem Schauer von Gammastrahlung herunterkamen. Ein dick gepanzerter Mannschaftsbus rollte heran, um uns in Empfang zu nehmen.

Nach dreißig Minuten gab uns der Strahlungsmesser grünes Licht zum Aussteigen. Die schwülwarme Luft roch nach Salz. Windböen jagten über die Mangrovensümpfe und zerrten an unserer Kleidung, als wir uns unsicher die Gangway hinunter tasteten. Am Boden umfing uns der Geruch von verbranntem Metall und die Landeplattform tickte geduldig, während sie langsam abkühlte.

»So still«, murmelte Alysa.

»In dieser Ecke war es zwischen den Starts und Landungen immer still«, meinte Po. »Ich fürchte allerdings, dass am Raumhafen selbst auch nicht viel los sein wird. Genau wie bei uns.«

Die Metallplatten strahlten immer noch Wärme ab. Und vielleicht das eine oder andere Alphateilchen. Aber die Luft war herrlich. Ich atmete so tief durch, dass mir fast schwindlig wurde.

»Wer seid ihr?«, dröhnte der Bus in Standard. »Woher kommt ihr?«

»Sprich Englisch«, entgegnete Marygay. »Wir sind eine Zivilistengruppe von Mittelfinger, einem Planeten des Systems Mizar.«

»Kommt ihr als Händler?«

»Nein, als Besucher. Bring uns zu Erdbewohnern.«

An einer Seite des Transporters schwang eine Doppeltür auf. »Ich kann euch zum Raumhafen bringen. Straßen darf ich ohne Räder nicht benutzen.«

Wir stiegen ein, und vier große Fenster wurden transparent. Sobald wir Platz genommen hatten, schloss sich die Tür. Das Ding machte kehrt und schlingerte auf zwölf Gelenkbeinen dem anderen Ende der langgestreckten Landeplattform entgegen.

»Weshalb hast du keine Räder?«, wollte ich wissen. Meine Stimme schwankte im Rhythmus des Gefährts.

»Ich habe Räder. Ich habe sie aber seit langem nicht mehr eingesetzt.«

»Gibt es Leute am Raumhafen?«, erkundigte sich Mohammed.

»Das weiß ich nicht. Ich habe ihn nie betreten.«

»Gibt es anderswo auf der Erde Leute?«, fragte ich.

»Das ist eine Frage, die ich nicht beantworten kann.« Das Ding hielt unvermittelt an. Matt und ich saßen ganz vorne in Fahrtrichtung. Da wir uns nicht angeschnallt hatten, wären wir um ein Haar gegen die Scheiben geflogen. »Nehmt euer Gepäck mit und steigt vorsichtig aus! Ich wünsche noch einen angenehmen Tag.«

Das Hauptgebäude des Raumhafens war ein riesiges Gebilde ohne gerade Formen; alles großzügig geschwungene Parabeln und Kettenlinien mit Facetten wie gehämmertes helles Metall. Die aufgehende Sonne brach sich orangerot in hundert glänzenden Flächen.

Wir näherten uns zögernd der DIIJHA/ANKUNFT-Tür, die sich automatisch öffnete. Der erste Schritt über die Schwelle erfüllte mich mit einem Schauder, fast so, als müsste ich unter einem Fallbeil durchgehen. Die anderen beeilten sich ebenfalls.

Im Innern herrschte keine absolute Stille, sondern ein besänftigendes Geräusch, eine Art moduliertes weißes Rauschen, das langsamer pulsierte als unser Herzschlag. Dazu ein Klingeln am Rande der Wahrnehmung.

Der Boden war mit Kleidungsstücken übersät.

»Nun«, meinte Po, »ich schätze, wir können umkehren und wieder heimfliegen.«

Antres 906 gab ein Zischen von sich, wie ich es noch nie gehört hatte, und bewegte die Linke in einem weit ausholenden Halbkreis. »Ich begreife, dass ihr versucht, die Lage mit Humor zu meistern. Aber es gibt viel zu tun, und es könnten Gefahren auf uns warten.« Er wandte sich an Marygay: »Captain, ich schlage vor, dass zumindest einer der Anwesenden zum Schiff zurückkehrt und einen Kampfanzug holt.«

»Gute Idee«, sagte sie. »William? Könntest du dich darum kümmern?«

Ich ging zurück zum Eingang, der sich natürlich nicht mehr öffnete. Hundert Meter entfernt gab es noch eine Tür mit der Aufschrift MOSCH/TRANSPORT. Als ich sie durchquerte, kam der Bus angestakst. »Ich habe etwas vergessen«, erklärte ich. »Bring mich zurück zum Schiff!«

Früher einmal war das Überstreifen von Kampfanzügen eine ziemlich dramatische Angelegenheit. Es gab einen Gemeinschaftsraum mit Podesten für etwa vierzig Leute; man zog sich aus, stieg rückwärts in den aufgeklappten Anzug, befestigte die Schläuche und Kabel, wartete, bis die Verschlüsse einrasteten und marschierte los. Auf diese Weise konnte theoretisch eine ganze Kompanie in wenigen Minuten in voller Montur bereitstehen.

Wenn es weder Kabel noch Hardware gibt und der Anzug nicht maßgeschneidert ist, läuft die Geschichte weder schnell noch dramatisch ab. Man zwängt sich hier und dort rein, bis schließlich alles einigermaßen sitzt und versucht das Teil dann selbst zu schließen. Wenn es sich nicht schließen lässt, geht man ein paar Handgriffe zurück und fängt noch einmal von vorne an.

Das Ganze dauerte fast fünfzehn Minuten. Ich tastete mich schwerfällig die Gangway hinunter. Die Doppeltür des Transporters schwang auf.

»Vielen Dank«, sagte ich. »Aber ich gehe lieber zu Fuß.«

»Das ist nicht gestattet«, erklärte er. »Es birgt Gefahren.«

»*Ich* berge Gefahren«, entgegnete ich und widerstand dem Impuls, ihm ein paar Beine auszureißen, nur um zu sehen, was dann passieren würde. Stattdessen lief ich mit weiten Sätzen los, unterstützt von den Kraftverstärkern. Ich kam nicht so elegant vom Fleck, wie ich es in Erinnerung hatte, aber ich war schnell. Nach einer knappen Minute hatte ich den Eingang des Raumhafen-Gebäudes erreicht.

Die Tür wollte sich nicht öffnen, da sie mich vermutlich in die Kategorie Maschine einstufte. Ich ging einfach durch. Das splitterfeste Glas wurde undurchsichtig, dehnte sich und zerriss wie eine Stoffbahn.

Marygay lachte. »Du hättest wenigstens anklopfen können.«

»Das *war* ein Anklopfen!« Meine verstärkte Stimme dröhnte durch die große Abfertigungshalle. Ich stellte den Regler leiser. »Sind unsere beiden Außenseiter losgezogen, um sich in ihr jeweiliges Gruppenbewusstsein einzuklinken?« Der Sheriff und der Taurier fehlten.

Sie nickte. »Baten uns, hier auf sie zu warten. Ist der Anzug in Ordnung?«

»Kann ich noch nicht sagen. Die Beinwaldos funktionieren. Und Türen stellen kein großes Hindernis dar.«

»Warum gehst du nicht nach draußen und testest die Artillerie? Das Zeug ist ziemlich alt.«

»Kein schlechter Gedanke.« Ich verließ die Halle durch das Loch in der Eingangstür und sah mich nach geeigneten Zielen um. Was brauchten wir nicht so dringend? Mein Blick fiel auf einen Fastfood-Stand, und ich bestellte mit dem Laserfinger ein paar Pommesfrites. Der Kiosk ging in Flammen auf. Ich warf eine Handgranate hinterher. Die Explosion zerlegte die brennenden Teile in ihre Atome und löschte so das Feuer.

Der Transporter kam angejoggt, begleitet von einem

kleinen Roboter mit blauen Blinklichtern, der vorn und hinten den Aufdruck PARKPLATZPOLIZEI trug.

»Du bist verhaftet!«, blaffte mich das Ding an. »Ergib dich auf der Stelle!«

»Sonst noch was?« Ich lud eine Rakete, die von der Anzeige dicht über meinen Augen als MSK bezeichnet wurde. Eine Abkürzung, die sie zu meiner Zeit noch nicht benutzt hatten. Vermutlich »mittlere Sprengkraft« oder so ähnlich. Ich drückte ab. Die Munition zerstäubte den Parkplatzroboter und hinterließ einen Krater mit einem Durchmesser von zwei Metern. Die Druckwelle warf den Transporter auf den Rücken.

Er richtete sich auf, indem er hin und her schaukelte, bis er wieder auf seine spillerigen Beine kam. »Das war nicht unbedingt notwendig«, tadelte er. »Du hättest deine Situation erklären können. Nenn mir den Grund für diese willkürliche Zerstörung von fremdem Eigentum.«

»Zielübungen«, sagte ich. »Dieser Kampfanzug ist sehr alt, und ich musste in Erfahrung bringen, wie gut er noch funktioniert.«

»In Ordnung. Bist du jetzt fertig?«

»Eigentlich nicht.« Ich hatte die Nuklearwaffen noch nicht getestet. »Aber ich warte mit den restlichen Systemen, bis mir ein größeres Gelände zur Verfügung steht.«

»Ein Gelände außerhalb des Raumhafens?«

»Unbedingt. Hier gibt es nichts, das klein genug für einen Zerstörungstest wäre.«

Er schien eine Weile zu brauchen, um diese Bemerkung in sein Weltbild einzuordnen. »Nun gut. Ich werde die Polizei nicht mehr rufen, es sei denn, du zerstörst etwas im Raumhafenbereich.«

»Das habe ich nicht vor. Pfadfinder-Ehrenwort!«

»Könntest du den letzten Satz so ausdrücken, dass ich ihn verstehe?«

»Ich werde hier nichts zerstören, ohne dich vorher davon in Kenntnis zu setzen.«

Er begann mit seinen zahlreichen Beinen zu strampeln und zu stampfen und steigerte sich in eine Art mechanischen Tobsuchtsanfall hinein, vermutlich eine Folge von widersprüchlichen Befehlen. Ich ließ ihn allein, damit er sich wieder sortieren konnte.

Der Sheriff kehrte gleichzeitig mit mir zu den Wartenden zurück.

»Vom Großen Baum geht keine Warnung aus«, sagte er. »Nichts deutet auf eine bevorstehende Katastrophe hin.«

»Wie auf unserer Heimatwelt?«, fragte Marygay.

Er nickte. »Es gibt eine Menge sehr komplexer Geschehnisse«, fuhr er fort, »und der Baum versucht immer noch, sie zu verstehen.«

»Aber bislang ist ihm das nicht gelungen«, meinte Po.

»Nun, er hat jetzt neue Informationen. Er weiß, was uns draußen im Weltraum zugestoßen ist. Wie es auf Mittelfinger aussieht. Dass zu Tsogot kein Kontakt besteht. Vielleicht kann er daraus die richtigen Schlüsse ziehen.«

»Der Große Baum denkt selbstständig?«, fragte ich. »Ohne dass sich Menschen in sein Bewusstsein einklinken?«

»Es ist kein Denken im eigentlichen Sinn. Er sichtet die Dinge, ordnet und vereinfacht sie. Manchmal ist das Ergebnis dasselbe wie beim Denken.«

Antres 906 war ebenfalls zurückgekehrt. »Ich habe nichts hinzuzufügen«, sagte er.

Vielleicht *hätten* wir kehrtmachen und heimfliegen sollen. Mit dem, was wir hatten, den Wiederaufbau beginnen. Sowohl der Sheriff als auch der Taurier wären vermutlich dafür gewesen, aber wir fragten sie nicht.

»Ich schlage vor, dass wir uns in einer richtigen Stadt umsehen«, meinte Marygay.

»In unserer unmittelbaren Nachbarschaft befindet sich eine der größten Städte dieser Gegend«, sagte Cat. »Zumindest, was die Ausdehnung betrifft …«

Marygay hielt den Kopf schräg. »Der Raumhafen?«

»Nein, ich meine *echt* groß. Disney!«

neunundzwanzig ■

Marygay und ich hatten Disney*world*, wie es damals noch hieß, besichtigt, und es war schon damals groß gewesen. Aber der damalige Vergnügungspark war mittlerweile nicht mehr als ein Element in einem Mosaik von »Lands« – Waltland, durch das man in Gruppen geschleust wurde, geführt von einem Scheinbild des Gründers, der die Wunder der Anlage erklärte.

Der Transporter hatte sich freundlicherweise bereit erklärt, seine Räder anzulegen, und schaffte es so in etwa zwanzig Minuten, uns in die Randgebiete von Disney zu bringen. Als wir durch einen der Eingänge fahren wollten, blockierte ein großer Roboter-Clown den Weg und forderte uns mit lauter Kinderquäkstimme in Englisch und Standard auf, wie alle anderen netten Leute vor dem Gelände zu parken. Nachdem ich ihm entgegnet hatte, er solle sich gefälligst verpissen, benutzten er und alle anderen Stimmen nur noch Englisch.

Am dritten Einlasstor, das wir anfuhren, kam uns Goofy entgegen. Ich stieg in meinem Kampfanzug aus. »Äh-hah – was haben wir denn hier?«, fragte er. Ich stieß ihn um, riss ihm Arme und Beine aus und schleuderte sie in alle vier Windrichtungen. »Äh-hah ... das war kein schlechter – äh-hah ... das war kein schlechter«, wiederholte er, bis ich ihn köpfte und den meterbreiten Schädel so hoch und weit warf, wie ich nur konnte.

Die Personalquartiere wurden von Hologrammen kaschiert, die ihren Zweck nur noch teilweise erfüllten.

Auf einer Seite hatten wir einen Dschungel, in dem süße Äffchen herumturnten; auf der anderen eine Schar von Dalmatiner-Welpen, die wie eine Meereswoge durch das Haus eines Riesen schwappten. Aber man konnte ein wenig durch die Kulissen sehen, und manchmal verschwanden sie für Sekundenbruchteile und enthüllten ganze Reihen identischer Wohnblöcke.

Wir kamen nach Westernland, in eine staubige alte Holzhäuser-Stadt aus der Zeit vor den mechanisierten Zucht- und Anbaubetrieben – der Wilde Westen, wie er einst in Filmen und Romanen existiert hatte. Anders als am Raumhafen lagen hier nirgends Kleidungsstücke verstreut. Alles wirkte sehr penibel, von einer albtraumhaften Normalität, mit Leuten in Gewändern aus der damaligen Epoche. Natürlich handelte es sich um Roboter, und ihre Kostüme waren so ausgeblichen und abgenutzt, dass hier und da Plastikellbogen und -knie durch ausgefranste Löcher guckten.

»Vielleicht wurde der Park am Tag X geschlossen«, sagte ich, obwohl sich das nur schwer mit den Tausenden von Fahrzeugen in Einklang bringen ließ, die in Reih und Glied vor den Eingängen standen.

»Es geschah am 1. April um 13 Uhr 10 Lokalzeit«, meinte der Sheriff. »Einen Mittwoch. Könnte das von Bedeutung sein?«

»Erster April«, sagte ich. »Was für ein Scherz!«

»Vielleicht kamen alle nackt hierher«, warf Marygay ein.

»Ich weiß jetzt, was mit den Kleidern geschah«, sagte Cat. »Seht euch das an!« Sie öffnete die Bustür und warf ein zerknülltes Papier nach draußen.

Eine kniehohe Mickymaus kam aus einer Versenkung neben dem Saloon gerollt. Sie spießte das Papier mit einem Stock auf, drohte mit dem Finger und schalt mit Quäkstimme: »Wirf nichts weg! Mach keinen Dreck!«

»Wir machten uns früher einen Spaß daraus, die kleinen Saubermänner mit Abfall zu bombardieren und sie damit völlig zum Rotieren zu bringen«, sagte sie.

Der Transporter hatte wieder seine Beine ausgefahren, um leichter durch die engen Gassen zu kommen, und trabte nun durch dieses seltsame Land der Saloons, Dancehalls, General Stores und putzigen victorianischen Häuser, umwimmelt von schäbigen Robotern. Wo einst hölzerne Gehsteige gewesen waren, hatten die Roboter schmale helle Pfade in das Erdreich getrampelt.

Es gab kaputte Roboter, mitten in einer Geste erstarrt, und zweimal kamen wir an Knäueln von Robotern vorbei, die irgendwann zusammengestoßen waren und deren Beine nun hilflos in der Luft strampelten. Also handelte es sich nicht um echte Roboter, sondern nur um mechanische Modelle. Marygay erinnerte sich vage an den Begriff »audio-animatronisch«, und Cat bestätigte, dass man zweihundert Jahre, nachdem wir den Park besichtigt hatten, die altmodische Technik aus Nostalgie und zur allgemeinen Belustigung wieder eingeführt hatte.

Einen Anachronismus entdeckten wir auf den Dächern der Westernstadt, deren Südseiten allesamt mit Solarzellen ausgestattet waren. (Ein anderer, eher prosaischer Anachronismus bestand darin, dass in sämtlichen Gebäuden, sogar in den Kirchen, Souvenirs zum Kauf angeboten wurden.)

Zumindest vereinfachte das unser Nahrungs- und Unterkunftproblem. Es gab genug tiefgekühlte und bestrahlte Lebensmittel für mehrere Generationen von uns, das meiste davon schmackhafter, wenn auch nicht so nahrhaft wie unsere Überlebensrationen.

Wir beschlossen, die Nacht in Molly Malone's Wayside Inn zu verbringen. Marygay und ich entdeckten an der Rezeption zu unserer Verblüffung eine Preisliste für Sexabenteuer. Cat klärte uns auf, dass der Service nur Roboter anbot. Roboter mit Hygiene-Zertifikat.

Aber dann sorgte unserer eigener Roboter, der Transporter, für eine ganz besondere Überraschung. Als wir aus dem Molly Malone's kamen, um unser Gepäck zu holen, war es bereits säuberlich vor dem Eingang aufgereiht.

Und dahinter stand nicht der Bus, sondern ein Cowboy, der vor rauer Männlichkeit nur so strotzte. Er sah nicht aus wie die verwitterten Roboter, aber auch nicht wie ein richtiger Mensch. Er war gut zwei Meter groß, hatte eine mächtige Statur und hinterließ tiefe Fußspuren im Staub. Als er den Gehsteig betrat, knarrten die Holzplanken beunruhigend laut.

»Ich bin weder ein echter Transporter«, erklärte er, »noch sonst eine Maschine. Ich fand es drunten am Raumhafen nur praktisch, den Bus zu spielen.«

Er sprach in einem schleppenden Tonfall, den ich vage aus meiner Kindheit kannte – und dann machte es Klick! Er sah aus wie der Schauspieler John Wayne, dessen Filme mein Vater geliebt und meine Mutter verachtet hatte.

Während er redete, drehte er sich einen dicken Joint. »Ich kann mich jederzeit wieder in einen Transporter oder einen beliebigen anderen Organismus etwa dieser Größenordnung verwandeln.«

Der Taurier meldete sich zu Wort. »Ich bitte um eine Demonstration dieser Fähigkeit.«

Der Cowboy zuckte mit den Achseln, zauberte ein großes hölzernes Streichholz aus der Tasche und riss es an der Schuhsohle an. Schwefeldioxid und, nachdem er den Joint angezündet hatte, das herbe Aroma von Tabakqualm. Ich hatte das seit dreißig oder besser dreizehnhundert Jahren nicht mehr gerochen. Zigaretten! So hatten die Dinger geheißen.

Er trat drei Riesenschritte zurück, verschwamm und nahm wieder die Form des Transporters an, behielt aber die Farben seiner Bluejeans und Lederstiefel bei und hielt die qualmende Zigarette in einer menschlichen Hand, die aus dem Dach ragte.

Dann verwandelte er sich erneut, diesmal in einen überdimensionalen Taurier, der immer noch die Zigarette hielt. Er sagte etwas in fließendem, schnellem Taurisch zu Antres 906, ehe er wieder die Gestalt von John Wayne annahm. Er genehmigte sich einen letzten Zug und drückte die Zigarette zwischen Daumen und Zeigefinger aus.

Da keinem von uns ein intelligenter Kommentar einfiel, entschied ich mich für das Naheliegendste: »Bist du so etwas wie ein Alien?«

»Eigentlich nicht. Ich wurde auf der Erde geboren, vor ungefähr neuntausend Jahren. Es ist eher umgekehrt – *Ihr* Typen kommt von einem fremden Planeten.«

»Einer, der seine Gestalt wechselt«, murmelte Marygay.

»So wie ihr eure Kleider wechselt. Nach meinem Dafürhalten bin ich stets der Gleiche.« Er verdrehte ein Bein in einem Winkel, dem kein normaler Knochen standgehalten hätte, und betrachtete seine Schuhsohle. »Ihr habt keinen Namen für uns, aber ihr könntet uns Omni nennen. Die Omni.«

»Wie viele seid ihr denn?«, erkundigte sich Po.

»Wie viele braucht ihr? Hundert, tausend? Ich könnte mich in einen Trupp von Pfadfinderinnen verwandeln, wenn ihre Gesamtmasse nicht mehr als etwa zwei Tonnen beträgt. Oder in einen Heuschreckenschwarm. Obwohl es verdammt schwer ist, die Dinger unversehrt zusammenzuhalten.«

»Ihr Leute befindet euch seit neuntausend Jahren auf der Erde …«, begann Max.

»Hundertfünfzigtausend kommt der Sache näher. Außerdem sind wir keine Leute. Wir sehen die meiste Zeit nicht mal wie Leute aus. Ich war mehr als ein Jahrhundert eine Rodin-Plastik in einem Museum. Sie konnten sich nie erklären, wie es den Dieben gelang, mich unbemerkt abzutransportieren.« Er lachte. John Wayne spaltete sich von oben nach unten und verwandelte sich in zwei uniformierte Museumswärter, eine zierliche junge Frau und einen fetten alten Mann.

Die beiden sprachen mit einer Stimme: »Wenn ich mich teile, besitze ich ein ›Gruppenbewusstsein‹, wie es die Taurier haben und die neuen Menschen anstreben. Das kann nützlich, aber auch verwirrend sein.« Die beiden Gestalten sackten zu einem Haufen wuselnder Küchenschaben zusammen. Zwei Mickymaus-Roboter rollten auf das Ungeziefer zu, das rasch wieder die Form von John Wayne annahm und einen der Roboter mit einem gut gezielten Tritt auf das Dach von Molly Malone's beförderte.

»Wie machst du das?«, fragte ich.

»Reine Übung. Exakte Augen-Fuß-Koordination.«

»Nein, ich meine die Gestaltveränderung. Man kann doch nicht Metallmoleküle in organische Materie umwandeln und umgekehrt.«

»Das kann man schon«, sagte er. »Ich tue es unentwegt.«

»Aber das widerspricht den Gesetzen der Physik!«

»Nein. Euer Physikmodell widerspricht der Realität.«

Mir wurde schwindlig wie Alice vor Betreten des Wunderlands. Vielleicht war Lewis Caroll einer von ihnen gewesen.

»Kehren wir den Spieß mal um«, meinte er. »Wie verwandelt ihr Nahrung in Fleisch und Blut? Indem ihr sie esst?«

Ich überlegte einen Moment. »Der Körper zersetzt

die Nahrung in einfachere Bestandteile. Aminosäuren, Fette, Kohlenhydrate. Bestandteile, die nicht zu Energie verbrannt werden, können sich in Fleisch und Blut verwandeln.«

»Das glaubst du«, entgegnete er. »Ich hatte vor ein paar tausend Jahren einen Freund, gar nicht weit von hier, und der behauptete, dass ihr den Geist der Tiere oder Pflanzen, von denen ihr euch ernährt, in euch aufnehmt und zu einem Teil eures Geistes macht. Erklärt übrigens alle möglichen Krankheiten.«

»Sehr poetisch«, sagte ich, »aber falsch.«

»Denkst du. Weil du eine andere Vorstellung von Poesie hast. Und davon, was richtig und falsch ist.«

»Meinetwegen. Dann erkläre mir, wie du dich verwandelst.«

»Ich habe nicht die leiseste Ahnung. Ich konnte das von Geburt an, so wie du von Geburt an einen Stoffwechsel hast. Mein Timucua-Freund hatte den gleichen Stoffwechsel wie du, auch wenn er ihn anders beschrieb.«

»Du hast in neuntausend Jahren nicht einmal herauszufinden versucht, wie dein Körper funktioniert?«

»Nicht jeder ist ein Naturwissenschaftler.« Er verwandelte sich von John Wayne in einen Mann, den ich vage aus meinen Schulbüchern zu kennen glaubte, ein Künstler, dessen Medium die Körperskulptur war. Er hatte vier und sechs Finger und in der Stirn ein Wärmesensor-Auge. »Ich bin eine Art Historiker.«

»Dann habt ihr euch seit der grauen Vorzeit unter die Menschen gemischt – und niemand ahnte was davon«, meinte Cat.

»Unsere Archive sind nicht die besten«, erklärte er. »Aber ich glaube, dass wir anfangs kein Geheimnis aus unserem Wesen machten und Seite an Seite mit euch existierten. Irgendwann – ich glaube, so um die Zeit, als bei euch die Entwicklung von Sprache und Zivilisation einsetzte – begannen wir uns dann zu verstecken.«

»Und wurdet zu Mythen«, sagte Diane.

»Genau. Als Werwolf beispielsweise bin ich echt klasse«, sagte er. »Und man hielt uns manchmal für Engel und Götter. Hin und wieder gab ich einen Menschen, der ganz normal erwachsen wurde und alterte. Aber das ist irgendwie trostlos.«

»Warst du auch ein neuer Mensch?«, wollte der Sheriff wissen. »Ein Teil des Großen Baums?«

»Das klingt schwieriger, als es ist. Ich habe meine Neuralverbindungen ganz gut im Griff. Der Baum kann mich nicht von einem Menschen unterscheiden – und ihr Neuen *seid* nur Menschen, mit einem Hohlraum und einer Handvoll Gedanken im Schädel.« Er verwandelte sich wieder in Wayne und sagte im schleppenden Tonfall des Schauspielers: »Ein Haufen gottverdammter Roter, wenn ihr mich fragt.«

»Steckt ihr hinter dieser Geschichte?« Der Sheriff und der Omni standen sich gegenüber – zwei Riesen, beide mit Pistolen bewaffnet, umringt vom Rest der Gruppe. »Habt ihr all die Leute verschwinden lassen?«

John Wayne forderte ihn nicht zum Showdown heraus, ein Ritual, das er wohl nicht verstanden hätte. Er schüttelte nur traurig den Kopf. »Ich weiß nicht, was passiert ist. Ich befand mich in einem Aufzug, zusammen mit zwei neuen Menschen. Plötzlich waren sie einfach weg. Ein leises ›Plop‹ und ihre Kleider fielen zu Boden. Die Aufzugtüren gingen auf, und ich rollte hinaus – ich mimte gerade einen Roboter, der Essen ausgab – und das ganze Gebäude war leer, bis auf jede Menge herumliegende Kleidungsstücke.

Draußen spielte sich ein Höllenspektakel ab, mit Tausenden von Verkehrsunfällen. Ein Gleiter krachte durch ein Panoramafenster. Ich nahm Menschengestalt an, rannte die Nottreppe hinunter und verkroch mich im Keller, bis das Schlimmste vorbei war.«

»Wo warst du zu diesem Zeitpunkt?«, fragte ich.

»Im Titusville-Sektor. Das ist ein Teil der Raumhafen-Verwaltung. Wir kamen auf dem Weg hierher daran vorbei.« Er nahm die Gestalt einer riesigen Albert-Einstein-Statue an und setzte sich mit überkreuzten Beinen in den Staub, sodass sich unsere Blicke in gleicher Höhe trafen. »Das passte ganz gut, da ich mich von jedem Ort aus sofort zu einem Raumhafen begeben hätte – um dort auf die Ankunft von Leuten zu warten, die mir vielleicht erklären konnten, was los war.«

»Ich glaube nicht, dass wir mehr wissen als du«, sagte Marygay.

»Ihr kennt eure eigenen Umstände im Moment des Geschehens. Vielleicht können wir gemeinsam etwas heraustüfteln.« Seine Blicke wanderten nach Osten. »Euer Boot ist ein altmodischer Schlachtkreuzer der Sumi-Klasse, und sein Kommunikationssystem besitzt eine Datensicherung, die es daran hinderte, die meisten meiner Fragen zu beantworten. Ich weiß, dass ihr von Mittelfinger kommt und zwar über den Aleph-10-Kollapsar. Das Boot kennt euch bereits von einer früheren Reise, verrät aber nichts Genaues über das damalige Ziel.«

»Wir waren mitten im Nichts, als es geschah«, berichtete ich. »Ein Zehntel Lichtjahr von Mittelfinger entfernt. Wir hatten uns an Bord eines umgebauten Schlachtkreuzers begeben und wollten damit zwanzigtausend Lichtjahre …«

»Das weiß ich vom Großen Baum. Wenn ich mich nicht täusche, wurde euer Antrag abgelehnt.«

»Wir entführten das Schiff mehr oder weniger«, erklärte Marygay.

Einstein nickte. »Einige Leute vermuteten das und

schlugen vor, man solle euch ziehen lassen, um Gewalt zu vermeiden.«

»Einer von uns fand den Tod«, sagte der Taurier.

Es entstand ein unbehagliches Schweigen. Der Omni sagte etwas in der Sprache der Taurier und Antres nickte. »Das ist wahr.«

»Wir hatten etwa ein Zehntel Lichtjahr zurückgelegt, als sich der Antimaterie-Treibstoff des Kreuzers plötzlich in Nichts auflöste.«

»In Nichts auflöste? Habt ihr dafür eine *wissenschaftliche* Erklärung?« Einstein legte sich ein drittes Auge zu und blinzelte damit.

»Nein. Das Schiff sprach von einem Grenzfall der virtuellen Teilchensubstitution, aber wenn ich die entsprechende Literatur richtig verstanden habe, trifft das hier nicht zu. Jedenfalls schafften wir es gerade noch, die Rettungsboote zu besteigen und nach Mittelfinger zurückzukehren. Bei unserer Ankunft fanden wir den Planeten verlassen vor. Wenn man die Relativität mit einrechnet, verschwanden sie zur gleichen Zeit wie unsere Antimaterie.

Wir nahmen an, dass uns die Abwesenheit von Mittelfinger gerettet hatte. Aber hier auf der Erde geschah offensichtlich das Gleiche.«

Er zupfte an seinem kräftigen Schnurrbart. »Vielleicht habt ihr die ganze Sache ausgelöst.«

»Wie das denn?«

»Du hast die These eben selbst aufgestellt. Wenn zwei unwahrscheinliche Dinge gleichzeitig geschehen, muss es eine Beziehung zwischen ihnen geben. Vielleicht hat eins das andere ausgelöst.«

»Falls der Start und die Beschleunigung eines Raumschiffs mit einer Gruppe von Meuterern an Bord der Auslöser für eine Reihe von unmöglichen Ereignissen gewesen wären, hätten wir das lange vorher bemerkt.«

»Aber ihr hattet kein bestimmtes Ziel vor Augen. Außer die Zukunft.«

»Ich kann mir nicht vorstellen, dass sich das Universum groß um unsere Absichten schert.«

Einstein lachte. »Das ist wieder dein Glaubenssystem. Du hast eben den Begriff ›unmöglich‹ zur Beschreibung von Ereignissen verwendet, die, wie du weißt, tatsächlich stattgefunden haben.«

Cat hatte unseren Dialog amüsiert verfolgt. »Du musst zugeben, dass er damit nicht ganz unrecht hat.«

»Meinetwegen. Aber die zweite Anomalie ist, dass *ihr* Typen immer noch herumhängt, während sämtliche Menschen und Taurier verschwunden sind. Also habt *ihr* vielleicht Tag X zu verantworten.«

Er verwandelte sich in einen imposanten Indianer, vermutlich einen Timucua-Krieger, geschmückt mit kunstvollen Tätowierungen, splitternackt und nach nasser Ziege riechend. »So ist es schon besser. Obwohl ich mich noch genauer nach diesem Grenzfall der virtuellen Teilchensubstitution erkundigen werde. Einige von uns kennen sich in Naturwissenschaften ganz gut aus.«

»Kannst du jetzt Kontakt zu ihnen aufnehmen?«, erkundigte sich Cat. »Eine Art telepathische Verbindung?«

»Nein, es sei denn, sie befinden sich in meiner Sichtlinie. So wie ich mit eurem Schiff Kontakt aufnahm. Früher konnten wir uns gegenseitig anrufen, aber immer mehr Systeme versagen. Wir hinterlassen inzwischen Botschaften beim Großen Baum.«

»Antres und ich sollten uns auch wieder mal in den Großen Baum einklinken«, sagte der Sheriff.

»Insbesondere in den Taurier-Baum«, meinte der edle Krieger. »Wir können zwar hineinhorchen, aber vieles ist verwirrend.«

»Ich fürchte, auch für mich ist vieles verwirrend«,

sagte Antres. »Ich stamme von Tsogot. Wir sind – oder waren – in Kontakt mit der Erde, aber unsere Zivilisationen entfernen sich seit Jahrhunderten voneinander.«

»Das könnte nützlich sein.« Der Indianderkrieger verwandelte sich in einen mild dreinblickenden alten Mann. »Eine doppelte Fremdweltler-Perspektive.« Er kramte eine blaue Zigarettenschachtel hervor und steckte sich eine in gelbes Papier gewickelte Fluppe an, die noch krasser stank als ihre Vorgängerin. Ich sortierte die gütigen Großväter in meinem Gedächtnis und kam auf Walt Disney.

»Weshalb stammen so viele deiner Gestalten aus der Zeit um die Wende vom zweiten zum dritten Jahrtausend?«, fragte ich ihn. »Liest du etwa meine und Marygays Gedanken?«

»Nein, das kann ich nicht. Aber ich mag diese Epoche – das Ende der Unschuld, kurz vor dem Ausbruch des Ewigen Krieges. Danach wurde alles irgendwie kompliziert.« Er nahm einen tiefen Zug und schloss genießerisch die Augen. »Und anschließend wurde es zu einfach, wenn ihr mich fragt. Wir warteten alle mehr oder weniger darauf, dass dieses neue Menschenmodell auslaufen würde.«

»Es hielt sich so lange, weil es funktionierte«, warf der Sheriff gelassen ein.

»Termitenkolonien funktionieren auch«, sagte Disney. »Deshalb entwickeln sie noch lange keine aufregenden neuen Ideen.« Er wandte sich an Antres: »Ihr Taurier habt vor der Ära des Gruppenbewusstseins auch sehr viel mehr interessante Dinge auf die Beine gestellt. Ich war mal auf Tsogot, als Xenosoziologe, und habe mich eingehend mit eurer Geschichte befasst.«

»Das ist doch inzwischen ein rein akademisches Problem«, sagte ich, »für den neuen Menschen ebenso wie für die Taurier. Ohne Gruppe kein Gruppenbewusstsein.«

Der Sheriff schüttelte den Kopf. »Wir werden uns wieder ausbreiten, genau wie ihr. Die meisten der tiefgefrorenen Eizellen und Spermien stammen von uns.«

»Ihr geht davon aus, dass die anderen nicht mehr leben«, sagte Disney. »Aber eigentlich wissen wir nur, dass sie verschwunden sind.«

»Sie befinden sich allesamt in einer riesigen FKK-Kolonie irgendwo im Universum«, sagte ich.

»Wir haben so oder so keine Beweise. Es gibt euch und es gibt uns. Omni auf dem Mond, auf dem Mars und in Raumschiffen der Region berichten übereinstimmend, dass Menschen und Taurier verschwunden sind. Aber von *uns* fehlt niemand, so weit wir das feststellen können.«

»Andere Sternenschiffe?«, fragte Stephen.

»Deshalb hielt ich mich am Kap auf. Es gibt vierundzwanzig Schiffe, die nicht weiter als einen Kollapsar-Sprung von Sterntor entfernt sind. Zwei hätten inzwischen zurück sein müssen. Aber bisher sind nur unbemannte Drohnen mit Routinebotschaften eingetroffen.«

»Warum wurden deiner Ansicht nach die Omni verschont?«, fragte Marygay. »Weil sie unsterblich sind?«

»Oh, wir sind nicht unsterblich, es sei denn, ihr bezeichnet Amöben als unsterblich.« Er lächelte mich an. »Falls du heute Vormittag auf mich anstatt auf den Würstchen-Kiosk gezielt hättest, wäre ich jetzt wohl tot.«

»Tut mir Leid ...«

Er winkte ab. »Du dachtest, ich sei eine Maschine. Aber nein, wenn man von euch mal absieht, scheint es sich um eine speziesselektive Sache zu handeln. Menschen und Taurier verschwinden; Vögel, Bienen und Omni nicht.«

»Der einzige Unterschied zwischen uns und den anderen ist die Tatsache, dass wir uns abzusetzen versuchten«, meinte Cat.

Disney zuckte die Achseln. »Nehmen wir mal eine Sekunde lang an, dass dem Universum nicht alles egal ist. Nehmen wir an, dass eure Aktion seine Aufmerksamkeit weckte.«

Das fand ich nun doch ein wenig übertrieben. »Und darüber war das Universum so sauer, dass es zehn Milliarden Menschen und Taurier vernichtete ...?«

Anita begann leise zu stöhnen. »Etwas ... etwas stimmt da nicht.« Sie richtete sich auf und drückte das Kreuz durch. Ihre Augen schienen aus den Höhlen zu quellen. Ihr Gesicht schwoll an. Der Coverall spannte sich und riss entlang der Nähte.

Dann explodierte sie: Ein grauenvolles, nasses *Klatsch* – und es regnete Blut und Fleischfetzen auf uns nieder. Ein Knochensplitter prallte schmerzhaft von meiner Wange ab.

Ich sah den Omni an. Er war Disney, blutverschmiert, und dann waberte er zwischen Disney und einer Erscheinung, die hauptsächlich aus Fängen und Klauen bestand – und dann war er wieder der liebe Onkel Walt, makellos sauber.

Die meisten von uns, ich eingeschlossen, mussten sich setzen. Chance und Steve kippten mehr oder weniger um. Wo Anita gestanden hatte, sahen wir ein Stiefelpaar, aus dem zwei blutige Knochenstümpfe ragten.

»Das war ich nicht«, sagte Disney.

Der Sheriff zog seine Pistole. »Ich glaube dir kein Wort!« Er schoss den Omni mitten ins Herz.

dreißig ■

Die nächsten paar Minuten waren grotesk. Die kleinen Roboter Mickey, Donald und Minnie rollten herbei und machten sich an die Aufräumarbeiten. Begleitet vom Gesang mahnender Kinderreime saugten und spießten sie die sterblichen Überreste einer Frau auf, die ich mein halbes Leben lang gekannt hatte. Als sie sich anschickten, ihre Stiefel zu beseitigen, das Letzte, was noch an ihre Persönlichkeit erinnerte, folgte ich dem Beispiel des Omni und traktierte sie mit Tritten. Der Sheriff sah, was ich tat, und kam mir zu Hilfe.

Wir hoben jeder einen der blutverschmierten Stiefel auf. »Wir müssen sie irgendwie begraben«, sagte er.

Disney setzte sich auf, die Hände gegen die Brust gepresst. »Wenn ihr nicht mehr auf mich schießt, kann ich euch helfen.« Er schloss die Augen. Seine Haut war kreideweiß, und einen Moment lang sah es so aus, als würde er gleich tot umkippen. Aber er verwandelte sich langsam, Glied für Glied, in einen Schwarzen mit Arbeits-Overall und Schaufel, der übertrieben steif auf die Beine kam.

»Warst wohl zu lange unter diesen alten Menschen«, sagte er zum Sheriff. Er hatte einen krächzigen Louis-Armstrong-Bass angenommen. »Schlechte Selbstbeherrschung. Da solltest du mal dran arbeiten.« Er klatschte einen Roboter mit der Schaufel nieder und deutete dann mit dem Stiel zu ein paar Palmen hinüber. »Dort ist ein schönes Plätzchen, um sie zur letzten Ruhe zu betten.« Er wandte sich an die

Umstehenden. »Ihr geht am besten nach drinnen und macht euch sauber. Um alles andere kümmern wir uns.«

Er packte die Schaufel und ging auf die Palmen zu. Als er am Sheriff vorbeikam, brummte er: »Lass das in Zukunft! Das tut echt weh.«

Der Sheriff und ich folgten ihm mit den schaurigen Symbolen eines Menschenlebens. Es dauerte etwa eine Minute, bis er ein tiefes Loch ausgehoben hatte.

Wir stellten die Stiefel hinein, er warf Erde darüber und stampfte sie glatt. »Gehörte sie einer Religionsgemeinschaft an?«

»Den orthodoxen Neukatholiken«, sagte ich.

»Gut, das übernehme ich.« Er absorbierte die Schaufel und wurde zu einem hochgewachsenen Priester mit schwarzer Kutte, Tonsur und einem schweren Kruzifix, das an einer Kette vor seiner Brust baumelte. Er sprach ein paar lateinische Sätze, ehe er ein Kreuzzeichen über dem Grab machte.

Dann kehrte er mit uns zu Molly Malone's zurück, immer noch in Priestergestalt. Auf der Veranda hatten sich mehrere Leute versammelt. Marygay und Max stützten Stephen, der haltlos schluchzte. Anita hatte ihm einen Sohn geboren, der mit neun oder zehn durch einen Unfall gestorben war. Danach hatten sie sich getrennt, waren aber gute Freunde geblieben. Rii brachte ihm ein Glas Wasser und eine Tablette.

»Rii«, sagte ich, »ist das ein Beruhigungsmittel? Das könnte ich jetzt auch gebrauchen.« Ich hatte das Gefühl, als würde ich ebenfalls gleich explodieren – aus Kummer und völliger Konfusion.

Sie warf einen Blick auf das Medikament. »Es ist nicht allzu stark. Will noch jemand tief und fest schlafen?« Ich glaube, alle außer Antres 906 und dem Priester ließen sich eine Pille geben. Marygay und ich gingen in das Obergeschoss des Hotels, fanden ein Bett und ließen uns einfach fallen. Eng umschlungen schliefen wir ein.

*

Die Sonne sank bereits, als ich aufwachte. Ich verließ das Bett so leise wie möglich und entdeckte, dass Molly Malone's Sanitäranalagen noch funktionierten. Es gab sogar heißes Wasser. Marygay stand auf, während ich mich wusch, und wir gingen gemeinsam nach unten.

Stephen und Matt rumorten im Speisesaal. Sie hatten mehrere Tische zusammengerückt, Plastikteller und -gabeln verteilt und einen Stapel mit Fertiggerichten bereitgestellt. »Unser kühner Anführer erhält das Privileg, den ersten Behälter zu öffnen«, sagte Matt.

Mein Appetit hielt sich in Grenzen, obwohl ich eine Ewigkeit nichts mehr gegessen hatte. Ich wählte eine Box, auf der in roten Lettern CHILI stand. Darunter sah man Donald Duck, der sich an die Kehle fasste und Feuer spie. Als ich den Deckel öffnete, begann der Chili-Eintopf zu blubbern und zu dampfen. Ein angenehmer Geruch breitete sich aus.

»Scheint mir nicht verdorben zu sein«, sagte ich und blies auf eine Gabelvoll Chili. Der Eintopf enthielt kein Fleisch und war eher mild gewürzt.

Die anderen wählten ebenfalls einige Behälter aus und bald roch es wie in einer Restaurantküche. Cat und Po kamen nach unten, gefolgt von Max. Wir nickten ihnen stumm zu, immer noch wie betäubt, während wir die kleinen Mahlzeiten zu uns nahmen. Nur Po murmelte ein Tischgebet, bevor er seine Box öffnete.

Ich aß den Teller nicht leer. »Ich möchte den Sonnenuntergang genießen«, sagte ich und stand vom Tisch auf. Marygay und Cat kamen mit.

Draußen standen Antres 906 und der Omni, immer

noch in Priestergestalt, an der Stelle, wo Anita gestorben war, und unterhielten sich in Krächz- und Knarzlauten.

»Überlegt ihr, wer der Nächste ist?«, fragte Cat mit einem zornigen Blick auf den Priester.

Er schaute sie erschrocken an. »Wie bitte?«

»Das kannst doch nur du veranlasst haben!«

»Niemals. Ich könnte mich selbst töten, wenn ich sterben wollte, aber ich würde keinem von euch so etwas antun.«

»Du würdest oder könntest es nicht?«

»Ich könnte es nicht. Ich wäre ›physisch nicht dazu in der Lage‹, um es in eurer Betrachtungsweise auszudrücken.«

»Was ist dann geschehen? So ohne weiteres explodieren Menschen nicht.«

Er setzte sich auf das Geländer der Veranda, schlug die langen Beine übereinander und betrachtete den Sonnenuntergang. »Immer das gleiche mit dir! Wie du siehst, explodieren Menschen eben doch. Ein Mensch zumindest ist explodiert.«

»Und es hätte jeden von uns treffen können.« Marygays Stimme schwankte. »Womöglich muss einer nach dem anderen auf diese Weise sterben.«

»Das ist nicht auszuschließen«, meinte der Priester. »Auch nicht für meine Person. Aber ich hoffe, dass es nur ein Experiment war. Ein Test.«

»Jemand testet uns?« Mir wurde schwindlig. Ich setzte mich langsam auf den Bretterboden der Veranda und kämpfte gegen die aufsteigende Übelkeit an.

»Unentwegt«, sagte der Priester ruhig. »Habt ihr das nie gespürt?«

»Eine Metapher«, murmelte ich.

Er machte eine weit ausholende Armbewegung. »So wie das alles hier eine Metapher ist. Die Taurier begreifen das besser als ihr.«

»Das hier nicht«, widersprach Antres 906. »Das hier kann ich nicht begreifen.«

»Das Namenlose.« Der Priester fügte ein taurisches Wort an, das ich nicht verstand.

Antres berührte seine Kehle. »Natürlich. Aber das ... die Namenlosen ... haben doch keine reale Existenz. Der Begriff ist eine leichter fassbare Umschreibung, ein Zeichen für ... ich weiß nicht, wie ich es ausdrücken soll ... die Wahrheit hinter dem Schein? Das Schicksal?«

Der Priester strich über sein Kreuz und es verwandelte sich in ein taurisches Glaubenssymbol, einen Kreis mit zwei Beinen. »Gleichnis, Metapher. Die Namenlosen sind meiner Ansicht nach realer als wir.«

»Aber du hast noch nie einen Namenlosen gesehen oder berührt«, sagte ich.

»Ich nicht und auch sonst niemand. Andererseits hast du auch noch nie ein Neutrino gesehen oder berührst und hegst dennoch keinen Zweifel an seiner Existenz. Obwohl es ebenfalls unter die Kategorie ›unmöglich‹ fällt.«

»Schön und gut. Aber wir können beweisen, dass es Neutrinos oder *irgendetwas* dergleichen gibt, weil ohne sie die Teilchenphysik nicht funktionieren würde. Weil es ohne sie kein Universum gäbe.«

»Ich könnte jetzt einfach sagen: ›Damit ist der Beweisvortrag abgeschlossen.‹ Dir gefällt das Konzept des Namenlosen nicht, weil es verdächtig nahe an das Übersinnliche herankommt.«

Damit hatte er nicht ganz Unrecht. »Mag sein. Aber in den ersten fünfzig – oder fünfzehnhundert – Jahren meines Lebens und viele Jahrtausende vor meiner Zeit ließ sich das Universum erklären, ohne dass jemand Zuflucht zu deinen mysteriösen Namenlosen nehmen musste.« Ich wandte mich an Antres. »Das gilt, glaube ich, auch für die Taurier, oder?«

»Allerdings. Die Namenlosen sind real, aber nur als intellektuelle Konstrukte.«

»Ich möchte euch eine uralte Frage stellen«, sagte der Priester. »Wie hoch ist die Wahrscheinlichkeit, dass Menschen und Taurier, die sich unabhängig voneinander auf vierzig Lichtjahren entfernten Planeten entwickelt haben, bei ihrer ersten Begegnung auf dem gleichen technologischen Niveau stehen und sich von der Psyche her so stark ähneln, dass ein Krieg unausweichlich ist?«

»Diese Frage tauchte immer wieder auf, bei uns ...« – ich nickte Antres zu – »und vermutlich auch bei Tauriern. Manche Menschen aus meiner Zukunft, unter meinem Kommando, gehörten einer Sekte an, die für all diese Dinge eine Erklärung besaß. Etwas in der Art deiner Namenlosen.«

»Aber du glaubst es besser zu wissen?«

»Ich tippe auf Auslese. Hätten die Taurier eine prätechnologische Zivilisation besessen, wäre es kaum zu Interessenkonflikten mit uns gekommen. Wären sie uns dagegen einige Jahrtausende voraus gewesen, hätten sie keinen Krieg gegen uns geführt, sondern uns schlimmstenfalls vernichtet.« Antres krächzte zustimmend. »Also verdanken wir das Zusammentreffen zumindest teilweise dem Zufall.«

»Von Zufall kann keine Rede sein. Wir Omni befanden uns auf beiden Planeten, lange bevor die Menschen und Taurier eine eigene Sprache hatten. Die gaben wir euch. So wie wir eure Technologie-Entwicklung steuerten.

Wir waren Archimedes, Galilei und Newton. In der Epoche eurer Eltern übernahmen wir die Kontrolle der NASA, um den Aufbruch der Menschen ins Weltall zu verlangsamen.«

»Und ihr habt die Fäden des Ewigen Krieges gezogen.«

»Ich glaube nicht. Wenn mich nicht alles täuscht, schufen wir lediglich die Ausgangsbedingungen. Ihr hättet euch zusammentun können, wenn das in eurer Natur gelegen wäre.«

»Aber erst habt ihr für eine kriegerische Natur beider Rassen gesorgt«, warf Marygay ein.

»Das weiß ich nicht. Wenn ja, dann wäre das lange vor meiner Zeit gewesen.« Er schüttelte den Kopf. »Lasst mich das erklären. Wir werden nicht wie ihr geboren – und auch nicht wie du, Antres 906. Ich glaube, dass es eine ganz bestimmte Anzahl von uns gibt, so um die hundert, und wenn einer von uns ausfällt, wird er ganz einfach ersetzt.

Ihr habt gesehen, dass ich mich in zwei oder mehrere Wesen aufspalten kann. Wenn es Zeit für einen neuen Omni wird – wenn jemand irgendwo stirbt –, teilt sich der eine oder andere von uns. Die beiden Hälften bleiben getrennt und bilden zwei neue Einzelgeschöpfe.«

»Mit allen Erinnerungen und Fähigkeiten des Vorgängers?«, fragte Rii.

»Leider nicht. Anfangs ist man eine genaue Kopie seines Erzeugers, aber im Lauf der Monate und Jahre verwischt sich das und wird durch die eigenen Erfahrungen überlagert. Ich stelle mir ein Rassengedächtnis von hundertfünfzigtausend Jahren großartig vor. Aber alles, was ich besitze, sind vage Überlieferungen, weitergegeben von einem Omni zum nächsten.«

»Gehören dazu auch Gerüchte über die Namenlosen?«, erkundigte ich mich.

»Allerdings. Und hin und wieder habe ich mich schon gefragt, ob das Ganze eine Illusion sein könnte – ein gemeinsamer Irrglaube. Niemand von uns oder euch kann beweisen, dass es die Namenlosen *nicht* gibt. Aber wenn es sie gibt, kann ihre Existenz das ansonsten Unerklärliche erklären. Zum Beispiel die parallele Evolution von Menschen und Tauriern. Ihre Begegnung zum genau richtigen Zeitpunkt. Die zufällige Explosion irgendeines Menschen.«

»Was eben so laufend passiert«, meinte Cat trocken.

»Es geschehen viele unerklärliche Dinge. Die meisten davon werden dennoch irgendwie erklärt. Ich denke, dass die Erklärungen nicht immer stimmen. Wenn zum Beispiel jemand auf die sterblichen Überreste eines Menschen stieße, der wie eure Freundin hier ums Leben gekommen wäre, würde er normalerweise von einem Verbrechen ausgehen – einem Bombenattentat oder etwas Ähnlichem – und nicht von einer Laune der Namenlosen.«

Der Sheriff kleidete meine Gedanken in Worte: »Ich schließe ein Verbrechen auch jetzt nicht aus. Du hast uns mit Handlungen verblüfft, die wir allesamt als unmöglich bezeichnen würden. Irgendwie fällt es mir leichter, daran zu glauben, dass du ein paar Spezialtricks auf Lager hast, als die Existenz unsichtbarer böswilliger Götter zu postulieren.«

»Warum hätte ich dann sie und nicht dich vernichten sollen? Warum nicht Mandella, der mich um ein Haar getötet hätte?«

»Vielleicht suchst du den Nervenkitzel«, sagte ich. »Ich habe genug Leute dieser Art kennen gelernt. Wenn du uns beide am Leben lässt, ist dein Dasein sicher etwas aufregender.«

»Vielen Dank, ich finde es aufregend genug.« Er hielt den Kopf schräg. »Und ich schätze, es wird gleich noch viel aufregender.«

buch sechs ■

DAS BUCH DER OFFENBARUNG

einunddreißig ■

Im selben Moment hörte ich es ebenfalls, das schwache Pfeifen von zwei Gleitern, die aus verschiedenen Richtungen auf uns zukamen. Nach wenigen Sekunden wurden sie sichtbar, schwebten über uns hinweg und gingen im Park nieder.

Es waren Sportgleiter in orangeroter Leuchtbemalung, stromlinienförmig wie die »Cobra«-Kampfhubschrauber meiner Jugend – und sie hatten wirklich Ähnlichkeit mit Kobras.

Die Cockpit-Kanzeln glitten nach hinten. Ein Mann und eine Frau kletterten ins Freie. Sie waren wie unser Omni etwas zu groß und wuchtig geraten, und die von ihrem Gewicht befreiten Gleiter federten dankbar hoch.

Beide schrumpften ein Stück, als sie uns sahen, aber sie hinterließen tiefe Fußspuren im Gras. Ich fragte mich, warum sie nicht *selbst* als Gleiter gekommen waren. Vielleicht erforderte das zu viel Substanz.

Die Frau war dunkelhäutig und untersetzt, der Mann ein Weißer mit so nichtssagendem Äußeren, dass es schwer fallen würde, seine Züge zu beschreiben. Tarnung, nahm ich an. Eine Art Standard-Konfiguration. Sie trugen beide Togas aus ungebleichten Naturfasern.

Es gab keine Begrüßung. Die drei Omni sahen einander an und schienen stumm zu beratschlagen. Das Ganze dauerte kaum eine Minute.

Dann wandte sich die Frau an uns. »Es werden in Kürze mehr von uns hier erscheinen. Wir werden ebenfalls gewaltsam getötet, wie eure Freundin.«

»Die Namenlosen?«, fragte ich.

»Was weiß man schon über die Namenlosen?«, entgegnete der Mann. »Ich glaube, dass sie dahinter stecken, weil Dinge geschehen, die sich nicht mit den Gesetzen der Physik in Einklang bringen lassen.«

»Sie können *die Physik* nach ihrem Willen gestalten?«

»Es sieht ganz danach aus«, meinte der Priester. »Leute explodieren, Antimaterie versickert. Zehn Milliarden Lebewesen verschwinden – verfrachtet in eine Nudisten-Kolonie irgendwo im Kosmos, wie du vermutest. Oder in ein Massengrab.«

»Eher Letzteres«, sagte die Frau. »Und wir sind im Begriff, ihnen zu folgen.«

Alle drei starrten mich an. Der Mann mit den nichtssagenden Zügen ergriff das Wort. »Das ist eure Schuld. Weil ihr die Galaxis verlassen wolltet. Das Reservat, das die Namenlosen für uns eingerichtet hatten.«

»Das ist doch Quatsch«, verteidigte ich mich. »Ich habe die Galaxis schon mehr als einmal verlassen. Der Feldzug Sade 138 fand draußen in der Großen Magellanschen Wolke statt. Andere Kämpfe spielten sich in der Kleinen Magellanschen Wolke und der Zwerggalaxie Sagittarius ab.«

»Es geht hier nicht um Kollapsar-Sprünge«, erklärte die Frau. »Um Wurmlöcher. Das ist, als würde man von einem Quantenzustand in den anderen und wieder zurück wechseln.«

»Wie ein Bungee-Springer.«

»Mit eurem Sternenschiff dagegen wolltet ihr das Kontinuum definitiv verlassen«, fuhr sie fort, »und in das Reich der Namenlosen eindringen.«

»Haben sie euch das verraten?«, fragte Marygay. »Ihr steht in Kontakt mit den Namenlosen?«

»Nein«, erklärte der Mann. »Das ist unsere Schlussfolgerung.«

»Ockhams Skalpell*, wie ihr sagen würdet«, ergänzte die Frau. »Die einfachste Erklärung ...«

»Wir haben also Gottes Zorn erregt«, sagte ich.

»Wenn du es so ausdrücken willst.« Der Unscheinbare zuckte die Achseln. »Was wir herauszufinden versuchen, ist Folgendes: Wie können wir die Aufmerksamkeit Gottes auf uns lenken?«

Ich stand kurz vor einem Tobsuchtsanfall, aber Sara behielt die Ruhe. »Wenn sie allmächtig und allgegenwärtig sind, dann *besitzen* wir ihre Aufmerksamkeit. In einem größeren Maße, als uns lieb ist.«

Der Priester schüttelte den Kopf. Nein. »Das Ganze ist sporadisch. Die Namenlosen lassen uns viele Wochen und Jahre in Ruhe. Dann führen sie eine Variable ein, wie das vielleicht ein Wissenschaftler oder ein neugieriges Kind täte, und beobachten unsere Reaktion.«

»Das Auslöschen ganzer Rassen?«, fragte Marygay. »Das soll eine *Variable* sein?«

»Nein«, entgegnete die Schwarze. »Ich glaube, das bedeutet, dass ihr Experiment beendet ist. Die Namenlosen räumen auf.«

»Und wir müssen nun ...« Der nichtssagende Mann brach ab. »Jetzt erwischt es mich!«, sagte er – und explodierte, aber nicht in einer Wolke von Blut, Gewebefetzen und Knochensplittern, sondern in einem weißen Partikelschauer, einem heftigen, kleinen Blizzard. Die Teilchen senkten sich zu Boden und verschwanden.

»Verdammt«, murmelte der Priester. »Ich mochte ihn.«

---

* Dem Begründer und Hauptvertreter des Nominalismus Wilhelm von Ockham (ca. 1285–1349) zugeschriebenes Ökonomieprinzip der formalen Logik, demzufolge einfache Denkmodelle den komplizierten vorzuziehen seien. – *Anm. d. Übers.*

»Und wir müssen nun ...«, setzte die Frau den Satz des Toten fort, »die Aufmerksamkeit der Namenlosen auf uns lenken und sie dazu bringen, dass sie uns künftig in Ruhe lassen.«

Der Priester wandte sich an mich und Marygay. »Ihr beide«, sagte er, »seid bei alledem eindeutig die Schlüsselfiguren. Ihr habt sie herausgefordert.«

Max war eine Zeit lang verschwunden gewesen. Nun kam er zurück, in einen Kampfanzug gehüllt.

»Max«, beschwor ich ihn, »nun überleg doch mal! Damit können wir sie nicht besiegen.«

»Das wissen wir nicht«, murmelte er. »Wir wissen überhaupt nichts.«

»Wir wissen immer noch nicht, ob ihr die Wahrheit sagt«, erklärte Sara. »Dieses Gerede von den Namenlosen kann der volle Humbug sein. *Ihr* wart das. Ihr habt alle umgebracht und spielt jetzt mit uns. Das Gegenteil könnt ihr nicht beweisen, oder?«

»Einer von uns hat eben den Tod gefunden«, sagte der Priester.

»Nein«, widersprach ich. »Er hat seinen Zustand verändert und ist verschwunden.«

Der Priester lächelte. »Genau. Entspricht das nicht eurer Vorstellung vom Sterben?«

»Lassen wir das.« Marygay winkte ab. »Wenn es sich um einen hässlichen Scherz handelt, hinter dem die Omni stecken, sind wir so oder so geliefert. Also können wir ihre Beteuerungen auch für bare Münze nehmen.« Sara setzte zu einer Erwiderung an, überlegte es sich aber anders und schwieg.

»Mann, Shit!« Der Kampfanzug, in dem Max steckte, begann wild zu schaukeln und stand dann mit einem Ruck still.

»Der Nächste«, sagte der Priester.

»Max!«, schrie ich. »Bist du noch da?« Keine Antwort.

Marygay trat hinter den Anzug, wo sich die Notentriegelung befand. »Soll ich ihn öffnen?«

»Früher oder später müssen wir es tun«, sagte ich. »Sara ...«

»Auf mich braucht ihr keine Rücksicht zu nehmen. Ich habe mit angesehen, wie Anita starb.« Dennoch wurde sie kreidebleich.

Marygay entriegelte den Anzug, und es war in etwa so furchtbar, wie ich geahnt hatte. Es gab absolut nichts mehr, das an Max erinnerte. Nur literweise Blut und andere Körperflüssigkeiten, dazu zerquetschte Organe und Knochenreste, die den Anzug zur Hälfte füllten.

Sara kauerte am Boden und begann zu würgen. Auch mir war schlecht, aber ein alter Soldatenreflex gewann die Oberhand. Ich biss die Zähne zusammen und schluckte dreimal.

Max war der Typ gewesen, den jeder mochte, egal, was er sagte und tat. Und sie vernichteten ihn ganz einfach wie eine überflüssige Spielfigur.

»Haben wir denn gar kein Mitspracherecht?«, brüllte ich los. »Gebt ihr uns keine Chance zur Verteidigung?«

Cat explodierte wie eine Bombe. Keine Organe und Knochen diesmal, nur ein feiner Nebel, der die Stelle einhüllte, wo sie eben noch gestanden hatte. Marygay stöhnte laut und fiel in Ohnmacht. Sara bekam nichts davon mit. Sie kniete schluchzend am Boden, die Arme an den Oberkörper gepresst, geschüttelt von einem Brechreiz nach dem anderen.

Wir vernahmen zwei weitere Explosionen im Innern von Molly Malone's, gefolgt von hysterischen Schreien.

Antres 906 sah mich an. »Ich bin bereit«, sagte er in seinem langsamen Englisch. »Ich will nicht mehr bleiben. Soll mich das Namenlose ergreifen ...«

Ich nickte wie betäubt. Dann beugte ich mich über Marygay und versuchte mit einem Papiertaschentuch ihr Gesicht zu säubern, wischte weg, was von der Frau geblieben war, die sie liebte. Sie kam halb zu sich und legte einen Arm um mich, ohne die Augen zu öffnen. Ihr Atem ging schwer, und sie wiegte den Oberkörper stumm hin und her.

Es war eine Nähe, die nicht vielen Menschen gegeben war, so wie einst in der Schlacht oder kurz davor: Wir müssen vermutlich sterben, aber wir sterben gemeinsam.

»Vergiss die Namenlosen«, sagte ich. »Unsere Uhr war abgelaufen, seit sie uns zum Militär holten – aber wir haben das Beste daraus gemacht ...«

»Gestohlene Zeit«, murmelte sie, ohne die Augen zu öffnen.

»Ich liebe dich«, sagten wir gleichzeitig.

Mit einem dumpfen Poltern kippte der Kampfanzug um. Die Brise hatte gewechselt und sich zu einem starken Wind entwickelt, der dem Anzug entgegenwehte. Etwas traf mich hart im Nacken – ein Knochen oder ein Stück davon –, trudelte zu Boden und auf den Anzug zu.

Ein unvollständiges Skelett richtete sich mühsam im halb geöffneten Anzug auf. Ein Unterarm, Elle und Speiche, fügte sich an den rechten Ellbogen. Mittelhandknochen wuchsen aus dem Handgelenk und Fingerknochen aus den Mittelhandknochen.

Dann senkte sich ein langes Geschlinge bläulicher Därme ins Becken, der Magen darüber, die Blase drunter, schneller und schneller. Leber, Lungen, Herz, Nerven und Muskeln. Der Schädel kippte durch das Gewicht des Hirns nach vorn und hob sich langsam, um mich mit den blauen Augen von Max anzustarren. Einen Moment lang war das Gesicht rot und weiß wie ein Präparat für Studienzwecke. Aber gleich darauf umschloss Haut die Muskeln, entwickelte sich Kopf- und Körperbehaarung.

Er trat vorsichtig aus dem aufgeklappten Anzug, umwallt von einer losen weißen Robe. Seine Miene wirkte starr und angestrengt, als er auf uns zukam. Er oder es.

Marygay hatte sich aufgesetzt. »Was soll das?«, fragte sie mit brüchiger Stimme.

Es hockte sich im Schneidersitz vor uns nieder. »Du bist Naturwissenschaftler.«

»Max?«

»Ich habe keinen Namen. Du bist Naturwissenschaftler.«

»Bist du der oder das Namenlose?«

Er winkte ab. »William Mandella. Du *bist* Naturwissenschaftler.«

»Ich war mal Physiker. Heute arbeite ich als Physiklehrer.«

»Aber du weißt, was Forschung bedeutet. Du verstehst, was ein Experiment ist.«

»Natürlich.«

Die Omni waren neben uns getreten. Er nickte der dunkelhäutigen Frau zu. »Dann kam sie der Wahrheit ziemlich nahe.«

»Das Experiment ist beendet?«, fragte sie. »Und ihr räumt auf?«

Er schüttelte bedächtig den Kopf. »Wie kann ich es am besten ausdrücken? Zuerst entweichen die Versuchsmäuse aus dem Käfig. Dann begreifen sie, was mit ihnen geschieht. Dann fordern sie ein Gespräch mit dem Experimentator.«

»An deiner Stelle würde ich auf die Forderung eingehen«, sagte ich.

»Ja, das würde ein Mensch wohl tun.« Er warf einen leicht verärgertern Blick in die Runde.

»Also – fangen wir an!«, meinte Marygay.

Er musterte sie eingehend. »Als kleines Mädchen warst du Bettnässerin. Deine Eltern wollten dich nicht ins Ferienlager schicken, bis du das überwunden hattest.«

»Das hatte ich völlig vergessen.«

»Ich vergesse nichts.« Er wandte sich an mich. »Weshalb magst du keine Limabohnen?«

Mir fiel nichts dazu ein. »Wir haben keine Limabohnen auf Mittelfinger. Ich weiß nicht mal mehr, wie die Dinger schmecken.«

»Als du drei Erdenjahre alt warst, hast du dir eine getrocknete Limabohne in ein Nasenloch gesteckt. Als du sie wieder herauspuhlen wolltest, drang sie noch tiefer ein. Deine Mutter kapierte schließlich, weshalb du heultest, versuchte ihr Glück und machte das Ganze noch schlimmer. Die Bohne begann durch die Feuchtigkeit im Nasenloch aufzuquellen. Die Ayurveda-Heilerin eurer Kommune pfuschte erst recht. Als sie dich endlich ins Krankenhaus brachten, mussten sie dich in Narkose versetzen, um die Bohne zu entfernen. Danach hattest du längere Zeit Nebenhöhlen-Probleme.«

»Das war dein Werk?«

»Ich habe die Entwicklung beobachtet. Da ich die Ausgangsbedingungen schuf, lange vor deiner Geburt, war es in gewisser Weise mein Werk, ja. Wann immer ein Spatz vom Dach fällt, weiß ich das im Voraus, und der Aufprall überrascht mich nie.«

»Spatz?«

»Unwichtig.« Er tat die Frage mit einem Achselzucken ab. »Das Experiment ist vorbei. Ich verschwinde.«

»Was heißt das?«

Er stand auf. »Ich verlasse diese Galaxis.« Eine Fontäne aus Staub und Erdbrocken wurde hochgeschleudert, und die Füße, die wir begraben hatten, flogen zurück an die Stelle, wo Anita gestanden hatte, als sie starb. Fleisch- und Knochenfetzen wirbelten in einem roten Nebel durch die Luft und setzten sich drei Meter von uns entfernt zu Cats Körper zusammen.

»Ich schätze, dass ihr die Aufräumarbeiten selbst übernehmt«, sagte er – oder es. »Ihr könnt ab jetzt allein weitermachen. In einer Million Jahre oder so schaue ich mal wieder vorbei.«

»Nur wir?«, fragte Marygay. »Du hast zehn Milliarden Menschen und Taurier umgebracht und überlässt uns jetzt großzügig fünf leere Planeten?«

»Sechs«, korrigierte es, »und sie sind nicht leer. Die Menschen und Taurier waren nie tot. Nur weggeräumt.«

»*Weggeräumt?*«, wiederholte ich. »Wo denn?«

Es lächelte, als freute es sich auf seine Pointe. »Wie viel Platz, wie viel Volumen braucht man deiner Ansicht nach, um zehn Milliarden Menschen zu verstauen?«

»Herrgott – keine Ahnung! Eine große Insel?«

»Fünf ein Drittel Kubikkilometer. Ich habe sie allesamt in den Carlsbad-Höhlen gestapelt. Und jetzt sind sie wach und frieren, weil sie nackt sind, und haben Hunger.« Es warf einen Blick auf seine Armbanduhr. »Vielleicht sollte ich dafür sorgen, dass sie etwas zu essen vorfinden.«

»Die Leute auf Mittelfinger sind ebenfalls am Leben?«

»In einem Getreidespeicher in Vendler«, erklärte es. »Die haben es *echt* kalt. Ich werde etwas für sie tun müssen. So – schon geschehen.«

»Du erledigst Dinge mit Überlichtgeschwindigkeit?«

»Klar. Das ist nur eine der Beschränkungen, die ich meinem Experiment auferlegt habe.« Es kratzte sich am Kinn. »Ich denke, daran sollte ich auch nichts ändern. Sonst wuselt ihr im Nu wieder durch das ganze Universum.«

»Wie steht es mit den Bewohnern auf dem Mond und Mars? Auf Heaven und Kysos?«

Es nickte. »Größtenteils hungrig und zähneklappernd. Hungrig und schwitzend auf Heaven. Aber sie werden vermutlich alle genug zu essen finden, ehe sie sich gegenseitig abschlachten.«

Es wandte sich an Marygay und mich. »Ihr beide seid etwas Besonderes, da eure Erinnerungen weiter zurückreichen als die aller anderen Menschen. Es hat mir Spaß gemacht, eure Situation auszutüfteln.

Aber ich betrachte die Zeit wie einen Tisch oder eine Ebene. Ich kann rückwärts und vorwärts gehen, bis zum Urknall oder bis zum Hitzetod des Universums. Leben und Tod sind reversible Bedingungen. Und in meinen Augen trivial. Wie ihr selbst gesehen habt.«

Ich kämpfte mit mir, aber dann sagte ich es doch: »Und jetzt macht es dir Spaß, uns am Leben zu lassen?«

»Das ist eine Sichtweise. Man könnte auch sagen, dass ich das Experiment unbeaufsichtigt weiterlaufen lasse. Ich begebe mich eine Million Jahre in die Zukunft, um zu sehen, wie sich die Angelegenheit entwickelt.«

»Aber du kennst die Zukunft bereits«, wandte Marygay ein.

Das Ding im Körper von Max rollte mit den Augen. »Die Zukunft ist keine *Linie*. Sie ist wie ein Tisch. Es gibt viele Zukunftsmöglichkeiten. Sonst bräuchte ich mich doch nicht mit Experimenten abzugeben.«

Sara meldete sich zu Wort. »Warte noch!« Er sah sie mit einem Anflug von Ungeduld an. »Wir sehen alle Ereignisse als eine Linie – eine Linie aus Ursache und Wirkung. Aber du siehst Millionen von Linien auf deinem Tisch.«

»Unendlich viele Linien.«

»Gut. Gibt es im Universum noch etwas außer

deinem Tisch? Gibt es weitere Tische? Gibt es einen Raum?«

Es lächelte. »Es gibt weitere Tische. Wenn sie sich in einem Raum befinden, so habe ich die Wände nie gesehen.«

Dann sprach es gleichzeitig mit Sara: »Also steht jemand über dir und trägt die Verantwortung?« Sara allein setzte hinzu: »Die Verantwortung für dich und all deine Tische?«

»Sara«, sagte es, »in einigen dieser zahllosen Linien triffst du die Wahl, eine Million Jahre später zu leben, in der Zeit meiner Wiederkehr. Dann kannst du mir diese Frage noch einmal stellen. Oder musst sie dann vielleicht nicht mehr stellen.«

»Aber wenn es niemanden über dir gibt ... wenn du Gott bist ...«

»Was?«, fragte Max verwundert. Er strich mit den Fingern über die weiße Robe. »Was ist denn hier los, verdammt noch mal?« Er warf einen Blick auf den geöffneten Kampfanzug. »Plötzlich durchzuckte mich dieser furchtbare Schmerz ...«

»Mich auch«, sagte Cat. Sie saß mit überkreuzten Beinen an der Stelle, wo sie explodiert war, eine Hand im Schoß, die andere gegen die Brüste gepresst. »Und dann war ich wieder bei Bewusstsein. Aber du bist wenigstens angezogen.« Sie sah uns mit hochgezogenen Augenbrauen an. »Was, zum Henker, geht hier vor?«

»Weiß Gott«, murmelte ich.

■ zweiunddreißig

Ich zerbrach mir einen Moment lang den Kopf darüber, was wir mit zehn Milliarden splitternackt in der Wüste gestrandeten Menschen und Tauriern anfangen sollten. Aber der oder das Namenlose hatte ein letztes Mal seinen Zauberstab geschwungen.

Die Luft ringsum begann zu flimmern, und wir waren plötzlich von einer riesigen Menschenmenge umgeben, Männer, Frauen und Kinder, alle nackt, viele laut weinend und schreiend.

In einer solchen Situation fällt eine kleine Gruppe von bekleideten Leuten durchaus auf. Zögernd rückten die Menschen näher. Marygay und ich machten uns darauf gefasst, dass wir wieder einmal die Führung übernehmen mussten.

Natürlich kam es ganz anders. Ein neuer Mensch reiferen Alters baute sich dicht vor mir auf und begann laut und energisch Fragen zu stellen.

Aber ich verstand kein Wort. Mein Englisch war auf diesem Planeten eine tote Sprache, die ich bestenfalls mit ein paar Gelehrten und Spätheimkehrern teilte.

Die drei Omni traten vor. Hoch aufgerichtet standen sie da und riefen etwas im Chor. Der Priester tippte mir auf die Schulter. »Wir werden sehen, was wir hier tun können. Es reicht, wenn du dich um deine eigenen Leute kümmerst.«

Marygay stand neben Cat und legte schützend einen Arm um sie. Ich zog mein Hemd aus und gab es ihr; es war gerade lang genug, um das Wesentliche zu bedecken.

Eigentlich sah es sogar sexy aus. Eine viel umschwärmte Frau hatte mir einmal erklärt, dass es gar nicht schwer sei, im Mittelpunkt der Aufmerksamkeit zu stehen. Man müsse nur im Abendkleid auf einer Party erscheinen, wenn die anderen Jeans und Shorts kamen. Oder umgekehrt. Wenn man also zu einer Party mit lauter Nackten kommt, tut es jeder alte Fetzen.

Wir trieben unsere Leute schließlich in der Cafeteria von Molly Malone's zusammen. Da der Platz längst nicht ausreichte, zogen wir um in einen Saal, dessen Aufschrift sich ungefähr mit »Kulturgeschichte der Prostitution« übersetzen ließ. Die Ausstellungsstücke waren eindeutig.

Sieben von uns waren getötet und wieder zum Leben erweckt worden. Wir versuchten ihnen zu erklären, was sich ereignet hatte, obwohl wir es selbst nicht so recht verstanden.

Gott hat ein paar von euch platt gemacht, um sich mal so richtig in Szene zu setzen. Dann verkündete Er, dass Er sich jetzt aus dem Staub zu machen gedenke. Bevor Er sich endgültig verkrümelte, gab er euch und zehn Milliarden anderen das Leben zurück.

Ich wartete immer noch darauf, dass ich irgendwann aufwachen müsste. Wie dieser alte Geizkragen aus dem *Weihnachtslied* glaubte ich, ich hätte was Falsches gegessen, das mir nun Albträume bescherte.

Als sich nichts dergleichen tat, schwand diese Möglichkeit natürlich. Vielleicht war ja auch alles *vorher* ein Traum gewesen.

*

Der Sheriff und Antres 906 klinkten sich in ihren jeweiligen Großen Baum ein und berichteten, was sich zugetragen hatte. Die Omni gaben sich freundlicherweise zu erkennen und halfen uns, die Dinge wieder auf die Reihe zu kriegen. Es gab mehr Probleme zu bewältigen als die Kleiderausgabe.

Für alle den richtigen »Platz« zu finden, würde noch eine Weile dauern. Eine Gemeinsamkeit der alten und der neuen Menschen sowie der Taurier war die These von der Unwandelbarkeit der physikalischen Gesetze gewesen: Auch wenn wir nicht ganz durchblicken, unterliegt doch alles festen Regeln, die wir irgendwann begreifen werden.

Damit war es nun vorbei. Wir hatten keine Ahnung, welche Teile der Physik einer Laune des Namenlosen entsprangen. Wenn seine Behauptung stimmte, hatten wir ihm die Beschränkung auf die Lichtgeschwindigkeit ebenso zu verdanken wie ihre Beständigkeit. Das bedeutete, dass ein Großteil der post-Newtonschen Physik Teil des großen Juxes war.

Es hatte erklärt, dass es daran nichts verändern wolle, um uns in unserem Käfig festzuhalten. Gab es weitere Gesetze und Konstanten, die ihm nicht gefielen? Hinter der gesamten Naturwissenschaft stand nun ein Fragezeichen. Wir mussten sie völlig neu überdenken.

Interessanterweise war die Religion weit weniger ins Wanken geraten. Es reichte, ein paar Begriffe auszutauschen und die Zweifel an der Existenz Gottes zu ignorieren. Über den Willen Gottes hatte ohnehin nie besondere Klarheit und Einigkeit geherrscht. Der oder das Namenlose hatte den unverbrüchlichen, unwiderlegbaren Beweis seiner Existenz geliefert – und genug neue Daten für Jahrtausende von fruchtbaren theologischen Diskussionen.

Meine persönliche Religion, wenn es denn so etwas gab, hatte sich zwar in ihrer Grundvoraussetzung, nicht aber in ihrer Grundbehauptung verändert. Ich hatte in Glaubensdebatten Freunden gegenüber stets den Standpunkt vertreten, dass ich nicht wüsste, ob es einen Gott gäbe oder nicht. Wenn es ihn aber gäbe, hätte ich nicht unbedingt das Bedürfnis, ihn zum Abendessen einzuladen.

Dazu stehe ich immer noch.

■ dreiunddreißig

Nach zwei Wochen hatten wir alles Wichtige über die Erde erfahren und drängten zur Heimkehr. Der Omni, der uns bei unserer Ankunft in Empfang genommen hatte, wollte mitkommen, und ich war ganz froh darüber. Ein paar Zaubertricks würden unserer erstaunlichen Geschichte mehr Glaubwürdigkeit verleihen.

Niemand starb während des Kollapsar-Sprungs, und so kletterten wir fünf Monate später aus den Tiefschlaf-Tanks und starrten hinunter auf Mittelfinger, gleißend hell in Schnee und Wolken gehüllt. Vielleicht hätten wir doch noch ein paar Jahre auf der Erde totschlagen und erst im Spätwinter oder Frühjahr zurückkommen sollen.

Der Raumhafen war nicht besetzt, aber wir erreichten das Amt für Interplanetarische Kommunikation, und man versprach uns, einen Fluglotsen hinauszuschicken. Es dauerte ohnehin ein paar Stunden, bis wir in die Fähre umgestiegen waren.

Die Landung stellte eine gewaltige Verbesserung gegenüber unserer letzten Ankunft dar: Von den Kaminen der umliegenden Ortschaften stiegen beruhigende Rauchsäulen auf und in den winterlichen Straßen von Centrus staute sich der Verkehr.

Eine Frau, die sich als Bürgermeisterin vorstellte, saß in dem Bus, der uns vom Flugfeld abholte, zusammen mit einem Verbindungsmann des Menschen – und Bill, der von Marygay, Sara und mir halb erdrückt wurde. Er hatte sich einen Bart wachsen lassen, wirkte aber sonst kaum verändert.

Außer vielleicht in seiner Haltung mir gegenüber. Er weinte, als wir uns in die Arme fielen, und brachte erst einmal kein Wort heraus. Dann sagte er in unserem alten Englisch, mit einem deutlichen MF-Akzent: »Ich dachte schon, du kämst nie wieder, du alter Sturkopf!«

»Das sagt genau der Richtige«, erwiderte ich lachend. »Ich bin so froh, dich wiederzusehen – auch wenn du jetzt zum Stadtvolk und zum Großen Baum gehörst.«

»Irrtum. Wir leben wieder in Paxton.« Er lief rot an. »Meine Frau Auralyn und ich. Wir gingen zurück, um das Haus in Ordnung zu halten. Jede Menge Fisch. Als ich hörte, dass das Schiff bald eintreffen müsste, fuhr ich in die Stadt. Ich hänge hier seit letzter Woche rum.

Charlie ist auch da. Nur Diana musste in Paxton bleiben, um ihre Patienten zu versorgen. Was, zum Henker, war denn los?«

Ich suchte krampfhaft nach Worten. »Das lässt sich nicht mit einem Satz erklären.« Marygay verbiss sich ein Lachen. »Du wirst staunen, aber ich habe Gott gefunden.«

»*Was?* Auf der Erde?«

»Er sagte nur kurz Seid gegrüßt und Tschüss und war gleich wieder weg. Es ist eine lange Geschichte.« Ich starrte den Schnee an, der zu beiden Seiten der Raumhafen-Straße aufgetürmt war. »Aber uns bleibt noch viel Zeit zum Reden, bis das Tauwetter und die harte Arbeit kommt.«

»Acht Klafter Holz«, sagte er. »Und zehn weitere unterwegs.«

»Gut.« Ich versuchte mir eine gemütliche Runde am warmen Kaminfeuer vorzustellen, aber die raue Wirklichkeit drängte sich in meine Erinnerungen. Spiegelglattes Eis, auf dem man ausrutschte, Fische, die gefroren, sobald man sie aus dem Wasser holte. Eingefrorene Leitungsrohre. Und Schnee schaufeln, Schnee schaufeln, Schnee schaufeln.

■ vierunddreißig

Wir nahmen unseren »Alltag« an den Fischleinen und den Kampf gegen den Winter wieder auf, obwohl plötzlich fünf Erwachsene im Haus waren. Sara musste noch ein halbes Schuljahr absolvieren, ehe sie ihr Studium beginnen konnte, aber sie erhielt die Erlaubnis, ein paar Monate zu warten, anstatt mitten im Semester einzusteigen und im Stoff hinterher zu hinken.

Das Leben in Paxton nahm seinen gewohnten Gang, nachdem die Leute Centrus verlassen und in ihre Häuser zurückgekehrt waren. Da wir auch in guten Wintern häufig unter Stromausfällen gelitten hatten, fiel es uns nicht weiter schwer, die unsichere Energieversorgung als Dauerzustand zu verkraften.

Die Stadt bevölkerte sich innerhalb weniger Wochen, da man in Centrus mit Nachdruck dafür gesorgt hatte, alle Leute los zu werden, denen man die Abreise einigermaßen zumuten konnte. Die Ressourcen in der Hauptstadt reichten kaum, um die eigenen Bewohner mit dem Allernötigsten zu versehen.

Centrus erlebte fünf chaotische Monate, ehe allmählich die Normalität einkehrte. Acht Winter ohne Heizung und Reparaturen hatten zu einem heillosen Verfall geführt, aber man war sich im Klaren darüber, dass die meisten Reparaturen bis zur Tauperiode im Frühjahr warten mussten. Unsere Gruppe unfreiwilliger Pioniere hatte den Anfang gemacht und demonstriert, wie sich das schlichte Überleben organisieren ließ. Der Zusammenbruch der zentralen Energieversorgung wäre der Tod der Hauptstadt-Bewohner gewesen, wenn sie einfach in ihre Häuser und Wohnungen zurückgekehrt wären. Stattdessen pferchte man die Leute in öffentliche Sammelunterkünfte, um möglichst viel Wärme zu konservieren und die Verteilung von Wasser und Lebensmitteln zu erleichtern.

Obwohl das sicher die Sozialkontakte förderte, war ich doch froh, dass ich draußen in der Provinz leben konnte, umgeben von Holzstapeln und Kerzenvorräten. Die Universität hatte tagsüber geöffnet, aber der normale Vorlesungsbetrieb musste warten, bis es wieder eine zuverlässige Stromversorgung für unsere Computer und Bildschirme und vor allem für unsere Bibliothek gab. Wir besaßen zwar an die zweitausend gedruckte Bücher, aber sie waren ein ungeordnetes Sammelsurium aller möglichen Bereiche.

Zum Glück befand sich darunter ein dickes Lehrbuch über Theoretische Physik, das mir den Start in meine künftige Lebensaufgabe erleichtern sollte. Ich hatte die Sache mit ein paar Naturwissenschaftlern des neuen Menschen auf der Erde diskutiert: Wir alle mussten bei Null anfangen und herausfinden, welche physikalischen Gesetze überhaupt noch Gültigkeit besaßen. Wenn die ganze Chose nur eine Reihe von willkürlichen Beschränkungen war, die das Namenlose eingeführt und nach Lust und Laune verändert hatte, dann lag es an uns herauszufinden, welches der aktuelle Stand Seiner Lust und Laune war. Und es schien uns ratsam, die entsprechenden Experimente auch auf anderen Planeten und der Erde durchzuführen, da wir nicht sicher sein konnten, dass überall die gleichen Gesetze galten.

Bill begann noch im Winter, mir im Labor zu assistieren. Wir wiederholten die grundlegenden physikalischen Versuche des achtzehnten und neunzehnten Jahrhunderts. Gewichte und Federn. Zumindest hatten wir den Vorteil exakter Atomuhren – dachten wir. Innerhalb eines Jahres erfuhren wir durch Vergleiche mit der Erde, dass uns das Namenlose eine wahre Sisyphusarbeit hinterlassen hatte: Die Lichtgeschwindigkeit war immer noch endlich, hatte sich aber um etwa fünf Prozent verschoben. Das versaute alles, so etwa um die vierte Stelle nach dem Komma. Kleine Dinge wie die Ladung des Elektrons oder das Plancksche Wirkungsquantum. Schade, dass es nicht daran gedacht hatte, Pi auf glatte drei zu vereinfachen.

Aber sonst waren wir guter Dinge, während wir die kalte Jahreszeit in unserem warmen Labor aussaßen, Kugeln über schiefe Ebenen rollten, Pendelausschläge bestimmten, Federn dehnten und dann heim zu unseren Frauen gingen. Bill hatte Auralyn kennen gelernt, als sich beide freiwillig zum Eingliederungsprogramm des neuen Menschen meldeten. Sie hatten sich verliebt, noch ehe die Umerziehung begann, und waren nach Paxton zurückgekehrt. Auralyn erwartete ein Baby, das im Frühjahr zur Welt kommen sollte.

Inzwischen hacken wir Löcher ins Eis, tauen Leitungsrohre auf und kratzen Eisblumen von den Fenstern. Der Winter dauert ewig auf dieser von Gott verlassenen Welt.

HEYNE

Robert Charles Wilson
Darwinia

Der Gewinner des Philip-K.-Dick-Awards

06/6412

Eines Tages geschieht das Unbegreifliche: Der europäische Kontinent, so wie wir ihn kennen, verschwindet und zurück bleibt ein fremdartiges und mysteriöses Land, das auf den Namen »Darwinia« getauft wird. Eine amerikanische Expedition macht sich schließlich auf, diese bizarre neue Welt zu erforschen. Es wird eine Reise ins Herz der Finsternis…

»Mehr als außergewöhnlich – als hätten Arthur C. Clarke und Stephen King gemeinsam ein Buch geschrieben.«
Washington Post

HEYNE-TASCHENBÜCHER

HEYNE

Ken MacLeod

Der neue SF-Star
aus Großbritannien

»Ken MacLeod ist revolutionär,
er schreibt Science Fiction
für eine neue Generation!«
Kim Stanley Robinson

»Dieser Mann ist auf
dem besten Weg, einer der ganz
großen SF-Autoren zu werden.«
Iain Banks

06/6383

06/6384

HEYNE-TASCHENBÜCHER

Joe Haldeman

Der ewige Friede

Ausgezeichnet mit dem
HUGO GERNSBACK AWARD
und dem NEBULA AWARD

Nach seinem großen Erfolgsroman »Der ewige Krieg« kehrt Joe Haldeman mit »Der ewige Friede« zu den wichtigsten Themen seines Lebens zurück: Die psychischen Deformationen, die der Krieg in jedem einzelnen Soldaten hinterläßt, und die Suche nach den Bedingungen für einen Frieden unter den Menschen, der ewig währen könnte.

»Joe Haldeman ist nicht nur ein genialer Science Fiction-Autor, sondern auch einer jener Schriftsteller, die wirklich unersetzbar sind.« *Stephen King*

Der ewige Friede
06/6340

06/6340

HEYNE-TASCHENBÜCHER